KB160607

한일 상호인식과 善隣의 길

한일 상호인식과 善隣의 길

한일문화교류기금 편

발 간 사

　지난 해 년말, 한일 정상은 취임 3년 만에 처음으로 한자리에 모여 앉아 정상회담을 하였다. 아주 힘들게 이루어진 자리이지만, 정상 회담 후에도 양국인의 갈등과 앙금은 계속되고 있다.

　이 뿌리 깊은 불신의 근원은 어디에 있을까?

　한일 양국인의 상호인식은 과거에 이루어진 집단적 체험의 산물이며, 역사 퇴적의 결과이다. 따라서 간단히 바뀌거나 해결될 수 있는 문제는 아니지만, 상호인식에 대한 연구는 현재의 양국관계 뿐만 아니라, 미래의 전망도 얻을 수 있는 유력한 방법 중에 하나이다.

　매년 한차례씩 한일국제학술회의를 개최하고 있는 한일문화교류기금에서는 올해의 주제로 '한일 양국인의 상호인식과 善隣의 길'을 삼았다. 광복 70년이 지나, 이제는 상처도 치유되고 앙금이 풀릴 때도 되었것만 갈수록 골이 깊어가는 이유는 어디에 있는 것일까? 이 문제에 대한 접근을 시도해 보기로 했다. 이번 학술회의는 이 같은 문제의식에서 출발했다.

　그래서 이러한 문제를 처음 제기한 이상우 이사장님으로부터 기조강연으로 '한일간의 선린외교와 시민사회의 역할'을 들었다. 그리고 상호인식을 역사적으로 조명하기 위해 '조선시대 한국인의 국가관과 일본인식'을 손승철 강원대교수가, 그리고 '일본인의 국가관과 한국인식'을 세키 슈이치 미야자키대 교수가 발표를 했다.

　이어서 현재 한일 양국인이 상호간에 갖고 있는 排日과 嫌韓에 나타나는 심리적 메카니즘의 실체를 밝히기 위해 '한일문화에서의 배일감정과 대중심리 문제'를 이노우에 아츠시 시마네현립대 교수가 발표했고, '넷우익과 재특회, 그리고 혐한 : 반일과 혐한의 메아리'를 조관자 서울 대 교수가 발표했다.

그리고 발표자 토론자 모두와 전문가들이 모여 라운드테이블에서 종 합토론을 했다. 발표와 토론을 통해서 우리는 현재 문제가 되고 있는 배 일, 반일, 그리고 혐한, 그것의 뿌리가 어디 있는 지를 발견했다. 일본의 경우, 삼한 정벌론부터 시작해서 조선멸시론, 정한론 그리고 혐한론에 이르는 것으로 파악이 되었고, 한국인의 일본 인식은 일본이적관, 또 일 본비하관, 그리고 전쟁에 대한 피해인식, 결국 그것이 지금의 반일감정 으로 나타나는 것이 아닌가 라고 파악이 되었다. 그리고 문제는 지금부 터 우리가 이것을 어떻게 극복을 해서 선린의 길을 갈 것인가 하는 문제 인데, 답은 첫 번째가 양국정부의 상호정책, 두 번째는 여론을 주도하고, 형성해가는 언론의 역할이 중요하다는 결론을 얻었다. 그리고 이 문제를 해결하는 가장 바람직한 방법은 시민사회가 정책을 선도해가는 것이고, 한 예로 이번처럼 학술회의를 통해 무언가 새로운 길을 제시해 가는 것 이라는 합의를 보았다. 무엇보다 중요한 것은 한일 양국인이 역사인식을 공유해야 한다는 깃이었다. 그러한 의미에서 이번 학술회의는 의미가 있 었다고 자평하고 싶다.

이 단행본에 싣는 글들이 한일 양국인의 상호이해를 위한 밑거름이 되 기를 기원한다.

끝으로 이번 학술회의를 위해 수고해 주신 한일교류기금의 김수웅국 장, 문진옥 님, 동북아역사재단의 연민수연구위원, 논문번역과 종합토론 녹취를 해 준 이기원, 김영미박사께 감사를 드린다.

2016년 3월
한일문화교류기금 운영위원 손승철

개 회 사

이상우 / 한일문화교류기금 이사장

　한국과 일본의 학계를 대표하는 한일관계사 전공의 학자들이 한 자리에 모였습니다. 하루가 다르게 악화되는 한국과 일본간의 관계를 걱정하면서 두 나라 사이의 友好善隣을 모색하기 위하여 함께 논의하기 위하여 한자리에 모였습니다.

　오늘 가지는 2015년도 한일국제학술회의는 지난 20년간 한일문화교류기금이 한일간의 우호선린 관계를 구축하기 위하여 양국의 지도급 지식인들의 뜻을 모으는 자리를 마련하는 연례모임의 하나입니다. 그동안 저희 기금은 양국국민의 역사인식을 바로 잡기위한 한일 과거사 정리를 위한 학술회의, 양국 원로들간의 정책조율을 위한 간담회, 양국 학생들간의 상호인식을 깊이하는 모임 등 여러 가지 모임 등을 주관해왔습니다.

　오늘은 "한일 양국인의 相互認識과 善隣의 길"을 주제로 한일양국의 사학자간의 의견을 조율하는 학술회의를 가집니다. 양국정부의 정책에 가장 큰 영향을 주는 양국국민의 상호인식을 바로 알아야 善隣의 길을 찾을 수 있다고 생각해서입니다.

　오늘 회의는 세 개의 소회의로 나누어 진행합니다. 첫 회의에서는 한일 양국 국민들이 서로가 서로를 어떻게 인식해왔는지를 살펴보는 회의입니다. 이 회의에서는 손승철교수가 한국인의 일본인식을 정리 발표하시고 關周一교수가 일본인의 한국인식에 대하여 발표하십니다.

　두 번째 회의에서는 현재 관심의 초점이 되고 있는 한국인의 排日感

情과 일본인의 嫌韓情緒의 뿌리를 살펴봅니다. 이 회의에서는 井上厚史 교수가 한국인의 배일감정을 조관자교수가 일본인의 嫌韓意識을 논합니다. 이어서 세 번째 회의에서는 참가자 모두가 한일간의 선린관계를 구축하는 길을 모색하는 자유토론을 가지려합니다.

비록 짧은 회의이지만 한일간의 友好善隣의 길을 여는 좋은 방안들을 찾아주시기를 바랍니다.

오늘 회의를 위하여 먼 길을 오신 일본측 교수님들과 바쁜 일정에도 불구하시고 흔쾌히 이 회의에 참석해주신 한국측 교수님들에게 주최자로서 심심한 감사의 뜻을 전합니다.

그리고 이 자리를 빌어 이 회의를 기획하고 준비해주신 손승철교수님께 다시 한번 감사드린다는 말 전합니다. 고맙습니다.

목 차

기조강연

주제발표

종합토론

기조강연

韓日間 善隣外交와 市民社會의 役割

李 相 禹(韓日文化交流基金 理事長)

1. 21世紀 時代 特性과 外交의 變質

國際秩序는 國家를 基本單位로 하는 秩序이다. 國內秩序가 個人과 다양한 組織을 構成要素로 하는 秩序인 것처럼 國際秩序는 國家라는 集團이 行爲主體가 되어 權利를 行使하고 義務를 遂行하는 秩序다. 國際秩序는 國家를 基本單位로 하는 國家들의 社會(society of states)의 秩序로서 國家가 權利義務의 主體가 된다. 行爲主體로서의 國家가 다른 國家와의 關係를 設定, 維持, 管理해나가는 行爲가 外交다.

삶의 單位가 國家라는 共同體 中心으로 이루어져 온 지난 20世紀 동안에는 國境을 넘는 人間間의 接觸이 制限的이어서 外交는 少數의 國民이 他國으로 旅行할 때 그들을 保護하기 위하여 相對國 政府와 協議를 한다거나 國境을 넘는 通商行爲를 管理하는 일이 活動의 中心이었고 領土, 資源 등을 놓고 紛爭이 생겼을 때 이를 解決하는 일이 外交의 主領域을 이루었었다.

지난 200年間 科學技術이 飛躍的으로 發展하면서 向上된 交通通信技術에 힘입어 오랫동안 國家單位의 生活空間에서 이루어지던 人間의 삶의 樣式이 國境을 넘는 넓은 空間으로 擴大되면서 外交의 機能領域이 飛躍的으로 늘어났다. 經濟活動의 範圍가 超國境的으로 擴大되어 國際的 分業이 日常化하고 文化, 藝術, 政治 등 모든 領域에서 人間의 삶의 領域이 國際化되면서 政府와 政府間의 限定된 接觸으로는 이제 더 이상 世界化되어가는 國民의 日常을 支援, 管理, 統制할 수 없게 되었다.

韓國과 日本은 지난 2千年 동안 이웃나라로 制限된 接觸을 해오면서 지내왔다. 19世紀까지만 해도 民間交流는 거의 없었으며 使臣交換, 制限된 通商, 宣敎目的의 僧侶派遣 등 少數의 人的交流 등만 있었을 뿐이었다. 그러나 21世紀에 들어서면서 年間 500萬名의 民間人이 相互訪問하고 있으며 실시간으로 情報가 交流되는 關係로 發展하였다. 通商規模도 輸入-輸出 合計 1,000억 달러에 肉薄하고 있고, 文化-藝術 領域의 交流도 '하나의 共同體'라고 할 정도로 活潑하게 이루어지고 있다.

이렇게 暴騰하는 交流가 이루어지는 現實에서 政府對 政府의 公式 接觸 通路인 外交로는 兩國關係를 效率的으로 管理할 수가 없다. 國家를 單位로 하는 傳統 國際秩序의 틀로는 兩國의 個人과 수많은 團體가 接觸, 交流, 協力을 펼쳐나가고 있는 現實을 受容할 수 없게 되었다.

國家間 外交를 基本으로 하는 國家對 國家間 關係와 非國家 團體 및 個人間의 交流 現實과의 乖離와 外交의 限界를 克服하기 위한 다양한 制度的 補完이 이루어지고 있는데 根本的인 處方으로 유럽共同體와 같은 地域 共同體를 構築하여 各國의 國內秩序를 地域單位秩序로 擴張하는 方法이 出現하고 있고 汎世界的 規範으로서의 多者協定을 맺어 機能 領域別의 統合秩序 構築 努力도 展開되고 있다. 그리고 政府對 政府間의 公式外交는 한나라의 政府가 相對國의 民間을 直接對象으로 펼치는 公共外交, 民間對 民間의 外交를 包括하는 複合外交體制로 變身하고 있다.

2. 公共外交와 市民外交의 浮上

國內政治 秩序가 民主化 되어가면서 外交領域에서도 市民의 役割이 커지고 있다. 國家政策인 外交政策도 民主的 節次에 의한 市民의 意思 決定 參與로 市民의 要求가 反映되고 있고 나아가서 市民들이 非政府 機構를 만들어 直接 外交에 나서고 있다. 이렇게 市民의 목소리가 外交에 直接影響을 미치고 있어 外交에서의 市民의 役割이 注目받기 시작하고 있다.

우선 政府가 相對國의 市民을 直接 相對로하는 公共外交가 활발히 展開되고 있다. 相對國의 市民들을 對象으로 好意的 輿論을 造成하기 위하여 相對國의 言論媒體를 相對로 弘報戰을 펴고 있고 나아가서 公報館-文化館을 設置하여 直接 相對國 市民을 相對로 外交를 펴고 있다.

또한 兩國市民間의 相互理解를 높이고 協力의 基盤을 造成하기 위하여 公益團體와 民間團體를 만들고 支援하여 民間外交를 活性化시켜나가고 있다. 또한 政府의 각 部處間의 直接接觸, 地方自治團體間의 直接交流 등도 擴大해 나가고 있다. 그리고 靑少年交流, 學生交流, 藝術人交流등도 後援하고 있다.

이제 外交는 政府의 獨占領域을 벗어나고 있다. 市民 한사람 한사람이 모두 外交官의 役割을 遂行하는 時代가 되어가고 있다. 官民合同의 統合外交의 時代가 왔다.

3. 國民間 相互認識과 善隣外交

專制君主時代에는 國家의 主權을 掌握하고 있던 國王 등의 支配者間의 友好關係가 國家間의 關係를 決定하였다. 유럽 여러 王國 사이에서

君主間의 婚姻關係로 同盟關係와 敵對關係가 決定되기도 했었다. 그러나 民主化된 政治體制를 갖춘 國家에서는 主權者인 國民들의 相對國 認識이 國家間 關係를 결정짓는 중요한 變數로 자리 잡고 있다. 國民感情, 國民情緒가 理性的 國益을 앞세우는 政府의 政策判斷 보다 더 중요해지는 時代가 되어가고 있다.

韓國과 日本間의 關係에서도 國家對 國家의 公式外交는 理性的 判斷에 의한 國家의 政策意志 보다 國民의 情緒가 더 큰 影響을 주고 있다. 韓半島 急變 事態를 豫想하고 安保政策을 세우는 韓國 政府는 韓日間의 다양한 軍事的 協力을 考慮해야하나 國民들의 뿌리 깊은 反日感情 때문에 과감하게 軍事協力을 推進하지 못하고 있다. 韓日間의 軍事情報保護協定(GSOMIA : General Security of Military Information Agreement)과 軍需資源協定(ACSA : Acquisition and Cross-Servicing Agreement)이 반드시 締結되어야하나 강한 國民의 反日感情을 意識하여 주저하고 있는 것이 그 한 예이다.

日本의 경우도 마찬가지다. 日本政府는 日本의 아시아 地域에서의 指導的 地位를 確保하기 위하여 政治 理念을 共有하고 있는 韓國과의 友好善隣 關係維持를 必要로 하고 있으나 日本 國民들의 뿌리 깊은 嫌韓 感情에 막혀 韓國政府가 要求하는 善隣의 先提條件인 過去史에 대한 是認-사과를 선뜻하지 못하고 있다. 國民感情이 政府의 理性的 判斷에 의한 政策 選擇을 가로막고 있는 경우다.

韓國과 日本은 現在와 未來의 國家利益을 생각 한다면 友好善隣 關係를 樹立, 維持해 나가야 한다. 그러나 두 나라 사이의 善隣關係 構築은 兩國 國民間의 友好的 相互認識이 成熟되지 않으면 이루어지기 어렵다.

4. 韓日關係 改善을 위한 市民社會의 役割

韓日關係 改善의 제일 큰 걸림돌은 兩國 國民間의 뿌리 깊은 相互不信이다. 韓國人의 反日感情과 日本人의 嫌韓情緖는 모두 過去史의 認識에 뿌리를 두고 있다. 過去의 不幸했던 關係가 그 원인이다. 그러나 過去에 있었던 일 자체보다도 過去史에 대한 認識이 더 큰 問題다.

過去를 어떻게 認識하고 있는가에 따라 사람들은 상대를 미워하기도 하고 사랑하게도 된다. 그러나 그 認識은 잘못된 것 일 수도 있다. 실제 있었던 일과 認識 사이에는 차이가 있을 수 있기 때문이다. 過去史 問題는 認識을 바로잡는 데서부터 그 解決의 실마리를 찾아야한다. 바른 認識이 形成되어야 그 사실에 대한 評價와 이에 따른 해결책이 導出 될 수 있다.

相對方을 바로 認識하려는 努力은 알고자하는 마음, 關心이 생겨야 이루어진다. 버려두어서는 이러한 關心이 생겨나지 않는다. 따라서 相對方을 理解하려는 마음이 생겨나도록 機會를 만들어 주고, 刺戟을 주어야 한다. 부단한 能動的 努力이 있어야한다.

韓日關係를 改善하는데 가장 重要한 關鍵이 되는 韓國人의 反日感情과 日本人의 嫌韓情緖를 改善하기 위한 具體的 努力이 必要하다.

1) 열린 姿勢와 바른 視角의 正立

先入見은 바른 理解를 妨害한다. 眞實을 알기 위해서는 스스로 先入見을 버리고 마음을 비우고 열린 姿勢로 現實을 대하여야한다. 歷史認識에서 問題가 되는 것은 잘못된 先入見이다.

先入見은 敎育을 통하여 形成된다. 學校敎育, 社會敎育을 통하여 意圖的으로 歪曲된 情報를 注入하게 되면 잘못된 先入見을 가지게 되고 이 先入見이 잘못된 認識으로 이어지게 된다.

韓日 兩國 國民의 過去史 認識은 歪曲된 先入見을 갖도록 한 敎育에 의하여 眞實과 다른 知識을 갖게 된 경우가 많다. 똑같은 事實에 대하여 兩國 國民의 平均的 認識이 正反對로 되어있는 경우가 많다. 韓國人의 反日感情과 日本人의 嫌韓情緒를 고쳐 서로가 友好的인 感情을 갖게 하기 위해서는 우선 잘못된 過去史 認識을 바로잡는 客觀的 眞實을 밝히는 努力부터 始作되어야 한다.

2) 接觸, 交流, 共同硏究 등을 통한 相互認識 바로잡기

一方的 主張만 접하게 되면 客觀的 眞實에 接近 할 수가 없다. 歪曲된 眞實도 반복되면 客觀的 眞實로 認識된다. 잘못된 認識도 여러 사람이 共有하게 되면 常識이 되기 때문이다. 모두가 天動說을 主張하던 中世유럽에서는 天動說이 常識이었다.

偏見에서 脫出할 수 있는 길은 對蹠的인 主張과의 만남이다. 辨證法的 接近은 그래서 眞理에 接近하는 方法이 된다. 民間交流와 共同學術會議 등을 통한 韓日間 의 다른 主張의 交流가 그래서 切實하다.

韓日文化交流基金은 18年에 걸쳐 해마다 韓日 史學者들이 함께 參加하는 歷史 바로잡기 學術세미나를 열었었다. 그 세미나를 통하여 兩側에서 가지고 있던 歷史的 事實에 대한 잘못된 認識을 많이 修正할 수 있었다. 이러한 努力이 蓄積되면 韓國國民과 日本國民들간의 過去史 認識에서의 乖離를 많이 除去할 수 있을 것이다.

3) 市民社會의 政策先導를 위한 能動的 活動

政府의 硬直된 政策思考를 고칠 수 있는 힘을 市民社會가 갖추어야

한다. 市民들의 能動的 努力으로 國民 一般이 共有하고 있는 잘못된 認識을 고쳐나가면 建設的 市民輿論이 形成될 수 있고 輿論이 뒷받침하면 政府의 政策도 修正될 수 있다.

韓國과 日本間의 善隣關係 構築의 必要性은 兩國의 指導的 位置에 있는 知識人들은 모두가 共感하고 있다. 이러한 社會 指導者들의 積極的, 能動的 努力으로 兩國 國民들의 情緒를 고쳐나갈 수 있다. 오랫동안 敵對關係를 이어왔던 독일과 프랑스가 함께 유럽연합을 만들 수 있었던 것은 두 나라의 知識人들의 能動的 輿論 造成 努力이 있었기 때문이었다.

現在 韓日 兩國 市民社會에는 兩國間의 友好善隣 關係를 만들어 나가기 위해 努力하는 많은 機構, 團體가 있다. 韓日親善協會, 韓日協力委員會, 韓日文化交流基金, 韓日議員聯盟 등 수많은 NGO가 있다. 이러한 組織을 이끌고 있는 兩國의 指導級人士들의 努力이 結實을 맺는다면 兩國國民의 友好的 情緒를 만들어 나갈 수 있다고 생각한다.

5. 맺는말

韓日關係는 現在 危險한 水位까지 惡化되어 있다. 日本人의 嫌韓情緒도 극에 달하고 있고 韓國人의 反日感情도 激化되고 있다. 이런 흐름을 放置하면 韓日間의 友好善隣 關係 構築은 不可能해진다.

韓日 政府間의 非友好的 關係를 坐視만 하여서는 안 된다. 깨어있는 兩國의 知識人들이 積極的으로 나서서 市民 主導의 關係改善 作業에 同參하여야 한다.

주제발표

조선시대 한국인의 國家觀과 日本認識

손 승 철(강원대학교)

Ⅰ. 머리말

한일수교 50주년이 되는 올해 6월, 동아일보와 아사히신문이 공동으로 한일양국인의 상호인식에 대해 여론조사를 했다. 한국인에게 일본선호도를 물어본 결과 2010년 좋다가 11%, 싫다가 36%였는데, 2015년에는 좋다 6%, 싫다 50%였다. 반면 일본인에게 한국에 대해 물어 본 결과, 2010년 좋다 18%, 싫다 10%였는데, 2015년에는 좋디 10%, 싫다 26%였다.[1]

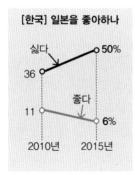

---

1) ≪동아일보≫, 2015년 6월 20일.

양국이 상호이해를 높이기 위해 가장 중요한 것을 물으니, 한국에서는 식민지지배에 대한사죄와 보상문제(46%), 역사공동연구(25%)였고, 일본은 경제기술협력(27%), 역사공동연구(20%)였다. 그리고 일본이 식민지지배에 대해 충분히 사죄했나를 물으니, 한국은 96%가 불충분했다 였고, 일본은 65%가 충분히 사죄했다 였다. 한일 양국 모두가 과거에 대한 역사인식을 아주 중요하게 생각하고 있음을 알 수 있다.

이와 같이 한일 양국인의 상호인식은 과거에 이루어진 집단적 체험의 산물이며, 역사퇴적의 결과이다. 따라서 간단히 바뀌거나 해결될 수 있는 문제는 아니지만, 상호인식에 대한 연구는 현재의 양국관계 뿐만 아니라, 미래의 전망도 얻을 수 있는 유력한 방법 중의 하나이다.

이 글은 조선시대 이후, 한국인은 어떠한 국가관을 가지고 있었으며, 일본에 대해 어떻게 인식했던가를 살펴보고자 하는데 있다. 먼저 국가관에 관해서는 국가관 형성에 배경이 되는 역사관, 민족관, 영토관을 중심으로 대표적인 지리지와 역사서를 통해 정리를 하고, 이어서 일본인식에 관해서는 일본에 파견되었던 사신들이 남긴 사행록을 중심으로 살펴보고자 한다.

II. 국가관

조선왕조 건국에 이념적 기초를 완성한 정도전은 1394년 ≪朝鮮經國典≫을 편찬하여 조선왕조 경국의 기준을 종합적으로 서술했다. 이 책은 후에 ≪經國大典≫의 전범이 되어 조선왕조의 국가체제와 이념을 총체적으로 완성하게 된다. 정도전은 ≪朝鮮經國典≫에서 治國의 대요로써, 천지자연의 이치에 따라 仁으로써 왕위를 지켜가야 할 것, 국호를 조선으로 정하는 것은 기자조선의 계승이라는 점 등을 역설하였다.

그러면 정도전의 '기자조선의 계승'이라는 인식은 어떻게 형성되었을까. 그것은 그 이전 왕조인 고려시대의 국가관을 계승한 것으로 볼 수 있다.

고려시대의 국가관을 알 수 있는 현존하는 가장 오래된 사서는 ≪三國史記≫(1145), ≪三國遺事≫(1281), ≪帝王韻紀≫(1287)를 꼽을 수 있다.

김부식은 ≪三國史記≫를 편찬하면서 우리나라 상고사와 강역에 대한 최초의 서술을 남겼다. 그는 평양을 단군왕검의 도읍이라고 했고, 현도와 낙랑은 원래 조선 땅에 세워진 것으로 기자를 봉했던 곳이라고 했다. 단군과 기자에 대한 관련성에 대해서는 언급은 없었지만 그 역사성을 피력한 것으로 볼 수 있다. 그리고 <지리지>에서는 신라, 고구려, 백제의 강역과 경계, 국도와 주현을 기술했다. 강역에 대해서는 고구려의 경우, 중국 요동지역에 살다가 동쪽으로 옮겨 온 국가였다는 생각을 가지고 있었고, 신라에 대해서는 한반도의 동남방으로 서술한 ≪通典≫, ≪舊唐書≫, ≪新唐書≫, 최치원의 三韓說을 소개하고, 이 설들이 사실에 가깝다고 했다. 그리고 백제의 강계는 ≪後漢書≫, ≪通典≫, ≪舊唐書≫, ≪新唐書≫ 등을 인용하여 한반도 서남방으로 정리하였다.

≪三國遺事≫와 ≪帝王韻紀≫단계에서는 상고사를 직접 다루게 되면서 민족사의 내용과 체세확립을 위한 중요한 서술을 남겼다. ≪三國遺事≫는 ≪三國史記≫와 달리 상고사의 역사지리부분에 독자적인 해석을 했고, 그 내용은 이후 조선시대 중·후기에 고증적인 역사지리학 연구의 기초를 다져갔다. 특히 ≪帝王韻紀≫에서는 상고시대 국가를 모두 단군의 후손국가라고 간주함으로써 뒷날 위의 지역 전체를 강역으로 볼 수 있는 단서를 마련하게 되었다.

고려시대의 이러한 인식은 조선시대로 이어진다. 현존하는 조선전기 역사지리지는 ≪世宗實錄≫<地理志>와 ≪東國輿地勝覽≫이 있다. ≪世宗實錄≫<地理志>에는 단군과 기자가 자세히 실린 특징이 있다. 특히 평양부에는 ≪단군고기≫를 인용하여 단군과 주몽의 설화를 싣고

있다. ≪단군고기≫에서 인용한 내용은 ≪삼국유사≫에 인용된 ≪단군
기≫와 ≪帝王韻紀≫에 인용된 내용과 동일한 것이다. 그 내용에서는
상고대의 국가들은 모두 단군의 후예라는 인식을 보여주고 있다. 그리고
단군은 당요 무진년 평양에서 고조선을 세웠으며, 은나라 무정 8년 을미
아사달에 들어가 신이 되었는데, 그곳을 문화현 구월산으로 정하였다고
한다. 소위 '檀君後裔論'이 자리잡게 된다.

≪東國輿地勝覽≫에서는 각 지역의 역사적 연원을 상고사의 각 국가
들을 조선의 판도 속에 기록하였다. 이러한 역사지리인식은 조선후기에
극복이 되고 만주지역을 상고사에 포함하게 되지만, 조선전기 국가적인
차원에서 편찬된 조선인의 역사와 영토인식의 근간이 되었다.

≪東國輿地勝覽≫의 서문에서 상고사의 전개를 "단군 - 기자 - 사
군 이부 - 삼한 - 삼국 - 신라 - 고려"로 이어지는 것으로 기술했다. 그
리고 고려의 영역에 대해 서북으로는 압록강을 경계로 삼았으나 동북으
로는 선춘령을 경계로 삼아 동북쪽은 고구려보다 지나쳤다고 적고 있
다.[2] 그리고

---

[2] ≪동국여지승람≫ 권수, 서문 "우리 동방은 단군이 나라를 처음 세우고, 箕子가
봉함을 받았는데 모두 平壤에 도읍하였고, 한 나라 때에는 四郡과 二府를 두었습
니다. 이로부터 三韓이 오이처럼 나뉘어져 馬韓은 54국을 통솔하고, 辰韓과 卞韓
은 각각 12국을 통솔하였습니다. 그러나 상고할 만한 圖籍이 없고, 그 뒤로는 신
라·고구려·백제 세 나라가 솥발처럼 나뉘어졌습니다. 신라의 땅은 동남으로는 바
다에 이르고 서쪽으로는 지리산, 북쪽으로는 한강에 이르렀으며, 고구려는 동으로
는 바다, 남쪽으로는 한강에 이르며, 서북으로는 遼河를 넘었습니다. 백제는 서남
으로는 바다, 동으로는 지리산, 북으로는 한강에 이르렀습니다. 그러나 삼국이 강
토가 비등하여 서로 위가 되지 못하다가 신라가 고구려와 백제를 멸망시키니 강토
가 더욱 넓어졌으나, 그 말기에 이르러 영역이 날로 줄어들어 弓裔는 鐵原에 웅거
하여 後高麗라 칭하고, 甄萱은 完山에 웅거하여 後百濟라 칭하니, 강토가 갈기갈
기 찢어져 통일되지 못하다가 고려 태조가 鷄林인 신라를 멸망시키고 鴨綠江을
차지했던 후고려를 쳐서 삼한을 합쳐 통일하였습니다. 成宗이 비로소 열 개의 道
를 정하고, 顯宗이 3京·4都護·8牧을 정하고 56知州·28鎭將·20縣令을 두었습니
다. 睿宗이 여진을 쳐서 쫓아내서, 9城을 두고 뒤에 5道·兩界로 정하였으니, 地理

　　"공손히 생각건대, 우리 태조 강헌대왕이 하늘의 밝은 명을 받아 한
양에 도읍을 정하시어 列聖이 서로 이으니, 강토가 날로 개척되어 8道
로 정하였으니, 사방의 복판에 있는 것을 경기라 하고, 서남은 충청, 동
남은 경상, 남쪽에 치우친 것은 전라, 정동은 강원, 정서는 황해, 동북
은 永安(咸鏡), 서북은 평안이라 하였습니다. 京이 둘이고, 府가 넷, 大
都護府가 넷, 牧이 20, 도호부가 44, 郡이 83, 縣이 173이니 안팎의
山河의 세로와 가로가 더욱 공고해졌습니다."

라고 하여, 국토의 강역은 八道로 국한하고 있음을 명확히 했다.

　　이러한 역사와 영토관은 단군의 후예가 상고시대 국가로 이어진다고
하는 ≪檀君古記≫를 인용하여 가술한 ≪世宗實錄≫＜地理志＞에 비해
훨씬 현실적이고 정치적인 관점에서 접근하고 있음을 알 수 있다.[3]

　　또한 ≪東國輿地勝覽≫의 강역인식을 보여주는 지도로 ≪東輿備攷≫
가 있다. ≪東輿備攷≫는 조선후기 영조대에 편찬되었지만, 그 내용은
≪東國輿地勝覽≫의 비정을 기초로 하고 있다. 이 지도에 의하면 우리
나라 상고사의 영역은 대체로 압록강과 두만강의 한반도 안쪽으로 비정
되어 있다. 그 외에 이 지도에 대마도가 그려진 점과 공험진과 선춘령을
두만강 북쪽에 비정한 점이 특기할 만하다. 대마도가 조선의 영토라는
인식은 1419년 대마도정벌 이후 집중적으로 나타나는데, ≪東國輿地勝
覽≫에는 "대마도는 곧 일본의 대마주이다. 옛날에 우리 계림에 예속되
었는데 언제부터 왜인이 살게 되었는지 모르겠다"고 기술되어 있다. 동
시기 대마도인식의 한단면을 보여준다.

　　한편 이러한 조선인의 역사, 강역관은 상대적으로 동 시기 중국과의

　　의 융성함이 이때가 최고였습니다. 다만 서북으로는 압록강, 동북으로는 先春嶺을
　경계로 삼았으니, 서북은 고구려에 미치지 못하고 동북은 그보다 지나쳤습니다."
　（한국고전번역원, 한국고전DB에서 인용）
3) 박인호, ≪조선시기 역사가와 역사지리인식≫ 제2장 제2절 조선전기 지리서에 나
　타난 역사지리인식. 이회, 2003. 133쪽.

관련 속에서 형성되었음을 무시할 수 없다. 예를 들어, 명대 편찬된 중국의 지리지 가운데 조선전기 상고시기 역사지리에 많은 영향을 미친 책으로 ≪大明一統志≫와 ≪遼東志≫를 들 수 있는데, 이 책들은 ≪東國輿地勝覽≫의 전범이 되었다.

≪大明一統志≫에는

"조선국 동서남은 바다에 접해 있고, 북쪽은 여진과 이웃하고 있다. 서북으로는 압록강에 이르고, 동서 2천리 남북 4천리이다. 그 나라의 도읍으로부터 경사(북경)까지는 3천리, 남경까지는 4천리에 이른다."

고 했다. 연혁에는 주나라가 기자를 봉하여 나라가 되었고, 진나라 때는 요동밖에 있었으며, 한초에 연인 위만이 그 땅에 머물렀으며, 무제때에 4군을 설치했다고 적었다. 그리고 고구려, 신라, 백제의 역사, 고려와 송, 요, 금, 원과의 조공관계, 이어서 풍속과 산천, 토산 등을 기록했다.

그리고 조선후기에는 ≪大淸一統志≫ ≪遼史≫ ≪盛京通志≫ 등이 있는데, ≪大淸一統志≫에는 조선의 건치연혁에 대해, 주나라가 기자를 봉한 이후 조선 8도 및 주요 城堡에 이르기까지의 연혁을 적고, 그 외여러 자료들을 이용하여 풍속·산천·고적 등을 적고 있으며, 그 가운데고적조에서는 기자고도, 고옥저지, 고부여국, 고고구려국, 고삼한지, 고백제국, 고신라국, 고휴인국, 고예맥국, 고탐라국, 고비류국, 정읍진, 벽제관, 숙녕관, 기자묘 등을 기록하고 있다.

이후, 조선중기 한백겸 이래 역사지리를 전문으로 연구한 학자들은 대부분 사회개혁을 통해 부국강병을 달성하려는 문제의식을 가지고 있었는데, 이들의 인식이 상고사 연구에 투영되면서 조선전기 지리비정에 비해 좀더 확대된 영역관을 추구하게 되었다. 이에 따라 과거의 강역에 비해 북쪽으로 올려보거나 요동쪽으로 비정하였다. 이러한 경향은 확장된 강역의식을 통해 임진왜란과 병자호란과 같은 외적의 침략이 가져온

충격에서 벗어나 과거 우리역사에 대한 자부심과 자존심을 회복하려고 했던 것이다. 그 결과 박지원, 유득공, 성해은, 홍경모, 김정호 등 대체로 북학파계열에서 만주에 대한 관심이 높아지는 경향이 보였고, 정약용의 연구가 개화기 김택영, 장지연에 영향을 미치게 되었다.

이처럼 조선시대에는 기본적으로 조선이라는 나라의 역사는 단군 - 기자 - 삼한 - 삼국 - 신라 - 고려"로 이어지며, 모두 단군의 후손이고, 그 강역은 조선후기에 그 강역이 만주와 요동으로 넓혀지고 있지만, 기본적으로는 압록강과 두만강이남의 소위 조선팔도라는 국가관을 가졌다고 볼 수 있다.

Ⅲ. 일본인식

조선전기부터 개항기에 이르기까지 총 36회의 사신이 막부장군, 또는 천황에게 파견되었는데, 조선전기 20회, 조선후기 12회, 개항기 4회이다. 이 가운데 사행록이 남아있는 것은 전기 4회와 후기 12회, 개항기 3회로 총 46편에 이른다.[4] 이 글에서는 이들 사행록 중에 15세기부터 19세기까지 각 시기별로 대표적인 사행록인 송희경, 신숙주, 경섬, 원중거, 김홍집 등이 남긴 사행록을 중심으로 조선시대 한국인의 일본인식에 대해 살펴보고자 한다.

---

4) 손승철, <외교적 관점에서 본 조선통신사, 그 기록의 허와 실>≪한국문학과 예술≫, 제2집, 숭실대학교, 2008, 118-9쪽.

1. 15세기, 송희경과 신숙주

1) 송희경 ≪日本行錄≫

1419년, 조선은 왜구의 거점을 정벌할 목적으로 對馬島를 공격하였다. 이에 대하여 室町幕府는 조선의 본의를 탐지하기 위하여 大藏經求請으로 명분으로 無涯亮倜를 사절로서 조선에 파견하였다. 이듬해 1420년 조선은 그 요구대로 대장경을 줌과 동시에 宋希璟을 回答使로 無涯 일행이 일본으로 돌아갈 때 같이 보냈다. 송희경은 윤 정월 15일에 서울을 출발하여 4월21일에 京都에 도착하였지만, 足利將軍의 不信으로2개월이 지난 6월 16일에야 足利義持를 만났다. 6월 27일에 京都를 떠나 10월 25일에 서울로 돌아왔다. 宋希璟은 9개월 남짓한 일본 견문과 활동을 날짜 순으로 五言·七言의 漢詩 227편과 散文의 序라고 하는 형식으로써 기록하였다. 그리고 復命 후, 이것을 엮어서 『日本行錄』으로 남겼다.

이 사료는 기록에 남아있는 것으로는 제일 오래된 日本紀行이다.

≪日本行錄≫에 나타난 송희경의 일본에 대한 기술은 분석적인 면보다는 대부분 보고 느낀대로 즉흥적으로 적어 내려간 것이다. 또한 당시의 일본 내의 불안한 정세와 귀국에 대한 두려움 때문에 일본 문물에 대한 깊이 있는 관찰도 부족했다. 그러나 그 이전의 사행기록이 전혀 남아있지 않고, 최초의 사행기록이라는 점에 있어 동시기 조선인의 일본에 대한 인식을 유추할 수 있다.

송희경의 ≪일본행록≫에 대한 선행연구를 바탕으로 그의 일본인식을 정리해 보면,[5]

---

5) 하우봉, 「조선초기 대일사행원의 일본인식」≪조선통신사 사행록연구총서≫8.
  정영문, 「송희경의 ≪일본행록≫연구」, ≪조선통신사 사행록연구총서≫3.
  이채연, 「조선전기 대일사행문학에 나타난 일본인식」≪조선통신사 사행록연구총서≫2.

첫째, 송희경은 일본민족에 대해서, 기본적으로 화이관적 입장에서 日本夷狄觀을 가지고 있었다. 즉 송희경은 조선을 '上國'으로 지칭하고, 조선사신을 '天使'라고 했으며, 스스로를 '華人'이라고 했다. 한편 일본에 대해서는 구주탐제의 노래와 그들의 언어를 '오랑캐소리'라 했고, 일본인을 '遠人' '元戎' '島夷' 등으로 표현했다. 그러나 전체로서의 일본민족과는 달리 개인적으로 만난 일본인에 대해서는 우호적으로 인식했다. 예를 들면 사행을 안내한 藤狩野殿에 대해서, "왜풍이 없고 근후함이 조선인과 다름없었다."고 평했고, 이러한 개인적인 호감이 일본에 대한 우호적인 인식으로 연결되었을 것이다.

둘째, 일본의 정치상황에 대해 足利幕府가 守護大名과 해적들을 통제할 수 있는 능력이 없음을 알았고, 대마도 정벌이후 조선에 대해 저항적인 태도를 지닌 小貳殿, 대마도의 左衛門太郎 등에 대해서는 부정적인 반면, 구주탐제에 대해서는 우호적으로 평가했는데, 이후 조선의 통교정책에 큰 영향을 주었다. 그러나 송희경은 일본천황에 관해서나 막부장군과의 관계에 대해서는 전혀 언급이 없는 것으로 보아 일본의 정치체제에 관한 포괄적인 이해는 없는 것으로 보인다. 천황에 대한 구체적인 언급이 되는 것은 1470년대 신숙주의 ≪해동제국기≫부터이다.[6)]

셋째, 일본의 농업기술, 토지소유제도, 조세제도 등에 대해 실용적 입장에서 관심을 가지고 기술했다. 특히 1년에 3모작을 하는 농작법에 관심을 가졌는데, 이것을 가능하게 하는 수리시설에 대해서도 자세히 언급했다.[7)]

넷째, 일본의 문화에 대해 "아득한 창해가 중화를 가로막아 의복도 말도 다르고 법도도 틀리다"고 하면서, 조선은 中華이고 일본은 夷狄이

강재언지음, 이규수올김, ≪조선통신사의 일본견문록≫한길사, 2005 참조.

6) 손승철, 「조선시대 일본천황관의 유형적 고찰」≪조선통신사 사행록연구총서≫4 참조.

7) 송희경,≪日本行錄≫ 6월 27일.

라는 기본적인 인식을 가지고 있었다. 즉 일본의 농업기술에 대해서는 칭찬을 하면서, "仁義만 있다면 자랑할 만하다"고 하여 문화에 대한 평가를 유교에 기준을 두었다. 또한 불교에 대해서는 그가 유숙한 장소가 대부분이 절이었고, 접촉한 인물 중 승려가 많았던 관계인지, 불교의 성행을 신기하게 표현했고, 일본의 성풍속에 대해서는 '기이한 풍속'이라고 하면서 娼女와 男色을 소개했다. 그러나 송희경은 이러한 일본의 문화와 풍속에 대해 지나치게 이적시하거나 배타적인 인식을 과시하는 식의 표현은 쓰지 않고, 비교적 담담히 소개하였다. 이러한 태도는 송희경의 ≪日本行錄≫에 나타나는 하나의 특징으로서 주자학이 심화된 이후 16세기 이래의 유학자나 조선후기 사행원들과는 다른 면모이다.

2) 신숙주 ≪海東諸國記≫

1471년 봄, 예조판서였던 신숙주는 "해동제국의 조빙 왕래의 연혁과 그들의 사신을 접대하는 규정 등에 대한 구례를 찬술하라"는 국왕의 명을 받았다. 이에 신숙주는 조선과 일본의 옛 전적을 참고하고, 또 일본에 통신사 서장관으로 다녀온 체험을 바탕으로 그해 말에 ≪海東諸國紀≫를 완성했다.

해동제국기 편찬동기에 관하여 신숙주는 서문에서 다음과 같이 밝히고 있다.

"대저 교린빙문하고, 풍속이 다른 나라 사람을 편안하게 접대하기 위해서는 반드시 그 실정을 알아야만 그 예절을 다할 수 있고, 그 예절을 다해야만 그 마음을 다할 수 있습니다. 그리하여 우리 주상 전하께서 신숙주에게 명하여 해동제국의 조빙·왕래·관곡·예접에 대한 구례를 찬술해 오라 하시니, 신은 그 명령을 받고서 공경하고 두려워하였습니다. 삼가 옛 전적을 상고하고, 보고 들은 것을 참작하여, 그 나라의 지세를 그리고, 世系의 원류와 풍토의 숭상한 바와, 또한 우리나라가

응접한 절목에 이르기까지, 대략 서술하여, 그것을 편집하여 한 책을
만들어서 올립니다."

즉, 일본과의 교린을 위해서는 우선 일본의 실정을 알아야 한다고 했
다. 일본의 실정이란 일본의 역사와 지리적 환경·국정·풍속 등을 말하
며, 그 내용은 「일본국기」와 「유구국기」 중 천황의 세계, 국왕의 세계,
국속, 도로이수 등으로 구성되어 있다. 이어 8도66주, 대마도, 일기도에
서 내조자의 인적사항을 구체적으로 제시하고 있으며, 「조빙응접기」를
통해 이들에 대한 접대규정을 상세히 기술했다. 그리고 ≪해동제국기≫
의 편찬이세조의 명에 의해 이루어졌음을 밝혔다.

일본인의 습성과 통교의 필요성에 관해 다음과 같이 서술하고 있다.

> "그들의 습성은 강하고 사나우며, 무술에 정련하고 배를 다루는 것
> 이 익숙합니다. 우리나라와는 바다를 사이에 두고 서로 바라보고 있는
> 데, 그들을 도리로 대하면 예절을 차려 조빙하고, 그렇지 않으면 함부
> 로 표략을 햇던 것입니다. 前朝 高麗 말기에 국정이 문란하여 그들을
> 잘 어루만져 주지 않았더니 그들이 연해 지역 수천 리 땅을 침범하여
> 쑥밭으로 만들곤 하였습니다. 그러나 우리 太祖大王께서 분기하시어,
> 智異山·東亭·引月驛·兎洞 등지에서 수십 차례 역전하시고 난 다음부
> 터는 적이 함부로 덤비지 못하였습니다. 개국한 이후로 역대의 군주들
> 께서 계승하시어 정치를 잘하시니, 나라 안의 정치가 이미 융성하게 되
> 고, 外地도 곧 복종하였으므로, 변방의 백성들이 편안히 살 수 있게 되
> 었던 것입니다."

즉 일본인의 습성이 강하고 사나우며, 무술을 좋아하고, 배를 잘 다루
는데, 우리나라에서 잘 도리대로 잘 어루만져주면 예의를 차려 조빙하며,
그렇지 않으면 노략질을 한다. 고려 말의 왜구가 극성한 것이 그러한 이
유였다고 했다. 그 후 태조의 왜구 토벌이 성공한 이후, 정치가 안정되고,

변방도 편안히 되었으며, 세조대에 이르러 기강을 바로 잡으면서 주변에
서 모두 내조하게 되었다고 했다.

> "世祖께서 중흥하시어, 數世 동안의 태평을 누리다보니 안일함이
> 심한 해독이 됨을 염려하셨습니다. 그리하여 하늘의 명령을 공경하고
> 백성의 다스림을 부지런히 하시어, 인재를 가려 뽑아서 모든 정사를 함
> 께 다스렸습니다. 廢墜된 것을 진작시키고 기강을 바로잡느라고, 宵衣
> 旰食을 하시면서 정치에 정력을 쓰시니, 治化가 이미 흡족하고 聲教가
> 먼 곳까지 창달되어, 만리의 遠方에서 산길·바닷길을 통하여 來朝하지
> 않는 자가 없었습니다."

그리고 결론적으로

> "夷狄을 대하는 방법은, 外征에 있지 않고 內治에 있으며, 邊禦에
> 있지 않고 朝廷에 있으며, 전쟁하는데 있지 않고 기강을 바로잡는 데
> 있다." 하였는데, 그 말을 이제야 체험할 수 있겠습니다.

고 하여 주변국을 대하는 방법은 무력에 의한 정벌이나 제압에 있지 않
고, 내치와 기강을 바로잡는데 있다고 했다. 그리고 중국의 고사를 인용
하여 한무제나 수양제의 무력위주 정책보다는 광무제의 국내를 먼저 다
스리고 국외를 뒤에 제어하려는 정책을 높이 평가하면서, 이것이 참으로,
하늘을 짝할 만한 극치의 功烈이며, 제왕의 거룩한 예절이라고 했다.
  그리고 기강을 바로 잡는 다는 것은 그들을 구체적인 접대규정을 만
들어 예를 다하여 접대하는 것이라 했다.

2. 16세기, 김성일

  1589년 3월, 豊臣秀吉은 새로 도주가 된 宗義智에게 조선국왕의 入

朝를 실현하라는 명령을 내렸다. 대마도주는 이것을 '통신사의 來日'로 바꾸어 玄蘇를 정사로 25인의 일본국왕사를 조선에 파견했다. 이에 대해 조선왕조는 李德馨을 선위사로 하여 이들 사절단의 임무가 '通信一事'라는 것을 확인한 후, 이제까지의 거부론을 철회하고, 오히려 통신사를 이용하여 왜구문제 처리에 대응함으로써 양국분쟁의 해결을 모색하기로 했다. 11월에는 정사 黃允吉, 부사 金誠一, 서장관 許筬을 비롯한 통신사 행원이 편성되었다.

1590년 3월, 통신사는 국서와 예물을 받들고 한양을 출발하여 7월에 교토의 大德寺에 들어갔다. 그러나 豊臣秀吉이 小田原에서 돌아오는 것을 기다려 인견을 한 것은 11월이었다. 豊臣秀吉은 조선사신을 入貢使로 간주하여 환대를 했지만, 회답서에는 "假道入明"을 요구했고, 김성일은 이를 분개하며 다시 써 줄 것을 요청했으나, 고쳐 받지 못한 채, 이듬해 2월 그대로 귀국하였다.

귀국 후 豊臣秀吉 및 일본 정세에 대한 보고는 이미 일본의 침입에 대한 소문이 퍼져 있었던 만큼 조선에게는 국가의 운명을 좌우하는 중요한 문제였다. 그러나 이 자리에서 통신사 삼사의 보고는 상반되었다. 정사 황윤길은 豊臣秀吉의 인상을 "그의 눈은 예리하게 빛나고 담력과 지혜를 가진 사람으로서, 생각건대 반드시 병화가 있을 것"이라고 경고했다. 또 서장관 허성도 "豊臣秀吉이 반드시 쳐들어 올 것이다."고 했으나, 항상 호기가 있고 의연하여 '殿上의 호랑이'로 지칭되던 김성일은 "그의 눈은 쥐와 같아 두려워할 것이 못된다."고 했고, 침략의 가능성에 대해서도 "신은 이와 같은 정황을 보지 못했다."고 보고했다. 그러나 1년 후 일본은 조선을 침략했고, 그 결과 당시 뿐만 아니라 후세에도 비판이 되고 있다.

김성일은 일본사행을 마친 뒤 《海槎錄》 5권을 남겼는데, 1,2권은 사행 중에 지은 기행시문이고, 3,4,5권은 사행 중 정사 황윤길, 서장관 허성, 일본의 접반사 현소 등과 왕복한 서찰과 說辨志, 행장 등으로 구성되어 있다.

이들 기록가운데 사행 중 외교적인 마찰을 일으켰던 3가지 사건을 중심으로 외교적 관점에서 살펴보자.

첫 번째의 사건은, 통신사 일행이 부산을 출발해 처음 대마도에 도착했을 때, 國分寺에서 향연을 받았는데, 이때 대마도주 宗義智가 가마를 타고 계단을 지나 당상에 올랐다. 김성일은 그 무례함에 격분하여 퇴장했고, 조선 측 역관은 김성일이 몸이 불편하여 먼저 일어선 것이라고 둘러대었다. 김성일은 역관이 거짓으로 왜인의 비위를 맞추어 체모를 손상시켰다 하여 왜인들 앞에서 역관의 볼기를 쳤다. 사태가 이에 이르자 宗義智는 가마를 메고 온 하인에게 모든 책임을 지워 그 하인의 목을 베고 사죄한 일이 있었다. 이 일에 대해 서장관 허성은, "가지가지의 의아와 간격으로 평지에 풍파를 일으켜 안색에 노기를 띠고 언사를 거세게 하여 사람마다 책하고 말마다 겨룬다면 악에 가깝지 않겠는가"하고 비난을 했다. 이에 대해 김성일은,

사행 중 국체를 지키라는 선조의 명을 기억하여 경계하면서 이어서,

"……지금 그 경계에 들어서자마자 스스로 신중하게 하지 않고, 한결같이 왜인의 마음을 기쁘게 하는 것으로 상책을 삼고 있으니, 저들이 비록 무식하나 또한 매우 영리한데 어찌 우리들의 염치없는 것을 알지 못하겠습니까, 이로써 말하면 國分寺에서 굴욕은 우리들이 자진해서 가져온 것이 아니겠습니까."[8]

라고 하여, 왕명을 받들어 국체와 예의와 법도를 지켜야 할 것을 강조했다. 따라서 김성일의 입장에서는 허성과는 달리 國分寺에서의 대마도주 宗義智의 행동도 결코 용납할 수 없는 오랑캐의 행위로 추한 것들에게 능멸을 당했다고 인식했다.

---

8) 위와 같음.

두 번째 사건은 통신사일행이 7월에 堺濱의 引接寺에 이르렀을 때, 西海道의 某州某倭 등이 보내온 예단에 '朝鮮國使臣來朝'라는 문구가 있었는데, 김성일이 이 사실을 뒤늦게 알고 '來朝'라는 문구를 용인할 수 없다 하여 이미 나누어준 음식을 다시 시장에서 사서 반환한 일이었다. 이때 倭使는 이를 寫手의 실수라 하여 사죄했다. 그러나 이후 11월에 돌아가는 길에도 引接寺에서 西海道 肥前州 源久成 등이 다시 음식을 바쳤는데, 똑같은 일이 발생했다. 이 사건에 대해 김성일은,

"나는 부득이하여 그 예단에 회례를 보낼 때에 부사를 쓰지 말고, 또 음식물을 나의 從子에게는 나누어 주지 말기를 청했더니, 상사와 서장관이 통신사라고만 쓰고 내 이름은 쓰지 않았다. 나는 나누어주는 酒食을 받지 않았고, 왜인들로 하여금 먹게 했다. 아 아, 상사와 서장관은 실로 외국의 사신이 될 만한 인재이며, 평소에 의리를 공부하여 밝혔으니 어찌 함부로 처사할 분이겠는가, 이번에 받고 안 받고 하는 것은 장차 의리가 있을 것이므로, 우선 나의 소견을 기록하여 지혜 있는 사람을 기다린다."[9]

라고 하여, 이에 倭使가 改書를 해 왔음에도 김성일은 끝내 받아들이지 않았다.

세 번째 사건은 통신사가 豊臣秀吉을 만날 때, 정원에서 庭下拜를 할 것인가, 아니면 堂에 올라 楹外拜를 하는가의 문제였다. 이에 대해 김성일은,

"대저 일본이란 어떤 나라인가 하면 우리조정의 與國이요, 관백이란 어떤 벼슬인가하면 소위 天皇의 대신입니다. 그런즉 일본을 맡은 것은 소위 천황이요 관백이 아니며, 관백이란 것은 정승이요 국왕이 아닙니다. 오직 그가 일국의 권력을 마음대로 하기 때문에 우리조정에서 실정을 모르고 국왕이라고 하여 우리임금과 대등한 예로써 대우하였습니다. 이것은 우리임금의 존엄을 강등하여 아래로 이웃나라의 신하와 더

9) ≪해사록≫4. 倭人禮單志,

불어 대등히 되게 한 것이니, 욕되게 한 것이 아닙니까. …당당한 대국
사신이 이웃나라의 신하에게 庭下拜를 한다면 이것은 우리 임금을 관
백에게 대등시키는 것이니, 나라를 욕되게 하는 것이 아니고 무엇입니
까. 마루에 올라가 楹下拜를 한다면 이것은 우리 임금을 소위 천황에
게 대등시켜 관백과의 대등을 허락하지 않는 것이니, 임금을 높이는
것이 아니고 무엇입니까."10)

라고 했다. 당당한 大國의 사신으로서 이웃나라의 신하에게 庭下拜를 행
한다면, 이것은 임금의 존엄을 관백에게 대등하게 하는 것이니 나라를
욕되게 함이 심한 것이라고 주장하여 끝내는 楹外拜를 관철시켰다.

≪海槎錄≫에 기록된 이러한 행동들에 대해 기존의 연구들은 매우 비
판적이다. 즉 김성일은 철저한 화이론적 입장에서 일본을 夷狄視했으며,
이러한 연유로 일본인의 기질이나 성격에 대해서도 아주 부정적으로 묘
사하면서 야만시 했다는 것이다. 따라서 지나치게 화이론적 명분론에 집
착한 나머지 일본문화나 사회에 대한 현실성이 결여되었다는 평이다.11)

그러나 다른 한편에서 보면, 김성일이 경색되고 위협적인 분위기 속
에서도 명분과 의리를 끝까지 지켜 국가의 위상을 훼손하지 않았음을 높
이 평가하는 반면, 상반된 내용의 복명은 그가 민심의 동요를 우려한 데
에 기인한 결과라고 했다.12) 이 점은 김성일 자신도 자신의 복명이 정확
한 판단이 아닐 수도 있음을 토로한 바가 있다. 즉 柳成龍이 만일 병화가
일어나면 어찌할 것인가를 물었을 때, 김성일은 "나도 어찌 왜적이 나오
지 않을 것이라고 단정하겠는가. 다만 온 나라가 놀라고 의혹될까 두려
워 그것을 풀어 주려고 한 것이다."13)라고 했다.

---

10) ≪해사록≫3, 與許書狀論禮書.
11) 하우봉, ≪朝鮮後期 實學者의 日本觀研究≫ 제1장 17세기 지식인의 일본관, 일
    지사, 1989, 19-21쪽,
12) 이병휴, 「鶴峰 金誠一의 時代와 그의 現實認識」≪조선통신사 사행록연구총서≫
    12. 76~77쪽.

그렇다면 과연 김성일은 일본의 침략 가능성에 대해 어떠한 입장이었을까? 그는 事大와 交隣의 뜻을 설명하여 일본의 잘못을 지적하고 있다.

"大明은 조선조정에게는 부모의 나라이다. 우리 전하의 事大의 정성은 처음부터 변함이 없기에 북으로 神京을 바라보고 天子의 위엄이 아주 가까운 곳에 잇는 것 같다. 朝貢하는 사신이 길에 잇달았으니 이는 실로 천하에서 하나같이 들어서 아는 바이다. 귀국이 지금은 비록 大明과 화친이 끊어졌지만 수십 년 전에 일찍이 대명에 가나 사신이 있었으니, 조선과 대명이 한 집인 것을 어찌 모르겠는가. 아 군신의 의는 천지의 떳떳한 법이니 이른바 인륜이다…… 조선 조정은 귀국과 화친을 맺은 이래 대대로 이웃나라에 대한 신의를 두텁게 하여 일찍이 화살 한 개도 귀국의 변방에 던져 본 적이 없다. 交隣이란 이와 같다면 事大도 충분히 알 수 있을 것이니. 이것으로 생각하면 이웃나라와 黨이 되어 대국을 범하지 못할 것 또한 분명하다."[14]

고 했다. 조선의 事大交隣의 외교를 이해한다면 일본이 중국을 침범하는 일을 있을 수 없을 것이라 단정하면서, 일본이 오랑캐의 나라이기는 해도 君臣上下의 구분이 있기 때문에 인륜과 도리로써 설명하면 당연히 일본도 그것을 이해할 것이라고 생각했던 것 같다.[15]

결국 당시의 국제질서를 주자학의 禮的 關係로 파악했던 김성일은 그 가치관에 충실했기 때문에, 유교와 다른 神國思想을 배경으로 동아시아의 覇者가 되려고 했던 豊臣秀吉의 본심을 파악치 못했던 것은 아닐까.[16]

---

13) ≪宣祖修正實錄≫24년 3월 정유.
14) ≪海槎錄≫4. 擬答宣慰使書.
15) ≪海槎錄≫3, 與許書狀書 「일본으로 말하면 비록 오랑캐이지만 君臣上下의 구별이 있고, 賓主간에 접대하는 예절이 있으며, 성질 또한 영리하여 남의 뜻을 잘 알아보니, 금수로 대접한 것이 아닙니다. 그러므로 우리조정에서 이웃나라로 대우했고, 때로는 서로 통빙을 하여 교린의 뜻을 돈독히 하기위해 사신을 뽑아 교섭할 책임을 맡겼으며, 이것은 전조에서도 했고, 본조에서도 폐하지 아니한 것이니, 국가의 존중과 경미가 사신에게 달려 잇는 것입니다.」

3. 17세기, 경섬

임진왜란이 끝난 직후부터 대마도에 의해 시작된 강화교섭은 탐적사 귀국후 제시된 세가지 조건이 실행되면서, 명분상 조선의 요구가 관철되었다는 명분과 교섭의 주도권을 조선이 갖는다는 외교적인 실리를 취해, 당초의 계획대로 강화를 성립시키기로 하고, 1607년 1월, 강화를 위한 조선사절단이 막부에 파견되었다.

인원 편성은 기록에 따라 차이가 있지만, 실제로 귀국 후 복명을 위해 기록한 부사 경섬의 『海槎錄』에 의하면 406명으로 되어있다. 이들은 1607년 1월 12일 한양을 출발해, 2월 29일에는 부산을 떠나 대마도를 거쳐 大阪까지는 해로를 이용해 갔고, 4월 12일 교오토 거쳐 5월 24일에 에도에 도착했다. 이어 6월 6일 선조의 회답국서를 전달한 후, 아들 德川秀忠 명의의 회답서를 받은 후, 동 14일에 에도를 떠나 귀로에 올라 7월 17일, 피로인 1,240여명과 함께 한양에 돌아와 선조에게 복명했다.

이로써 임진왜란에 의해 단절된 양국의 국교가 정식으로 회복되었다. 그러나 이 사절단의 명칭은 '通信使'가 아니라, 일본에서 먼저 보내온 국서에 답하고, 피랍된 조선인을 귀환시킨다는 의미의 '回答兼刷還使'였다. 그리고 일본에서 먼저 보내온 德川家康의 국서는 僞造 내지는 改書한 것이었고, 조선에서는 이를 묵인하면서 이루어졌던 변칙적인 외교였다.

경섬의 ≪해사록≫에는 이 사절단의 명칭이 회답겸쇄환사였던 것처럼 피로인이나 그들의 쇄환에 관해 관심을 가졌고, 사행록에는 그에 관련된 기사가 많다.

경섬의 ≪海槎錄≫에는 기록이 에도에 가기까지는 피로인에 관한 기록이 없고, 돌아오는 길에 등장한다. 최초의 기록은 에도에서 통신사 행

---

16) 小幡倫裕,「鶴峰 金誠一의 日本使行에 대한 思想的 考察」≪韓日關係史硏究≫ 10, 1999. 83쪽.

렬을 구경하는 여인의 눈물에서 고국에 대한 그리움으로 표현된다. 그리고 많은 피로인들이 고국으로 돌아가고 싶지만, 倭主들이 놓아 보내주려 하지 않아 귀국할 수 없다는 것이다.

> 4월 12일(갑진)江戶
> …구경하는 남녀가 어깨가 맞닿고 발이 포개져 서로 짓밟는데, 몇천 몇만 몇억이 되는지 알 수 없었다. 이따금 눈물을 흘리는 사람이 있으니, 이는 우리나라의 여인인데, 고국 사람을 보고는 울먹이며 슬퍼하지 않는 사람이 없는 것이다.…

> 윤 6월 11일(임신)兵庫
> 午時에 작은 배를 타고 점포를 지나는데, 어떤 남자 하나가 포구의 갈대밭 속에서 달려 나와 부르짖기를, "나는 조선 사람이오. 돌아가는 배에 태워 주시오." 하므로 배를 멈추어 태워 주었다. 그는 전라도 사람이다. 그 주인이 놓아 보내려 하지 않으므로 도망쳐 와 여기 숨어서 행차를 기다렸다 하니, 그 정상이 가련하다. 또 한 여인은 그 주인에게 울며 호소하였더니, 그 주인이 놓아 주므로 곧 몸을 빼져 달려왔다. 그의 남편인 왜인은 나쁜 사람이었다. 칼을 어루만지며 맞서서 놓아주지 않으려 하므로, 橘智正이 접대하는 왜인 우두머리와 함께 만단으로 타이르니, 그가 마지못해 물러갔다.

이들 가운데는 倭主의 감시를 피해 탈출을 하여 귀국행렬에 합류하고 있는 모습도 발견할 수 있다. 이 기록을 통해 피로인의 신분은 노예의 상태임을 알 수 있다. 또한 여인의 경우는 왜인 남편이 놓아주지 않는다는 표현을 한 것을 보면, 대부분 왜인의 처나 종이 되어 생활하고 있는 모양이다.

피로인을 쇄환하기 위한 최초의 공식 사절인 1607년의 회답겸쇄환사가 쇄환한 피로인은 총 1,418명이었고, 경섬의 ≪海槎錄≫에서는 '지금 쇄환해 오는 수는 아홉 마리 소가운데 털한개 뽑은 정도도 못 된다'고

했다. 일본 내지에 흩어 사는 피로인들이 몇만이나 되는지 알 수 없지만, 돌아가기를 원하는 피로인들을 돌아가게 하라는 관백의 명령이 있었으나, 그 주인들이 앞을 다투어 서로 숨겨서 마음대로 돌아 올 수가 없었으며, 피로인 자신들도 이미 머물러 사는 것을 편히 여겨 돌아오려는 자도 적었다고 기술했다.

한편 귀환한 피로인들에 대한 대우는 너무 박대하고 있다. ≪海槎錄≫에는 다만 10일분의 양식을 주었다고만 기술되어 있다. 귀환한 피로인들이 기본적으로 조선에 연고가 있을 것이라고 단정해서 일까, 이들에 대한 사후조치는 미흡하기 짝이 없다.

그의 일본인식에 관한 것으로 일본의 지세·관제·養兵·攻城·성씨·술·일반풍속 등에 관심이 많았다. 그중에서도 단오날에 武鬪풍습을 상세히 기술했다.

> "처음에는 아동의 투석전을 "우리나라의 씨름놀이로 보는 여유가 있었다." 그러나 "오후에는 원근의 장정이 귀천을 가리지 않고 창과 칼을 메거나 들고, 뒤질세라 분주히 모여들어 수천 명이 떼를 지어 진을 치고 상대하는데, 그 나아가고 물러나고 앉고 일어서며, 모이고 헤어지고 유인하는 형세는 한결같이 戰法에 의거하였다. 각기 精銳를 내보내어 칼로 교전하되 나아가기도 하고 물러서기도 하며, 서릿발같은 칼날은 햇빛이 쏘는 것 같다. 서로 다투어 치고 죽여, 죽음을 봐도 굳세게 나아가는데 해가 저무는 것을 시한으로 삼는다. 죽은 자가 많게는 40여 명이나 되고, 그 나머지는 어깨가 잘리고 다리가 베어져 상처를 입고 돌아온 자가 이루 다 기록할 수 없다. 살인의 많고 적음을 가지고 승부를 결정한다.
> 칼을 맞아 죽은 자가 몸이 땅에 떨어지지 않으면 뭇 칼이 번갈아 쳐서 백 조각으로 찢어 가르는데, 그것을 試劍이라 한다. 어떤 사람이 그의 아들이 죽었다는 말을 듣고 즉시 몸을 일으켜 싸워, 두어 사람을 죽여 복수하였다. 이날은 살인한 자도 죄가 없기 때문에 조금이라도 원혐이 있으면 반드시 이날 보복한다. 일본 66주 사람들이 곳곳마다 다 싸

움하되, 京都만은 彩棚과 山臺 놀이를 베풀고, 남녀가 술과 음식물을 성대히 마련, 잔치하며 놀다가 파한다고 한다. 마침 館所에서 바라다 보이는 곳에서 이 角戰 놀이를 벌였으므로, 그 칼을 휘둘러 마구 피가 흘러 언덕을 물들이는 형상을 목격했는데, 참으로 놀랄 만하였다.

間候하는 왜관이 와서 말하기를, "우리나라가 이날에는 으레 이 놀 이를 베풀지만, 사신이 묵고 계시는 관에서 지극히 가까우니, 만약 요 란스럽다면 금지하겠습니다."

하기에, 國俗을 금지할 것이 없다는 뜻으로 대답하였다. 대개 일본 의 국속은 사람 잘 죽이는 것을 膽勇으로 삼는다. 그러므로 살인을 많 이 하는 자는 비록 市井의 천한 사람일지라도 聲價가 곧 배로 오르고, 두려워서 회피하는 자는 비록 權貴의 자제일지라도 온 나라가 버려서 사람들에게 용납되지 못한다. 그 삶을 가벼이 여기고 죽기를 즐겨하는 풍속이 이와 같다."17)

고 했다.

일본인의용맹과 무를 숭상하고 생명을 가볍게 여기는 기질에 비판적 이었다.

"사람들이 협기(俠氣)를 숭상하여 삶을 가볍게 여기고 죽음을 잊어 버린다. 그래서 조금만 불평이 있으면 문득 칼을 뽑아 서로 죽이기를 조금도 거리낌 없이 하며, 잠시 작은 원혐이 있으면 스스로 제 배를 갈 라 죽어도 후회하지 않는다. 남과 서로 접촉할 때에는 서로 시기하고 의심하여, 夫妻가 거실에 들어가서도 잠자리를 같이 하지 않고, 부자가 서로 대하는 데도 칼을 풀지 않는다. 혹 공을 탐내고 이익을 다툴 적에 는 부자가 서로 모해하고 형제가 서로 해치므로, 자식이 생겨 열 살만 되면 다른 사람의 양자로 주고 함께 살지 않는다. 술이 취하면 술주정을 틈타서 서로 칼을 뽑기 때문에, 감히 마음대로 실컷 마시지 못하게 한다."18)

17) 경섬, ≪海槎錄≫ (국역해행총재 Ⅱ, 민족문화추진위원회, 1974, 이하 같음), 하, 6월 병신.
18) 위와 같음.

또한 일본인들의 말을 인용하여,

"왜인들의 말에 의하면, 姜沆이 포로되어 온 지 5년 동안 형체를 고치지 않고 의관을 변하지 않으면서 방에 조용히 앉아 책이나 보고 글을 짓기만 일삼고 왜인들과 상대해서 입을 연 적이 없었고, 宋象賢의 첩은 굽히지 않고 守節하여 죽기를 스스로 맹세하니, 왜인들이 귀히 여기고 존경하여 집 한 채를 지어 우리나라의 여자 포로로 하여금 호위하고 시중들게 하였으며, 惟政의 일행이 오게 되자 절조를 완전히 하고 돌아갔으므로 원근에 떠들썩하게 전파되어 아름다운 일로 일컫는다 했다. 대개 일본 나라는 용맹과 武만 오로지 숭상하여 인륜을 모르지만, 節義의 일을 보게 되면 감탄하여 일컫지 않는 자가 없었으니, 또한 天理인 본연의 성품을 알 수 있는 것이다."[19]

라고 하여 인륜과 절의를 하찮게 여기는 일본인의 습성을 비판적으로 서술했다.

4. 18세기, 원중거

1760년 4월, 德川家治가 장군직을 습직하자, 막부에서는 대마도를 통해 조선에 통신사파견을 요청했다. 통신사파견을 요청받은 조선은 곧바로 관례에 따라 파견준비를 위해 양질의 예단인삼을 준비하였다. 조선에서는 정사 조엄, 부사 이인배, 종사관 김상익을 비롯하여 477명으로 사절단을 편성하여, 1763년 8월 3일에 한양을 출발하여, 10월 6일 부산을 출항했다. 대마도-이키-세토내해를 거쳐 오사카에 상륙한 후, 이듬해 2월 16일 에도에 도착하여 같은 달 27일에 조선국왕의 국서를 전달한 후, 3월 11일에 江戶를 떠나 7월 8일 한양에 돌아와 영조에게 복명했다. 11개월 남짓한 일본 사행이었지만, 이 사행만큼 다사다난했던 사행도 드물었다.

19) 위와 같음.

　부산을 출항하여 이즈하라에 입항하자마자 卜船將이 사망했고, 대마
도에 체류하는 동안 다시 6명의 환자가 발생하여, 부산으로 돌려보냈으
며, 12월 3일, 아이노시마에 입항할 때, 부사선이 좌초했다. 또 이듬해
1월 20일 오사카에 입항했을 때, 小童 金漢仲이 병으로 죽었다. 뿐만 아
니라 귀환 도중 4월 7일에는 통신사 역사상 유래가 없던 수행원 살해사
건이 일어났다. 대마번의 通詞가 都訓導 崔天宗을 살해한 사건이다. 또
4월 30일에는 정사선 下官 李光夏가 자살했다. 모두 10여명의 사상자가
발생했다. 사행의 출발전 정사가 2차례나 바뀌어 사행준비가 혼란스러웠
던 만큼 사행도 순탄치가 않았다.

　그러나 양국의 이러한 상황에도 불구하고, 1764년의 통신사는 조선후
기 통신사가운데 가장 풍부한 사행록을 남기고 있다. 17세기 후반부터의
경향이지만, 동아시아 국제정세가 안정되고, 조일간에 외교현안이 줄어
들면서 통신사행은 외교적인 행사에만 그치지 않고, 시문창화를 비롯해
마상재 풍악같은 놀이 등을 일본의 일반 백성들에게 보여주는 문화행사
의 성격을 지니게 된다. 특히 시문창화는 조선의 문화를 과시할 수 있는
중요한 역할을 했기 때문에 통신사를 수행하는 제술관과 서기들은 문필
의 대가로 선발하는 깃이 관례였고, 매우 신중을 기했나. 1764년 통신사
의 경우 제술관으로 南玉, 서기로 成大中, 元重擧, 金仁謙이 발탁되었는
데, 이들을 四文士라 했으며, 이들은 앞의 표에서 볼 수 있듯이 정사 조
엄의 ≪海槎日記≫를 비롯하여 무려 10편의 각종 사행기록을 남겼다. 이 가
운데 서얼출신으로 四文士중 한사람인 원중거의 사행기록인 ≪乘槎錄≫과
≪和國志≫를 통해 일본인식을 살펴보자.[20]

　≪乘槎錄≫은 일기형식의 사행록으로 3권으로 구성되어 있다. ≪乘

─────────────

20) 원중거의 사행록에 대한 연구는 박재금, 「원중거의 ≪和國志≫에 나타난 일본인식」
　≪조선통신사 사행록연구총서≫10. 김경숙, 「현천 원중거의 대마도인 인식과 그
　의미」≪조선통신사 사행록연구총서≫4. 동, 「≪乘槎錄≫의 서술방식과 사행록으
　로서의 의의」≪조선통신사 사행록연구총서≫1, 등이 있다.

槎錄≫은 원중거가 영조를 배알한 1763년 7월 24일을 맨 앞에 기술했고, 이어 사행을 실질적으로 시작한 1763년부터 사행을 마치고 영조에게 복명한 1764년 7월 8일에 끝을 맺는다. 장장 332일의 사행일정이 매일 매일 일기로 기록되어 있다.

원중거는 ≪乘槎錄≫의 편찬목적에 대해서는 첫째, 이전의 기록들이 소략하여 이를 보충하기 위한 것이라 했고, 둘째, 이후에 사행 오는 자가 참고하여 실수하지 않고 대마도인과 商譯輩의 농간을 막고, 셋째, 나아가 조정에 죄를 입고 나라에 욕되지 않게 하고자 함이라 했다. 또한 ≪和國志≫의 서술동기에 대해서는 첫째, 유사시에 정책당국자나 지식인들의 참고자료를 대비하기 위한 것이며, 둘째, 국내에서 볼 수 없는 일본자료를 구하여 올바른 역사서의 편찬을 돕기 위함이며, 셋째, 전란의 원흉인 豊臣秀吉에 대해 2백년이 되도록 아직도 원한을 갚지 못함을 비탄하면서, 臥薪嘗膽을 위한 것임을 밝히고 있다.

≪和國志≫는 '日本國志'의 성격을 가진 저술로, 천·지·인 3권으로 구성되어 있다. ≪和國志≫의 항목을 보면 체제상 중복되었거나 배열이 혼란스러운 부분이 있지만, 대체적인 내용을 보면, 天卷에서는 일본의 지리·역사·정치·외교 등을 중심으로 26항목, 地 卷에서는 일본의 사회·경제·풍속을 중심으로 31항목, 人卷에서는 경제·풍속·한일관계사를 중심으로 19항목을 서술했다. 또한 서술상의 특징을 보면, ≪海東諸國記≫를 비롯하여 25종의 국내서적 및 승문원 소장 각종 書契와 ≪日本三才圖會≫ 등 4종의 일본서적도 인용하고 있어, ≪和國志≫는 여타 사행록의 부록으로 붙어있는 見聞錄과는 전혀 다른 종합적인 '日本國志'의 성격을 지닌다.

≪乘槎錄≫과 ≪和國志≫의 분량과 내용이 워낙 방대하여 원중거 사행록의 평가는 그리 간단치 않다. 우선 원중거도 기본적으로는 화이론적 관점에 기초하고 있다. 즉 일본이 중화문화권에 속해 있지 않는 야만국이라는 점이다.

"대개 倭國은 中華에서 수만리 떨어진 바다 가운데 처해 있어 그
땅은 중화의 영토를 넓히지 못하고, 그 백성은 중화의 호적을 더하지
못한다. 또한 그 풍속이 신귀를 중시하고 禮義를 경시한다. 개구리 가
운데서 나서 굴과 소라의 무리에서 자라, 천지의 큼과 일월의 밝음과
부자의 도와 군신의 도리가 있는 것을 알지 못한다. 마치 물의 요괴나
물고기 정령의 무리가 모였다. 흩어졌다 하는 것과 같다."21)

이는 중화로부터 멀리 떨어져 있어 그 영향을 받지 못해 미개한 종족
이라는 것이다. 이러한 화이관은 중화를 중심으로 하는 전통적인 화이론
적 세계관으로 통신사 사행원이 공통적으로 가지고 있던 관념이었다. 그
러나 사행을 하면서 그의 일본인관은 크게 변화하고 있다.

"어떤 사람은 혹 말하기를, 그들과 더불어 어찌 인의를 족히 말할
수 있겠는가 라고 한다. 그러나 이는 크게 틀리는 말이다. 둥근머리와
모난발을 하고 있어도, 우리와 똑같이 눈으로 보고 귀로 듣는다. 어찌
우리만이 독특한 五氣와 五性을 가져서 그들과 다르겠는가?. 하물며
그들의 총명하고 전정함과 의를 사모하고 선을 좋아하는 것, 자신의 일
과 직업에 근면하고 몰두하는 점 등에 잇어서는 나는 오히려 우리나라
사람이 그들에게 혐잡히지 않을 까 두렵다."22)

라고 하여, 조선인과 동질성을 밝히고 조선인과 비교하여 일본인의 장점
을 기술했다. 그러나 원중거는 대마도인을 일본 내지인과는 구별하여,
"대마도는 오랑캐로서 문화가 없으며 교룡·이무기와 같이 산다." "내국
인들이 항상 대마도를 蠻夷라고 부르며, 사람축에 같이 끼워주지 않는
다."고 본주인과는 뚜렷하게 구분했다. 그는 대마도인이 양국사이에서
부산왜관의 通詞輩와 짜고 이익을 취하는 행위를 누누이 비판했고, 사행
도중에서도 대마도인의 행위에 대해 깊은 불신감을 지니고 있었다. 심지

---

21) 원중거 ≪和國志≫ 권1, 「中國通使征伐」
22) 원중거, ≪乘槎錄≫ 권4, 갑신년 6월 14일.

어는 대마도인을 "조선과 일본 양국의 적"이라고 했다.

원중거는 문화의 척도로서 주자학을 들고 있는데,

> "귀국의 사람들을 보건대 총명함이 빼어나니 이는 진실로 문화가
> 일어날 수 있는 날이 되었다. 그러나 아쉽게도 좋은 단서가 겨우 싹텄
> 는데 이단이 그것을 잡아매니 산하 수천리의 나라로 하여금 주자성인
> 이 있음을 알지 못하게 하고 있다."[23]

라고 하여, 문화발전의 기대는 갖고 있으나, 주자의 학문을 알지 못함을
개탄하고 있다. 나아가 주자학을 통해 일본을 교화시키려는 의도를 드러
내고 있다.

> "지금 보건데, 통신사 일행이 여러 번 들어 왔으며 長崎의 서적이
> 이미 통하였다. 그 유학을 닦는 선비들이 사람의 떳떳한 도리와 사물의
> 법칙이 있음을 알게 되어 부녀자와 젖먹이 천한 사람에게 날마다 선을
> 권장하니 만약 높은 지위에 잇는 자가 앞장서서 이끈다면 역말이 빨려
> 들어가는 것 같아서 일본은 아주 바뀔 것이다. 저들이 만약 仁義를 알
> 고 염치를 알아 옛것을 기뻐하고 지금을 돌이킨다면 이는 단지 그 나라
> 의 다행만이 아니라 우리나라와 중국이 침략당할 우환이 더욱 없어 질
> 것이다."[24]

라고 하여, 통신사와 長崎의 서적에 의해 일본문화가 긍정적으로 바뀌어
침략의 우환이 없어질 것으로 낙관했다.

두 번째, 원중거의 정치관은 주로 정치권력의 핵심인 天皇과 幕府將
軍과이 관계였다. 원중거는 천황이 실권은 없지만, 일본의 최고 통치자
이며 일본신도의 최고사제로서 막부가 함부로 할 수없는 권위를 가지고

---

23) 원중거 ≪和國志≫ 권2, 「詩文之人」
24) 원중거 ≪和國志≫ 권1, 「中國通使征伐」

있다고 했다. 그는 막부장군이 왕이 아니라 형식상 천황의 신하임을 강조했다.

> "왜인이 존숭하는 바는 첫째 신도이고, 둘째 불교이며, 셋째가 문장인데 모두 倭京에서 전단하고 있다. 그래서 천황의 권력이 비록 옮겨졌지만 모두 긍지를 가지고 있어 江戶나 諸州다와 같이 하려하지 않는다. ……만일 밝은 군주와 현명한 신하가 나와 지금의 구졸르 바꾸어 권세와 기강을 잡아 諸侯를 제어하면 한 귀퉁이에 있는 武州는 스스로를 돌보기에도 바쁠 것이다."25)

고 하였다. 원중거는 현실적으로 장군이 집권하고 있는 幕藩體制에 대해서는 인정하고 있지만, 막부정치의 여하에 의해 '尊王運動'이 일어날 가능성도 충분히 시사했다.

원중거의 일본풍속관은 ≪和國志≫ 地卷에 잘 정리되어 있는데, 관혼상제에서 삭발·帶劍·染齒·일부다처제·火葬·祭祀 등 조선과 다른 이국적인 풍속에 대해 비교적 담담하고 객관적인 자세를 보여준다. 대체로 문화상대주의적인 입장에서 일본풍속을 이해했고, 여기서는 일본이적관이나 우월의식이 강하게 나타나지는 않는다.26)

다음, 원중거가 ≪和國志≫에서 큰 비중을 두고 있는 기술이 조선과 일본과의 외교 및 전쟁부분이다. 조선과 일본관계에 대해서는 고대부터 영조 때까지 기술했는데, 삼국시대부터 고려시대까지의 대일관계와 일중관계를 기술했고, 조선시대에는 대마도정벌과 조선전기 일본에서 조선에 온 일본사절과 조선초기부터 1764년 계미사행까지의 조선사절에 대해 기술했다. 또 왜관의 유래와 약조, 당시의 年例送使船의 숫자와 교역현황을 상술했다. 「李忠武公遺事」 「許萬春傳」 「安龍福傳」 등 대일관계에

---

25) 원중거, ≪和國志≫ 天卷, 風俗.
26) 하우봉, 「원중거의 일본인식」 ≪조선통신사 사행록연구총서≫7. 365쪽.

서 공로를 세운 세 사람의 전기를 싣기도 했다. 원중거는 특히 임진왜란
에 대해 자세히 기술했다. "흉도들의 始終을 끝까지 기록함으로써 壬辰
事首末을 갖추고자 한 것"이지만 그러한 동기는 기본적으로 臥薪嘗膽의
뜻에서 나온 것임을 분명히 했다. 그는 ≪和國志≫地卷「各州城府」에서
전국 大名을 기술하면서 임란 당시 침입한 大名들에 대해서 별도로 부기
를 하면서, 그 후손들의 존재여부까지 표기했다. 그 이유에 대해서는 비
록 '討復之事'는 거론치 않지만 잊어서는 되기 않기 때문이라고 했다.

결론적으로 원중거의 일본인식도 전통적인 화이관을 벗어났다고 보
기는 어렵다. 그 역시 주자학에 입각하여 일본을 교화한다는 명분론적
내지 문화우월주의적인 인식에서 탈피하지 못했다.나아가 일본문화의 발
전에 따라 의리명분론이 강화되고, 尊王運動이 전개될 것이라는 견해는
매우 탁월하나 그에 따라 일본의 침략가능성을 배제했다는 점에 있어서
는 전통적인 교화론자의 한계를 벗어나지 못했다.

5. 19세기, 김홍집

1876년 병자수호조약에 의해 개항이 되면서, 조선에서는 1876년부터
1882년까지 4차례에 걸쳐 修信使가 일본에 파견되었다. 이 시기는 개화
파가 정치세력으로 부상하면서 동시에 정부의 정책노선을 둘러싸고 開
化派와 斥邪派가 대립하는 시기였다. 1880년의 통리기무아문을 비롯해
서 구미 각국과 수호통상조약이 체결되는 등 개화자강운동이 정부의 주
요정책으로 채택되는데에는 수신사의 보고가 중요한 계기가 되었다.

제1차 수신사 김기수는 '修信이란 옛 우호를 닦고 신의를 두텁게 하
는 것'[27]이라고 했다. 여기서 말하는 옛 우호란 전통적인 교린체제를 의
미한다. 즉 조선측은 1876년 병자수호조약 체결을 전통적인 교린체제의

---

27) ≪日東記遊≫ 1권, <商略>, '修信者 講修舊好 敦申信義'

회복 혹은 교린관게의 연장으로 인식하였거나 아니면 그렇게 보고자 했다. 그러면서도 통신사행과 구분하여 수신사로 명칭을 바꾼 것은 그것이 조선시대의 교린체제와는 다르다는 점을 인식하였기 때문이다.[28]

제2차 수신사 김홍집일행은 1880년 5월 28일, 국왕의 명을 받고 한양을 출발한 후, 6월 29일 부산에서 일본 기선 千歲丸을 타고 출발하였다. 7월 6일 동경에 도착한 후 1개월간 체류했다. 8월 4일 귀로에 올라 8월 11일 부산항에 도착했고, 8월 28일에 복명했다.

수신사행의 사명은 花房義質 일본공사 등 여러차례에 걸친 일본 사절의 조선파견에 대한 답례와 修信, 그리고 일본물정 탐색이라는 점에서 1차 수신사행과 마찬가지였지만 이때에는 양국간의 주요한 현안을 해결하기 위해 파견되었다는 점에서 달랐다.

김홍집 수신사행이 개항기 정국에 끼친 정치외교사적인 의미는 매우 크다. 우선 김홍집 자신이 이 사행을 통해 문호개방과 부국강병적 개화정책의 필요성을 절감하고 확신을 갖게 되었다. 그래서 그는 귀국후 그 신념을 바탕으로 국왕과 고종 대신들을 설득했고, 이후 개화정책의 중심에 서서 추진하게 되었다. 김홍집은 귀국보고와 함께 ≪朝鮮策略≫을 소개했다. '親中國·結日本·聯美國'을 역설한 ≪朝鮮策略≫은 황순헌의 생각만이 아니라 이홍장을 비롯한 淸末 洋務派의 대외정책으로 영의정을 비롯한 중신들도 찬성했고, 고종도 이 내용을 수용하여 정책으로 수용했다. 그리하여 1881년 12월, 행정개혁의 총괄기관으로서 統理機務衙門이 설치되고, 김홍집은 예조참판으로 승진하여 개화정책 추진에 중추적인 역할을 했다.

통리기무아문에서는 청에 군기제조와 군사조련에 관한 지식습득을 위해 유학생을 파견하고, 일본에는 제도습득과 군사시설 등을 견학하기

---

28) 하우봉, ≪조선시대 한국인의 일본인식≫, 제5장 개항기 수신사의 일본인식, 혜안, 2006, 287쪽.

위한 시찰단을 파견하기로 결정했다. 그리하여 일본에 朝士視察團과 청에 領選使가 파견되었다. 그리고 신식군대인 別技軍이 창설되었다. 그리고 이어서 미국, 영국, 독일과 수호통상조약을 체결하였다. 이는 병자수호조약에 이어 제2의 문호개방이라고 할 수 있다.

수신사들의 일본인식은 본인들이 일본 체험을 기록한 사행록을 통해 엿볼 수 있다. 수신사들이 남긴 사행록으로는 제1차 수신사 김기수의 ≪日東記游≫와 ≪修信使日記≫, 제2차 수신사 김홍집의 ≪修信使日記≫, 제3차 수신사 박영효의 ≪使和記略≫이 있다. 제3차 수신사 조병호의 사행록은 남아있지 않다.

김홍집의 ≪修信使日記≫는 <修信使金弘集復命書>, <修信使金弘集入侍筵說>, <朝鮮策略>, <大淸欽使筆談>, <諸大臣獻議>, <鵝羅斯探探使白春培書啓> 등으로 구성되어 있다.<修信使金弘集復命書>는 일종의 문견별단으로 승전원에 올린 보고서 인데, 사행노정과 일정, 현안문제에 대한 협상보고, 러시아군대의 남진의도, 일본의 해외정보수집노력, 興亞會, 일본지리, 일본인물, 명치유신이후의 성과, 군사제도, 교육제도, 일본의 풍습, 경제제도 등 11개 항목에 걸쳐 서술되어 있다. 김기수의 <행중문견별단>과 같은 형식인데, 김홍집의 문장에는 일본사회에 대한 깊은 통찰과 문호개방 및 개화정책에 대한 확신이 담겨있다. 이 보고서는 <조선책략>과 함께 고종과 조정대신으로 하여금 개화와 문호개방에 대한 강한 의지가 표현되어 있다.

김홍집은 복명서에서 명치유신의 성과에 대해 왕정복고 과정과 문호개방정책으로서의 전환과정을 소개하고, 그것을 시세에 따라 이루어진 自然之勢라고 긍정적으로 평가하였다. 명치유신 이후 稅收制度의 개혁과 통상 및 공업의 장려에 의해 여러 가지 산업과 후생정책이 이루어져 놀고 먹는 백성이 한사람도 없으므로 날이 갈수록 번성하여 간다고 했다. 풍속에 잇어서도 과거에는 에의범절과 文飾에 열중하였으나 근자에

는 실질적인 것을 좇고 대신이하 백관이 부지런히 일한다고 했다. 요컨
대 김홍집은 명치유신이후 일본이 취한 일련의 북구강병책에 대해 구체
적인 효과를 지적하면서 매우 긍정적으로 평가했다.

그렇다면 수신사들은 당시 일본의 대외정책과 아시아연대론을 어떻
게 인식하였을까.

사실 1876년 병자수호조약 체결 당시부터 조선의 최대 관심사는 일
본의 의도가 무엇인가 하는 점이었다. 실제로 1,2차 수신사의 파견목적
도 일본측의 진의를 탐색하는 것이었다. 당시 일본측은 아시아연대론을
강조했는데, 그들은 朝野를 막론하고 수신사를 비롯해 조선측 인사들에
게 그 취지를 설득하려고 애썼다. 그리고 이즈음에 동경에서는 아시아연
대를 표방한 단체 興亞會가 설립되었는데, 수신사행이 일본에 가서 이
단체에 가입하기도 했다.

제1차 수신사 김기수도 일본이 주창하는 아시아연대론에 원론적으로
동조했다. 김기수는 "忠信으로써 저들을 제어하고 道德으로써 저들을 순
응케 하며 겉으로는 온화하게 대하되 중심을 굳건히 하고, 오는 사람은
너그럽게 대하고 가는 사람을 경계한다면 또한 걱정이 없을 것이다"고
했다.

제2차 수신사 김홍집도 일본의 의도에 대해 "왜국의 정세를 살펴본즉
악의는 없는 것 같습니다. 격의없이 친목하자는 것이었습니다."라고 호
의적으로 평가했다. 또 "일본은 근일에 홍아회라는 단체를 개설했는데,
청국공사를 비롯하여 많은 중국인사들이 참여했으며, 그 요지는 청·일
본·조선 세나라가 동심동력하여 서구제국의 침해를 받지 않아야 한다는
것입니다"라고 홍아회에 대해 기술했다.[29]

당시 일본에 파견된 수신사나 조사시찰단들은 대부분 아시아연대론
에 찬동했고, 홍아회의 인적구성이나 성격에대해서는 전혀 파악하지 못

---

29) 김홍집, ≪修信使日記≫ 1권 <修信使金弘集復命書>.

했다. 그러나 중국측은 홍아회의 의도를 간파하고 관계를 끊었다. 중국의 언론인은 1880년 10월경 홍콩에서 발행되는 ≪循環日報≫에서 <제홍아회선사기폐론>이란 논설에서 홍아회에 대해 비판했다. 그 내용은 홍아회의 설립목적은 음모나 위계에 지나지 않으며, 일본이 무도하게 대만을 침략하고 유구를 병합한 것을 보면 도무지 믿을 수 없는 집단이라고 했다.[30]

수신사들은 일본의 아시아연대론 가운데, 겉으로 표방하는 '交隣'과 '連帶'만 보고 '侵略'은 보지 못했다. 명치유신을 전후한 시기, 일본의 대한정책의 근간을 이루었던 조선침략론인 '征韓論'에 대한 인식이 아주 박약하였다. 김홍집의 경우, 정한논쟁이 있었다는 것은 사실은 알고 잇었지만, 이미 종결된 것으로 인식했다.

> "무에 능한 西卿隆盛가 우리나라를 칠 것을 제의했는데, 지금의 우대신 岩倉具視가 반대했다. 이에 불반을 품은西卿隆盛가 그의 무리를 선동하여 난을 일으켰다. 서로 싸움을 하여 오래 끌다가 곧 토벌되어 평정되었다."[31]

고 했다. 그러나 일본정부의 요인들과 홍아회가 내세운 아시아연대론에 대해서는 그 취지에 액면 그대로 동조하면서 그들의 속셈을 간파하지 못했다.

김홍집을 비롯한 수신사들은 일본 문화와 풍속, 일본인 등에 대해서는 어떠한 인식을 가졌을까.

김홍집의 경우, 일본이적관을 표현한 기술은 전혀없다. 이 점에서 그는 이미 조선시대의 전통적인 華夷觀에서는 탈피했다고 판단된다. 즉 기본적으로 개화의 입장에 있던 개화파들에게 개화란 즉 근대화이고, 그것이 실제적으로는 서구화를 의미했다면 면에서 그들은 기본적으로 새로

---

30) 하우봉, 위의 책, 312~313쪽.
31) 김홍집, ≪修信使日記≫ 1권 <修信使金弘集復命書>.

운 문명관에 입각해 있었다고 보아야 할 것이다. 일본을 근대화의 모델로 한 개화파와 중국의 양무운동을 모델로 한 개화파 사이에 편차는 있지만, 이들은 모두 화이관에 바탕을 둔 日本夷狄觀은 모두 청산했다.

그런데 김기수는 일본인의 인상에 대해 "사람들이 모두 유순하고 다정하고 성의있으며, 억세고 사나운 자가 없었다."고 했다. 그는 일본 인물에 대해 한번 보고도 사랑스러웠다고 말했고, 또 자신이 만난 일본의 정부요직의 인사에 대해 긍정적으로 평가했다. 또 일본 풍속에 대해서는 染齒의 풍속에 대해, 본래의 의미가 남편에 대한 절개를 나타내는 것이라 했다. 또 일본인의 인색함에 대해서는 부국강병책에서 나온 것으로 절약과 節儉精神으로 이해했다. 그리고 "모든 일을 반드시 정결하게 하고 整齊하며 정교하고 치밀함이 비할데 없는 것은 그들 습속에 따라 숭상하는 바였다."라고 했다.[32] 비교적 긍정적이며 우호적인 인식을 하고 있음을 볼 수 있다.

또한 김홍집도 일본인에 대해, "다정하고 성의있다"고 했고, 풍속에 대해서는 "깨끗하고 정교한 것을 좋아한다"고 했고, 그들의 의복과 가옥에 대해 간략히 소개한 것 이외에 특별한 것은 없었다. 결국 수신사의 경우 일본에 대한 전반적인 이해와 인식은 매우 긍정적이며, 우호적이었음을 알 수 있다.

Ⅳ. 결 론

조선시대 한국인의 국가관은 ≪세종실록≫<지리지>와 ≪동국여지승람≫에 단적으로 표현된다. 조선이라는 나라의 역사는 "단군 - 기자 - 삼한 - 삼국 - 신라 - 고려"로 이어지며, 모두 단군의 후손이고, 그 강역은 조

---

32) 김기수, ≪日東記遊≫ 제3권.

선후기에 그 강역이 만주와 요동으로 넓혀지고 있지만, 기본적으로는 압록
강과 두만강 이남의 소위 조선팔도라는 국가관을 가졌다고 볼 수 있다.

이러한 조선시대 사람들의 국가관은 신숙주 ≪해동제국기≫의 편찬
동기에서도 확연히 드러난다. 신숙주는 ≪해동제국기≫의 서문에서 "대
체로 이웃나라와 사귀어서 사신이 왕래하고, 풍속이 다른 사람들을 어루
만져서 접대하려면 반드시 그들의 형편을 알아야 한다"고 했듯이 조선과
일본을 완전히 다른 나라, 다른 민족, 다른 풍속을 가진 국가관을 가지고
있었다. 일본을 琉球國과 함께 海東諸國으로 표기했고, 별도의 역사, 지
리, 풍속, 문화를 가진 나라로 보았다. 그리고 他國인 일본과의 우호관계
를 유지하기 위해서는 그들의 형편을 정확히 알고, 성심을 다하여 예절
을 극진히 한 연후에야 가능하다고 했다. 그러한 이유로 ≪해동제국기≫
를 편찬하여 조빙응접의 구체적인 제규정을 완성했다. ≪해동제국기≫
는 이후 조선시대 대일관계의 기본 전범이 되었고, 거의 대부분의 사행
록에서 인용되었다.

15세기 초부터 19세기 말까지 대표적인 사행록을 검토한 결과, 15세
기의 사행록에서는 기본적으로 화이론적 입장에서 日本夷狄觀을 가지고
있었으며, 일본인을 '遠人' '元戎' '島夷'라고 했고, 일본문화에 대해서는
'아득한 창해가 중화를 가로막아 의복도 말도 다르고 법도도 틀리다'고
하면서, '조선은 中華이고, 일본은 夷狄이다'라는 기본인식을 가졌다. 그
리고 '그들의 습성은 강하고 사나우며, 무술에 정련하고 배를 다루는 것
이 익숙하다. 우리나라와는 바다를 사이에 두고 있는데, 그들을 도리로
대하면 예절을 차려 조빙하고, 그렇지 않으면 왜구로 나타나 함부로 노
략질을 한다'고 했다. 그리고 그들을 대하는 방법은 정벌이나 제압에 있
지 않고, 구체적인 접대규정을 만들어 성심으로 예를 다해 접대하는 것
이라 했다.

그러나 16세기의 사행록에서는 주자학의 심화와 임진왜란의 영향에

의해, 일본이적관은 강화되고, 화이론적 명분론에 집착한 나머지 일본문화나 일본사회에 대한 현실적인 인식이 결여된다. 이러한 일본인식은 유교와는 다른 神國思想을 배경으로 동아시아의 霸者가 되려고 했던 豊臣秀吉의 본심을 파악하지 못했다.

임진왜란 이후의 17세기 경섬의 ≪해사록≫에서는 일본인의 호전적인 풍습을 소개하고, 일본인이 용맹과 무를 숭상하지만, 생명을 가볍게 여기고 인륜과 절의를 하찮게 여기는 습성을 비판적으로 서술했다.

조선후기 가장 풍부한 사행록을 남긴 18세기에는 원중거의 ≪승사록≫과 ≪화국지≫에서 일본인식의 단면을 볼 수 있다. 그러나 원중거의 일본인식도 전통적인 화이론을 벗어났다고 보기는 어렵다. 그 역시 주자학에 입각하여 일본을 교화한다는 명분론적 내지는 문화우월주의적인 인식에서 탈피하지 못했다. 한편 일본에서 존왕운동이 전개될 것이라는 예측을 했고, 이충무공과 안용복을 소개하고 일본에 대한 적대감과 경계의식을 나타내는 반면 한일관계에서의 통신사의 의미를 서술했다.

19세기 수신사 김홍집의 ≪수신사일기≫에서는 명치유신이후 일본이 취한 일련의 부국강병책에 구체적인 효과를 지적하면서 매우 호의적이며 우호적으로 평가했다. 그러나 일본의 대외정책과 아시아연대론에 대한 정확한 이해가 부족했고, 그러한 인식은 초기 위정척사파도 마찬가지였다. 위정척사파도 개항초기에는 척사의 대상으로 서양만을 지목했고, 이것이 왜양일체로 바뀐 것은 1895년 을미사변 전후부터였다.

그런 의미에서 수신사들의 일본관은 기존의 日本夷狄觀에서 벗어나 있었다. 수신사들은 개항기 일본의 방향성과 수용여부에 대해서는 일정한 차이가 있었지만, 명치유신 이후의 일본의 변화에 대해 우호적이었던 만큼은 사실이다. 국력과 문명관의 대역전이 일본인식의 큰 전환점이 되었다. 그러나 20세기 들어와 일본은 조선을 멸망시키고, 식민지화했고, 양국관계는 불행한 관계를 만들어 갔다.

　이러한 점에서 조선에서 일본에 파견했던 사절단의 명칭은 상호인식 및 양국관계에 큰 역사적인 메시지를 전한다. 통신사, 수신사 모두 믿음(信)을 강조했다는 점에서 한국인이 일본인에게 생각하는 가장 큰 덕목이 신뢰와 믿음을 상징하는 信이었던 것이다. 이것을 조일우호를 강조했던 雨森芳洲의 '誠信之交隣'에서도 확인된다.

　이제 지난 5백년간의 한일관계를 돌이켜보면, 일본과의 공존 방식에는 구체성이 없으면 안된다고 생각한다. 그것은 역사인식에 대한 공유성과 상호신뢰성이 담보되지 않으면 안된다는 것을 의미한다. 공존과 공생을 위한 구체적인 공동의 비젼(목표)가 있어야 한다. 믿음을 가지고 상대를 객관화시키고, 인정해 가면서 관계를 재설정해야 한다. 여론조사에서 나온 것처럼 상호이해를 높이기 위한 방법으로 '역사공동연구'를 바라고 있다. 한일양국인이 지금부터라도 역사적인 경험을 함께 공유해갈 때, 여론조사의 결과를 극복해 갈 수 있을 것이다. 공존·공생의 길은 역사적 경험을 공유하는 것으로부터 시작해야 한다.

「토론문」'조선시대 한국인의 國家觀과 日本認識'에 대한 토론

세키네 히데유키(關根英行, 가천대)

손 교수님의 논문은 한·일 간의 상호 인식이 서로 부정적인 방향으로 기울고 있는 오늘날, 조선시대의 일본인식을 통해 부정적인 상호인식을 극복하는 방도를 모색하는 것이라 할 수 있다.

그 내용은 다음과 같다. 조선시대의 지식인들은 자신들을 '朝鮮八道'라고 하는 고유한 강역에서 단군의 후손으로서의 하나의 역사를 공유해 왔으며, 일본인은 조선인과 전혀 다른 역사와 문화를 지닌 민족으로 인식해 왔다. 일본에 대해서는 '조선은 中華이고, 일본은 夷狄이다(日本夷狄觀)'라는 이른바 주자학의 華夷論的 名分論의 시각으로 인식해 왔으며 이러한 인식에 얽매인 탓에 豊臣秀吉의 침략의도를 파악하지 못했다. 한편 메이지유신 이후의 부국강병책에 대해 호의적, 우호적으로 평가한 나머지 일본의 대외정책과 亞細亞連帶論의 저의를 간파하지 못했다. 이러한 인식상의 과오가 있었음에도 불구하고 조선시대의 지식인들은 일관되게 상대방의 '형편'을 정확히 파악하는 것과 성심으로 예절을 다하여 신뢰와 믿음으로 대하는 것을 강조해왔다는 것이다.

이러한 사실에서 얻은 교훈으로써 손 교수님께서는 일본과의 공존에 있어서 두 가지가 강조되어야 한다고 한다. 하나는 명분이나 겉으로 보이는 인상을 넘어 상대방에 대한 구체적이고도 확실한 지식을 가지는 것이며, 다른 하나는 상대방에 대해 신뢰와 믿음을 가지고 대하는 것이다. 최근 한·일간의 부정적 상호인식을 극복하기 위해선 신뢰를 바탕으로 하는 역사인식의 공유 작업 확대가 필요할 것이다. 또한 그러기 위하여 더욱더 '역사공동연구'를 추진해 나갈 필요가 있다는 결론을 맺었다.

뜻하지 않은 비극을 초래하지 않도록 상대방을 정확하게 파악해야 하지만 상대방을 불신의 눈으로 보는 것이 아니라 신뢰를 바탕으로 대하는 태도 또한 중요하다는 것이다. 이와 같이 일견 모순된 사항을 동시에 추진해 나가야 하는 점이 바로 이웃 국가와의 관계 유지의 어려움이라고 할 수 있다. 토론자는 손 교수님의 견해에 전적으로 동의하는 바이지만, 여기서는 교수님의 논문에서 시사를 받아 몇 가지 제안을 하고자 한다. 이에 대해 교수님께서 어떻게 생각하시는지 여쭙고 토론을 대신하고자 한다.

첫째, 특정한 이념이나 선입견으로 상대방을 오인할 가능성을 축소화하도록 노력할 필요가 있다는 것이다. 손 교수님이 日本夷狄觀이나 맹목적인 우호관념 때문에 역사적 과오를 범한 사례를 제시하였다. 이에 해당되는 일본 쪽의 선입견을 열거하면 한반도를 식민지로 삼은 『日本書紀』 역사관을 비롯하여 근세의 皇國史觀이나 근대의 征韓論, 脫亞論, 오늘날의 嫌韓流 등을 들 수 있다. 인간인 한 타자를 편견 없이 있는 그대로 인식하는 것은 불가능한 일이겠지만 이러한 속성을 자각하고 부작용을 최소화하려는 자세가 무엇보다 중요하다고 생각한다. 비교적으로 정치적 이해관계에서 자유로운 위치에 있는 연구자의 역할의 중요성을 새삼 실감하게 된다.

둘째, 일본의 아시아주의에 관한 인식 차이를 축소하는 연구가 필요하다는 것이다. 일본에서 興亞會는 최초로 설립된 아시아주의 종합기관으로서 일본 아시아주의의 원류로 알려져 있다. 손 교수님의 논문에서 알 수 있듯이 한국에서는 興亞會가 원래부터 침략주의를 지향하여 기만적인 아시아 공생공영을 내세운 기관으로 인식되어 있는 것 같다. 이에 대해 일본에서는, 일본 아시아주의는 甲申政變의 실패를 계기로 대등한 연대에서 침략주의로 전환한 것으로 이해되고 있다. 이 인식 차이는 근대 한일관계사 인식에 혼란을 일으키고 있는 전형적인 사례라 생각된다. 한일 역사연구자 사이에 공유된 지식이 필요한 부분이라 생각된다.

셋째, 한·일 민족이 서로 다른 민족으로 인식하게 되어 가는 과정을 추적하는 연구가 필요하다는 것이다. 손 교수님의 논문에 의하면 15세기에는 조선인이 단일민족으로서 일본인과는 전혀 다른 민족으로서의 인식이 형성되어 있었다고 한다. 그런데 과거 100년간 일본 인류학계에서는 고대 한반도와 일본열도 간의 대규모 민족이동에 관한 학설들이 적지 않게 나왔다(문헌사학자와 고고학자는 부정). 이 학설을 수용할 경우, 민족이동이 멈추고 나서 수백 년 지난 후에야 서로 다른 민족이라는 인식이 조성되었다고 볼 수 있다. 반세기도 채 되지 않은 사이에 의사소통이 어려워질 만큼 사고방식에 괴리가 생긴 남북한의 사례를 보면 수긍되는 일이다. 이러한 관점에서 한국인과 일본인이 단일민족으로서의 정체성이 형성되어 간 과정을 추적하는 일은 중요한 주제가 될 수가 있을 것이다.

넷째, 근세 한일 국민성 형성에 관한 비교연구가 필요하다는 것이다. 19세기말의 수신사 金綺秀의 일본인에 대한 인상인 '유순하고 다정하다', '성의 있다', '사납지 않다', '절약정신이 있다', '정결하다', '정교하고 치밀하다' 등을 보면 오늘날 한국인의 일본인에 대한 이미지와 유사한 것을 알 수 있다. 이는 한국인과 일본인의 국민성 차이는 근·현대 이후가 아니라 근세에 이미 형성되어 있던 부분이 많았음을 시사한다. 이에 조선시대와 에도시대의 사회구조나 사상이 국민성에 미친 영향을 심도 있게 비교하고 그 성과를 공유하면 한국과 일본의 상호이해에 도움이 될 것으로 생각된다.

다섯째, 한일관계의 긍정적인 측면을 강조할 필요가 있다는 것이다. 일본에서 널리 읽히고 있는 책 중에서는 근세에 한국은 '小中華思想'을, 일본은 '皇國史觀'을 내세워 서로 상대방을 업신여겼다는 식의 논조(古田博司 등)가 많은데, 손 교수님의 논문에서는 조선 지식인이 대일정책에서 도리, 신뢰, 예절 등을 중시했던 부분이 부각되고 있다. 역사적 사실에는 긍정적 측면과 부정적 측면의 있기 마련인데 연구자가 어떤 측면을 강조하느냐에 따라 일반인의 인식에 영향을 미칠 수가 있다. 대립과 갈등을 극복하여 바람직한 관계를 구축하기 위해서는 가급적으로 긍정적인 면을 강조해나갈 필요가 있는 것 같다.

토 론

세키네 히데유키 반갑습니다. 가천대학교의 세키네 히데유키입니다. 준비한 원고를 전부 읽을 수 없는 시간이기 때문에 우선 각 부분하고 읽어 나가도록 하도록 하겠습니다. 손 교수님의 논문은 한·일간의 상호 인식이 서로 부정적인 방향으로 기울고 있는 오늘날, 조선시대 일본인식을 통해 부정적인 상호인식을 극복하는 방도를 모색하는 것이라 할 수가 있겠습니다.

다음은 요약하는 부분이기 때문에 넘어가고 41쪽의 마지막을 보겠습니다. 죄송합니다. 마지막 두 번째 부분을 읽겠습니다. 이러한 사실에서 얻은 교훈으로써 손 교수님께서는 일본과의 공존에 있어서 두 가지를 강조되어야 한다고 하셨습니다. 하나는 명분이나 겉으로 보이는 인식을 넘어 상대방에 대한 구체적이고도 확실한 사실을 가지는 것입니다. 다른 하나는 상대방에 대한 신뢰와 믿음을 가지고 대화하는 것입니다. 최근 한·일 관계에 부정적인 상호인식을 극복하기 위해서는 신뢰를 바탕으로 하는 역사인식의 공유 작업 확대가 필요하다는 것입니다. 또한 그러기 위해서 더욱더 역사공동연구를 추진해 나갈 필요가 있다는 것입니다.

저는 전적으로 손 교수님의 견해에 동의하는 바인데 교수님의 발표를 들으면서 몇 가지 의문점을 제의하고 거기에 대해서 답변 듣고 토론을 대신하고자 하는데 제가 5개 준비 해봤습니다만 시간관계상 간단히 하겠습니다만 먼저 첫 번째 질문, 특정한 이념이나 선입견으로 상대방을 오해할 가능성을 축소하도록 노력할 필요가 있다는 것입니다. 손 교수님께서 日本夷狄觀이나 맹목적인 우호관념 때문에 역사적 과오를 범한 사례를 제시하였습니다. 이에 해당되는 일본 쪽의 선입견을 나열하면 한반도를 식민지로 삼은 일본서기 역사관을 비롯하여 근세의 황국사관이나 근대의 정한론, 탈아론 오늘날의 혐한류 등을 인간이 한 타자를 편견 없이 그대로 인식하는 것은 불가능한 일이겠습니다만 이러한 속성을 자각하고 부작용들을 축소하려는 자세가 무엇보다도 중요하다고 생각합니다. 비교적으로 정치적 이해관계에서 자유로운 위치의 연구자의 역할이 중요하다고 그런 인식을 생각하게 됩니다.

두 번째는 생략하고요. 세 번째와 다섯 번째 하겠습니다. 세 번째 한일 민족이 서로 다른 민족으로 인식하게 되어 가는 과정을 추적하는 연구가 필요하다고 생각합니다. 손 교수님의 논문에 의하면 15세기에 조선인이 단일민족으로서 일본인과는 전혀 다른 민족으로서 인식이 형성되었다고 합니다. 그런데 과거 100년간 일본 인류학계에서는 고대한반도와 일본 열도간의 대규모 민족이동에 관한 학설들이 적지 않게 나왔습니다. 물론 문헌사학자와 고고학자는 부정하지만 이러한 학설을 수용할 경우 민족이동이 멈추고 나서 수백 년 지난 후에야 서로 다른 민족이라는 인식이 조성되었다고 볼 수가 있습니다. 반세기도 채 되지 않은 사이에 의사소통이 어려워질 만큼 사고방식에 괴리가 생긴 남북한의 사례를 보면 수긍할 수 있는 일이라 생각합니다. 이러한 관점에서 한국인과 일본의 단일민족으로서의 정체성이 형성되어 가는 과정을 추적하는 일은 중요한 과제가 되지 않을까하는 생각이 듭니다.

그러면 다섯 번째 한일관계의 긍정적인 측면을 강조할 필요가 있다는 것입니다. 일본에서 널리 읽히고 있는 책 중에서 근세의 한국은 소중화 사상을 일본은 황국사관을 내세워 서로 상대방을 업신여겼다는 식의 논조가 많은데 손 교수님의 논문에서는 조선 지식인의 대일정책에서는 도리, 신뢰, 예절 등을 중시하는 부분이 부각되고 있습니다. 역사적 사실에는 긍정적인 측면과 부정적인 측면이 있기 마련인데 연구자가 어떤 측면을 강조하느냐에 따라 일반인의 인식에 영향을 미칠 수가 있습니다. 대립과 갈등을 극복하여 바람직한 관계를 구축하기 위해서는 가급적으로 긍정적인 면을 강조해 나갈 필요가 있다고 생각합니다. 이상입니다.

손승철 예. 감사합니다. 제가 논문을 쓴 저보다도 제 글에 대해서 더 잘 요약해 주신 것 같아서 오히려 토론문을 보면서 제 의견을 정리하게 된 계기가 된 것 같습니다. 그런데 질문이라기 보다 연구방향의 제시가 많기 때문에 앞으로 저도 유념을 해서 연구를 계속하겠습니다.

우선 첫 번째, 지금 다섯 개를 하셨는데 제가 보기에는 답변 드릴 수 있는 부분은 첫 번째하고 다섯 번째 같습니다. 다른 건 연구의 방향제시라고 보겠고요.

우선 첫 번째의 특정한 이념이나 선입견이 상대방에게 어떻게 작용을 하느냐 이런 건데 한일관계 역사를 돌이켜 보면 특히 조선시대에 국한지어 이야기 할 때 조선 사람들의 일본관은 아까도 말씀드렸지만 일본이적관이라든지 일본에 대한 폄하인식을 가지고 있었습니다. 그러나 가지고만 있었지 실제로 일본을 대할 때는 일본과 교린관계를 유지해야한다. 이것을 행동화 한거죠. 특히 제가 드릴 말씀은 뭐냐면 한국과 일본사람들이 서로 상대방에 대해서 생각을 어디까지 했느냐 그것을 어떻게 행동화했느냐 인제 그 부분인데 반대로 일본의 경우에는 일본사람들이 예를 들어 황국사관이나 또는 정한론이라든지 이런 것을 가지고 있었는데 그것을 현실에 실현시키고 있다. 그러니깐 예를 들어서 임진왜란 이라던지 또는 개항기 이후 한국을 식민지화 하는 것은 바로 그 이전의 조선침략론과 정한론을 실현화시켜간다. 이게 이제 차이점인 것 같아요. 그러니깐 서로 상대방에 대해서 부정적으로 비판적으로 생각한 것은 사실이지만 한국 쪽에서는 밖으로 그것을 실행하지 않았던 것 같고 일본 쪽에서는 그것을 구체적으로 실현해서 전쟁을 하거나 또는 한국을 식민지화 했다. 이러한 차이가 결국 양국 인식의 커다란 괴리를 만들어냈고 지금 한국 쪽에서 우려하는 것도 바로 그런 일본의 속성이라고 그럴까? 이런 것이 아닐까 이런 생각을 해봅니다. 그다음에 마지막 질문입니다만 한일관계를 긍정적 측면에서 강조할 필요가 있다. 저도 전적으로 동감합니다. 그런데 제 경험입니다만 제가 한일관계를 전공하다보니깐 언론에서 KBS, MBC 이런 데서 한일 관계에 관련된 다큐멘터리를 많이 만들었습니다. 예를 들면 역사스페셜이라든지 뭐 이런 것들을 만들었는데 PD들의 고민이 뭐냐면 다큐멘터리면 사실적으로 객관적으로 만들어가야 하는데 감정을 자극하지 않으면 아 그거 다큐멘터리 잘 만들었다 이러한 평가를 받을 수 가 없다는 거예요. 그래서 어느 부분에선가는 소위 말해서 민족감정을 자극해주는 그런 게 필요하다. 그런데 솔직히 자기는 하고 싶지 않지만 그래도 평가를 받으려면 그 민족감정을 충족시켜줄 수밖에 없다. 이런 하소연을 하더라고요. 그래서 긍정적으로 평가하는데 어디까지 긍정적으로 평가 할 수 있느냐 이게 큰 문제인 것 같아요. 지금 한국에서 국정교과서 문제가 굉장히 뜨겁습니다만 거기서 제일 문제가 되는 키워드가 아시다시피 독재와 친일입니다. 사실은 이 친일이라는 개념에 대해서 우리가 어떻게 개념정의를 할 것인가? 이걸 한 번 더 생각해 봐야 합니다. 다시 말해서 긍정적으로 평가하려고 보면 야 친일분자 아니냐? 이렇게 나온다는 거죠. 그 부분이 사실 저도 한일관계사 전공을 쭉 하고 있지만 저도 초창기에 한일관계사학회를 만들어서 할 때 친일 소리 많이 들었습니다. 그래서 얼마나 객관적으로 한일관계를 접근해나갈 수 있느냐 그리고 긍정적으로 한다고 할 때 그 반대 급부는 우리가 어떻게 극복해나갈 수 있겠냐 이런 문제가 또 남지 않나 이렇게 생각이 됩니다. 이상입니다.

일본인의 국가상과 한국인식

세키슈이치(關周一, 宮崎大)

Ⅰ. 서론

「역사적으로 보는 韓日 양국인의 상호인식」이라는 제1회의 주제에 대해 보고자가 맡은 과제는 「일본인의 국가상과 한국인식」이다. 이에 대해 본고에서는 중세일본(11~16세기)에 한정해 고찰하고자 한다.

역사학 관점에서 국가상을 검토할 경우, 「대상으로 할 시대의 사람들이 국가를 어떻게 인식하고 있었는가」라는 점이 과제가 된다. 국가권력이 이떠한 국가를 목표로 하고 있었는가에 관한 이념이나, 그 시대의 지배자나 피지배자(민중)이 어떻게 국가를 인식하고 있었는가 등을 검토하는 것이다.

이와 동시에 「그 시대는 어떤 국가가 존재했던가」를 생각하는 작업을 수반한다. 여기에는 연구자의 국가상, 바꿔 말하면 현대인의 국가상이 반영된다.

즉 국가상을 고찰할 경우, ① 대상으로 할 시대에 살았던 지배자나 민중의 국가상, ② 연구자가 파악한 시대의 국가(제도나 특질 등), ③② 에 보이는 연구자(현대인)의 국가상 이라는 세 단계가 존재하게 된다.

본고의 제1장에서는 위의 ②③을 주제로 하여, 중세일본의 국가 특질이나 연구자의 국가상을 고찰하겠다. 본고에서 대상으로 할 중세일본은 현대일본, 하물며 한국의 국가와 사회와 크게 다르기 때문에, 이 작업이 필요하다고 생각한다. 제2장에서는 위의 ①을 주제로 하여, 중세일본의 天皇·公家·武士 라고 하는 지배자와 민중의 국가상을 고찰하겠다. 이 과정에서 중세일본 사회를 특징짓는 自力救濟에 대해서도 언급하고, 또 국가상의 한 부분인 영토의식의 사례도 소개하겠다. 이러한 검토를 바탕으로 제3장에서는 公家나 武士들의 한국인식에 대해서 고찰하겠다.

위의 ①②③에 관련되는 중세일본의 국가상에 관해서는, 新田一郎이 간결·명확하게 정리를 하고 있다[新田2004]. 본고는 新田의 연구를 많은 부분 참고하고 있음을 밝혀둔다.

1. 중세일본의 국가란 무엇인가.

(1) 국민국가의 시대

본장에서는 연구자들이 중세국가를 어떻게 이해하고자 했던가에 대해서 논하며, 더불어 중세국가란 무엇인가에 대해서 생각하고 싶다.

근대 유럽에 형성된 국가(근대국가)는 20세기 세계 각지에서 구축되었다. 국민국가라고 하는 형태의 국가이며 20세기는 「국민국가의 시대」라고 평가된다. 西川正雄은 국민국가라는 언어를 다음과 같이 정의하고 있다.

> 국민국가(네이션 스테이트: Nation-state)란 국경선에 구분 된 일정 영역에서 이루어진 주권을 가진 국가로, 그 안에 사는 사람들 (국민)가 국민적 일체감의 의식(내셔널 아이덴티티: 국민적 정체성)을 공유하고 있는 국가를 말한다[歷史學研究會 1994, p.5].

新田一郎에 의한 현대 국가(국민 국가)의 설명을 참고하면서, 국민국가와 역사학 연구와의 관계에 대해 정리해 두자[新田一郎 2004, pp.6~10].

현대국가는 그 기본적인 요소로서 주권·국민·영토의 세 가지를 요구하는 경우가 많다. "주권"이란 영토의 국민들에게 다른 것으로부터 제약받지 않고 동등하게 미치는 지극히 높은 권력이며, '영토'란 주권이 미치는 범위로 구분 된 동질적인 공간이며, '국민'이란 주권에 의해 포착되는 균질한 구성원을 의미한다. 이 세 요소는 "주권"의 작용을 중심으로, 이른바 순환적인 관계가 만들어진다. 이처럼 주권의 작용을 중심으로 구성된 국가는 절대왕정의 형성과 밀착하여 만들어진, 근대 국가를 성립시켰다.

역사학연구(유럽사나 일본사 등의 연구)에서는, 근대국가에 대한 인식을 遡及해「국가」일반의 존재를 측정하는 척도로 남용해왔다. 근대국가의 근원을 찾는 과정에서, 그 연원으로서의「고대국가」나, 다른 방면에서 濫喩로의「중세국가」가 탄생한 것이었다.

이 보고에서 대상으로 하는 중세 국가에 대해 말하자면, 중세국가로 향한 회고적인 시선은 중세인의 현실 인식이 아니라, 근대국가나 현대국가의 자기 인식에 깊이 관여하고 있었다. 실제로 국가가 있다는 데서 출발하여 역사를 거슬러 올라간 곳에 근대국가의 원형을 찾아왔다. 그 작업에서 국가의 由緖나 내력을 구하는 정치적 의미가 요구되었다. 중세국가에 대한 시선의 질은 현대의 정치 상황에 의해 규정된 셈이다.

(2) 국가사의 요소

일본의 역사학 연구 (일본사 분야)에서, 국가는 어떤 요소로부터 생각해 왔을까?

최근 일본 (도쿄)의 山川출판사에서『新體系日本史』라고 하는 분야별 通史시리즈가 간행 되고 있다(미완). 이전 시리즈의『體系日本史叢書』

에서는 제1권이 『정치사Ⅰ』(고대·중세), 제2권이 『정치사Ⅱ』(근세), 제3
권이 『정치사Ⅲ』(근대·현대)이었지만, 새로운 시리즈 제1권을 『국가사』
라 하고 있다. 이 책의 「서문」에서 宮地正人는, 각 집필자가 분담하는
정치사적 서술 속에서 가능한 언급해야 할 사항들에 대해서 다음과 같이
말하고 있다.

> 「국가사」의 시대별·편별 구성은, 상식적으로 고대, 중세, 근세, 근
> 대·현대로 구분하는 것의 확인 아래에 「정치사」가 아닌 「국가사」라고
> 제목을 하는 이상, 각 집필자가 분담하는 정치사적 서술 속에서 가능한
> 언급해야 할 사항은 다음과 같다. 첫째, 국가의 관념과 그 사회에의 침
> 투 諸般 수단, 둘째, 국가 諸기구, 셋째, 국가 諸기구와 제도적 구조,
> 넷째, 사회로부터의 합의조달. 이러한 네 가지 항목들이 필자의 메모를
> 시안으로 토의·합의되었다[宮地·佐藤·五味·高埜編 2006, p.ⅱ].

이어서 네 가지 항목의 구체적인 내용을 설명하고 있다.

> 제1항 「국가의 관념과 그 사회에의 침투 諸般 수단」에서의 요점은,
> 국가라던가, 혹은 「정부」라는 관념은 각각의 시대에서 어떻게 인식되
> 어 왔는가라는 논점에 관련된다. 또 지배되는 諸계급·諸집단에 국가
> 라던가 「정부」를 설명·설득할 때의 지배자의 정통성을 주장하는 논리
> 에 관련된 것이다. 제1항의 검토 과제로는 ① 대외 관계, ② 국가적 諸
> 신분의 편성, ③ 국가와 종교·제사·의례, ④ 국가가 가지고 있는 「공공성」·
> 「공동성」의 사회에 대한 표출, ⑤ 오른쪽에서 본 것 같은 국가 혹은
> 「정부」 관념, 다시 말해 국가 이데올로기를 사회에 침투시키는 여러 매
> 개의 문제, ⑥ 정치문화의 문제, ⑦ 국가 상태의 「정부」를 뒷받침하는
> 남녀를 사회에서 도출해내, 국가에서 표창하고, 있어야 인간 「典型」을
> 명시하는 행위에 관계되는 것을 주제로 한다. ④의 논점에 대해서는 국
> 가에 의한 기술과 기술자 집단의 유지·양성을 거론하고 있다.

> 제2항의 「국가 諸기구」에 관해서는 다음과 같은 검토 과제가 있다.

① 각 시대마다의 관청기구와 직제의 구체적인 존재의 방식, ② 각 시대마다의 관료제의 구체적인 방식, ③ 관료제內의 신분 서열, ④ 권력 內에서의 정책결정 과정의 문제, ⑤ 公布되는 법이나 전달되는 국가 의지의 형식 문제, ⑥ 異域 지배·식민지 지배에 관련되는 특수기구의 문제라는 여섯 가지 점이다.

　　제3항 「국가 諸기구와 제도적 구조」에 관해서는 다음과 같은 검토 과제를 대상으로 하고 있다. ① 외교 기능이다. 국가가 국가인 근거를 나타내는 가장 중요한 기능이 여기에 있었다. ② 군사 기능, ③ 경찰·재판 기능, ④ 징세 기능, ⑤ 교통·통신의 장악 기능을 거론하고 있다.

　　제4항의 「사회로부터의 합의조달」에 관해서는 구체적으로 제도화 된 것은 엄밀히 말하면 근대 천황제 하에서 뿐이다. 그 하나는 제국 의회이다.

　　제1항에서는 「국가의 관념」을 들 수 있다. 「정부」는 한자로 「公」에 해당한다. 고대 이후 일본에서는 일관되게 국가를 비롯한 공권력은 「정부」로 인식되었고, 이은 현대까지 계승되고 있다. 국가상을 생각할 경우, 각 시대에 있어 제1항의 ④를 중심으로 살펴보는 것이 된다. 「정부」의 실태를 탐구 하는데 있어서는, 제2항이나 제3항의 검토가 필요하다.

(3) 權門體制論

　　다음 일본중세사 연구에서, 중세국가가 어떻게 논의되어 왔는지를 살펴 두자. 대표적인 학설은 黑田俊雄의 權門體制論이며, 黑田의 「中世の國家と天皇」(『岩波講座日本歷史　中世2』所收, 岩波書店, 1963年)에서 처음 제창되었다. 이하, 이 학설의 검토를 통해 일본중세 국가나 사회의 특성 및 그것을 파악하고자 하는 연구자의 국가관을 생각해 보자.

　　權門體制論이 등장하기 이전의 연구동향은, 중세를 만들어 낸 武士들 이 天皇·貴族이 지배 해 온 고대를 극복해 왔다는 관점에 의해 鎌倉幕府

와 같은 武家정권을 설명, 일본중세의 국가기구를 이해해 왔다. 반면 權門體制論은 여러 權門的 세력의 競合과 상호보완을 전제로, 天皇과 朝廷을 중심으로 구성되었다고 보는 것이다. 黑田 본인은, 이 학설을 다음과 같이 설명하고 있다.

> 다수의 權門이란, 王家(天皇家)·攝政家, 기타 公家, 南都北嶺을 비롯한 大寺社, 幕府＝武家 등을 뜻하며, 각각 조직하고 있는 주요 사회층이나 결집 형태에는 차이가 있다. 그러나 모두 정치적·사회적으로 권세를 가진 門閥세력이며, 莊園·公領의 지배를 경제적 기초로 하여 政所 등 家政기관과 家司를 보유하고, 下文·奉書 등 기본적으로 동일한 양식의 문서를 발급하고 어느 정도 사적 무력을 갖추고 있었다. 중세 國政이 諸權門의 전통과 실력에 입각한 강력한 발언권과 職能的 권력 분담에 의해 유지되고 있었다. 朝廷은 諸權門의 경합대립을 조정해 전통적 권위를 갖추기 위한 각축과 의례의 장소이며, 天皇은 王家라는 權門의 일원이자 諸權門의 정점에 서있는 국왕이었다. 權門體制는 國政의 주도권을 장악하는 權門의 교체에 의해 대체로 세 단계로 구분된다. 첫째는 院廳 정권이 주도권을 가진 院政期, 두 번째는 鎌倉幕府가 성립해서 다른 諸權門을 억압하면서도 公武의 權門이 竝立했던 鎌倉幕府期, 세 번째는 室町幕府가 다른 權門을 종속시켜 유착·융합체제를 취한 室町幕府期 이다. 그리고 平安 중기의, 이른바 攝政政治期는 율령체제에서 權門體制로의 과도기이며, 戰國期는 權門體制에서 幕府體制로의 과도기이다. 또한 莊園公領制를 봉건적 사회관계의 하나라고 본다면, 權門體制는 일본의 봉건 국가의 최초의 형태라고 할 수 있다.
> 그러나 權門體制論에 대해서, 貴族·武家의 두 정권을 전혀 이질적·대립적인 것으로 보고, 후자가 전자를 압도해 나가는 점에 중세국가사의 基調를 보는 견해나, 중세에 통일적인 국가기구의 존재를 근본적으로 인정하지 않는 견해도 있다[黑田 1986].

인용문 말미와 같은, 중세를 武家政權에 의한 公家政權의 극복 과정으로 보는 견해를 비판하고 國王인 天皇의 아래, 「公家」「武家」「寺家」의

諸權門이 상호보완적인 역할을 하고, 국가의 기능을 분담하고 있었다는 학설로 요약 할 수 있다.

新田一郎는 權門體制論의 의도하는 바에 대해 다음과 같이 설명하고 있다.

> 「중세」라 지칭되는 사회에 있어 여러 가지 가치를 비추는 거울로서의 天皇을 정점으로 한 질서구조는 어떤 부정 없이 존립하고, 그 밖에 대항할 수 있는 것 등이 없었던 것은 아닐까. 國郡制이든, 令制官位이든, 중세사회에는 통합적인 계기가 마련되었던 것은 아닌가. 이른바 「職의 체계」라 해도, 그 존립 기반을 거슬러 올라가면 결국 天皇에 장악된 국가대권에 귀착하는 게 아니겠는가. 武家라 해도 그러한 갖춤새와 무관하게 존립하는 것은 아니므로, 각자 나름대로 일관된 구조의 내부에서, 武家에 대해서도 설명이 주어지는 것은 아닐까. 그렇다면 거기에 天皇을 국가 제도상의 정점으로 한 일개의 「국가」가 존재했다고 생각하는 것에 무슨 문제가 있을까. 그것은 우리의 「상식적인 감각」에 맞는 것이 아닌가, 라고 黑田는 설명한다[新田 2004, pp.41~42].(보고자가 읽는 법을 보완했다)

新田는 權門體制論을 「天皇을 정점으로 한 통합적인 일개의 존재가 엄격히 존재한다는 점에서 논의를 출발해야 한다고 문제 제기」로 총괄하고 있는데, 사회를 통합하는 측면에서 논의한 것이라 할 수 있을 것이다. 그리고 현재의 중세일본사 연구에서는 유일 중세국가론이라는 위치에 있다. 특히 黑田가 활약 京都나 大阪(關西圈)에 거주하는 연구자의 대부분은 權門體制論에 입각하여 논의하고 있다.

그러나 權門體制論은 중세사회의 특성을 정확하게 파악한 학설이라고 할 수 있을까. 또한 이 학설은 「우리의 「상식적 감각」이라는 표현에서 알 수 있듯이, 서두에서 언급한 국민국가의 생각 방식이나 현대 일본의 국가상을 중세에 遡及시킨 측면이 있는 것은 아닐까.

權門體制論에 대해서는 발표 이후 다양한 견해가 제시되어 왔다. 論者의 한 사람인 石井進은 시작에 「國家가 있었다」는 설정에서 출발하는 것의 위험성에 주의를 환기시키고, 이것과는 대항적 관계에 선 다른 「상식」으로서, 高柳光壽의 「中世無國家時代」라고 하는 파악[高柳1947~1948]을 예시로, 그에 일정 공감을 표명하고 있다[石井1964].

黑田의 지적처럼, 통합적 측면을 중세사회는 가지고 있지만, 반면 분권적·다원적 경향 내지는 분열 경향을 나타내는 요소들도 다수 존재한다. 石井는 「법」 「재판」의 불일치를 지적하고 있으며, 또한 自力救濟의 횡행이나 아질(성스러운 영역)의 존재, 量制의 불일치 등도 지적하고 있다[石井1976]. 「법」 「재판」의 불일치란, 朝廷에 의한 公家法, 莊園 領主에 의한 本所 法, 武家政權(鎌倉幕府·室町幕府)에 의한 武家法, 그리고 소재지에서 地頭에 의한 법이나 촌락 내부의 법이라던지, 각각 모순 없이, 오히려 상호보완적으로 이루어지고 있는 상황을 말한다.

新田一郎는 石井가 의도하는 바를 다음과 같이 설명하고 있다.

> 중세 사람들의 일상생활 에서는 주변의 구체적인 관계를 넘어선 포괄적 구조가 차지하는 의미는 큰 것이 아니라, 개별적 관계에 固着한 局所的 구조가 매우 중요한 의미를 가지고 있었다. 통합적인 구조를 가령 「국가」라고 불러도 그것은 중세 사람들이 자타의 행동을 규율하고 조정하는데 있어 믿음직스러운 것은 아니다. 중세의 「법」은 개별·구체적인 관계에 입각해 로컬(지역) 실천으로서 관찰되는 것이며, 현대인이 마치 당연하다는 듯이 기대하는 「국가」의 제도적 보호를, 기대할 수는 없는 점에 중세사회 생활의 특징이 있다[新田2004, pp.43~44].

무엇보다 石井는 「中世無國家論」의 입장이 아니다. 石井의 첫 논문집이 『日本中世國家史の研究』(岩波書店, 1970年)이었다는 것에서도 알 수 있듯이, 중세사회의 통합적 측면이 존재하는 것을 전제로 하고 있다[石井1976]. 新田가 지적하고 있듯이, 「국가」라는 개념을 조심성 없이

이용하는 것에 의해 근대의 「국가」 이미지가 침입해 버릴지도 모른다는
주의를 환기하고, 어쨌든 「상식」에 의존한 논의의 빈곤함을 지적한 것이
므로, 그 비판은 「국가」 개념의 남용에 초점을 맞춘 것이다[新田 2004].

이상 黑田俊雄의 權門體制論에 대해 고찰해 왔다. 앞서 서술한 것처
럼 현재 중세일본에 관한 연구에서는 이 학설이 유일한 중세국가론이다.
石井進의 지적을 참고한다면 이 학설은 중세일본 모든 시기의 국가를 설
명하는 것은 불가능하다. 그러나 이를 대신할 학설이 존재하지 않는 것
이 연구 현실이다.

보고자는 다음과 같이 생각한다.

① 莊園公領制가 형성되어 가는 院政期부터 鎌倉幕府 성립기(11세기
후반~12세기)에 있어서는 朝廷·寺社·鎌倉幕府와의 관계를, 權門
體制論은 적절히 설명할 수 있다.
② 鎌倉時代(13세기~1333년 = 鎌倉幕府 멸망)에 있어서는, 朝廷과
鎌倉幕府의 상호보완 관계를 중시해야 한다.
③ 公武統一 정권인 室町幕府(14세기 전반~16세기 후반)에 대해서는
寺社나 지방 大名들이(일본중세사 연구에서는 「지역권력」이라고
호칭한다) 관계에 대해서는 특별한 이론이 필요하다. 현재로서는
川岡勉의 「幕府—守護體制」가 유력한 이론이다[川岡 2002].
④ 제2장에서 자세히 언급하겠지만 自力救濟나 지방 실정에 입각한
國家論이 필요한데 보고자는 물론 일본 학회 전체에서 그러한 이론
은 제기되고 있지 않다.

2. 중세일본의 국가상과 自力救濟

(1) 天皇·公家의 국가상

본장에서는, 중세인이 국가를 어떻게 인식하고 있었는가에 대해 살펴
보려고 한다.

먼저 결론을 말하자면, 天皇이나 公家 등 지배층은「국가」를 관념하고 있었다고 할 수 있다. 新田一郎의 정리에 참고하면서 개괄하고자 한다[新田 2004].

「國家」라는 글자의 의미를 생각하면,「國」은 성벽을 나누어진 都邑을,「家」는 사람의 거처를 뜻하는 글자다. 두 자를 조합한「國家」의 어원은 고대 중국에서는 황제를 뜻하며 또 황제를 중심으로 한 그 家政에 관련된 사람을 포함한 조직과 막연한 外廷의 뜻으로 사용했다. 일본 고대에서는 율령이라는 법에서 사용되는 용어로써의「국가」는 天皇을 의미하고, 天皇에게 위해를 가하려는「謀反」은「국가를 위태롭게 하는 것」으로 설명되어, 正主를 중지고 偽主에 따르는「謀反」은「國」에 대한 적대행위로 설명되었다. 즉 天皇 혹은 天皇을 중심으로 관념되는 朝廷이,「國家」내지「國」의 단어를 가지고 표현된 것이다.

이러한 由緒를 이어서 平安時代의「國家」도 天皇·朝廷을 중심으로 관념되었다.「國家鎭護」의「國家」도「天下泰平國家安全」의 기도대상도 天皇·朝廷에 귀착하는 것이며, 중세의「國家」도 거기에서 진행해가는 것이다. 九條兼實나 源賴朝가 이용한「日本國」의 단어, 또는 日蓮이 말하는「國家」의 형상으로 해도, 항상 天皇·朝廷의 존재를 염두에 두고 관념되고 그 주변에 응집 해 나가는 경향을 가지고 있다. 중세의 적어도 公家사회 주변인에게 있어「日本國」은 天皇·朝廷을 중심으로 관념되는 것이었다. 예를 들면 慈円은『愚管抄』에서「天下日本國의 운이 다해 大亂을 걸쳐 武者의 世가 되었노라」라고 적고 있으며,「武者의 世」이전의 즉 천황을 중심으로 한 상황을 가리키고「日本國」이라는 표현을 사용하고 있다. 이것이「國家」내지「日本國」의 주된 용법이었다.

따라서「國家」라는 단어로 표현 될 수 있는 것이 분명히 있었다고 해야 할 것이다. 그것은 天皇·朝廷(公家)을 중심으로 관념되고 사회의 어떤 부분에 통합적인 구조를 공급하는 중심성을 가지고「日本國」이라는 호칭과 겹치는 것이었다.

이상 新田의 정리를 바탕으로 서술해 왔는데 덧붙이고 싶은 것은, 日本國의 영역을 天皇이 지배하는 땅을 「王土」로, 그 주민을 「王民」으로 하는 것에 天皇이나 朝廷의 지배정통성을 추구 王土王民 사상이다. 이 개념은 고대 율령국가에 의한 국가제도 개혁 속에서 탄생한다. 902년(延喜2) 4월 11일자 太政官符는 국가제도 개혁의 마지막에 자리매김 하지만, 거기에는 「이 천하아래, 王土에 아닌 것 없다. 率土의 民, 어찌 公役을 거부하겠는가」라고 하는 王土王民 사상이 명시되어 있다[木村 2004 / 保立 2015]. 이 사상이 중세의 天皇이나 公家에게도 계승되어, 그것이 앞서 언급한 국가관에서 보이는 것이다.

(2) 自力의 村 「惣」, 「惣中」

그럼 중세 민중의 국가상은 어떤 것이었을까. 莊園이나 公領의 주민들(백성)은 莊園 領主(公家·寺社·武家)나 國衙에 대해서 年貢이나 公事를 납입했다. 또 供御人라고 불린 사람들은 朝廷에 속하며 天皇의 음식물을 貢納했다. 供御人에는 등불 등을 헌상하는 鑄物師도 있었다. 그들은 貢納物을 납부하는 天皇 또는 領主라는 통치자 개인을 인식하고 있었다고 생각되며, 그것이 「정부」(公)였다.

한편 앞서 서술한 바와 같이, 중세 사람들의 일상생활에서는 국가가 차지하는 의미는 큰 것이 아니라, 국가의 제도적 보호를 기대할 수 없는 점에 중세사회 생활의 특징이 있었다. 마을의 백성에 대해서, 이 점을 좀 더 설명하고자 한다.

중세 후기(14~16세기)에는 畿內를 중심으로 「惣」, 「惣中」라고 하는 자치촌락이 등장한다. 1980~90 년대, 「自力의 村」(自力으로 문제를 해결하는 自力 救濟를 하는 마을)의 연구가 급속히 진행되었다. 그 결과,

宮地正人가 지적한 국가 기능의 일부를 촌락이 보유하게 된다. 그 결과 촌락을 「국가적 성격을 가진 단체였다」라고 하는 견해도 등장한다. 촌락사 연구가 밝힌 점에 대해서는 稻葉継陽가 다음과 같이 말하고 있다.

> 마을의 자립 - 국가적 단체로서의 「惣」, 「惣中」
> 중세 후기에 형성되어 온 촌락 공동체 (마을)는 다음과 같은 여러 기능을 갖춘, 이른바 국가적 성격을 가진 단체였다 라고 할 수 있다.
> ① 마을은 규범을 공유하는 특정 성원 (백성의 집을 대표하는 성인 남성)에 의한 합의(모임)에 의해 운영된다. 합의는 성문법을 제정하고 마을은 이를 집행하는 강제력을 마을 구성원 및 그 종족에 발휘한다.
> ② 領主에 대한 年貢·公事의 村請을 획득함으로써 마을은 개별 성원에 대한 年貢·公事의 징수권을 작동시키도록 한다.
> ③ 마을은 특정 경지와 산 등을 공유 재산으로 유지함과 동시에 家 분배나 소유경지 면적 분배에 의한 재정기능을 가지고 있었다. 이들은 마을 구성원으로부터의 年貢·公事徵收를 원활히 진행하기 위해 이용되어, 마을로서의 정치적 과제에 대처할 때의 재정적 뒷받침이 되기도 했다.
> ④ 마을은 스스로의 지리적 영역을 유지하고 타인에 의한 영역 침해를 실력으로 제거하는 自力救濟의 주체이며, 성인 남성은 무장하고 있다. 마을은 소위 交戰權을 보유하고 있었다.

이처럼 집단적 의사결정, 입법, 법의 집행, 조세, 재정, 지역 유지, 交戰權에 이르는 여러 權能을 모두 보유하고 있는 기관은, 근대사회에서는 국가 이외에는 있을 수 없을 것이다. 그리고 近畿지방과 그 주변에서 거의 14세기 중반 이후에 성립이 확인되는 이 국가적 마을은 곧 스스로를 「惣」, 「惣中」라고 호칭하기 시작한다. 이것이 역사 교과서에 반드시 게재되는 「惣村」이다. 「惣」이란 「모두의 것, 전체」라는 뜻으로, 여기에서는 규범을 공유하는 구성원의 總意에 의해 운영되는 단체를 나타내며, 그것은 근세에도 「○○마을 惣中」「○○村 惣百姓中」이라는 표현으로 이어져 간다.

　다음 여기서 말하는 마을의 「자립」에 대해 구체적으로 설명하겠다. 그것은 ②와 ③을 근거로 한 領主 지배로부터의 자립이다. 본권 1부에서 坂田聰씨가 자세히 서술한 것처럼, 村請制는 領主에 대해, 마을로서 정액의 年貢·公事 납입을 청부하는 제도이므로, 납입 책임주체는 마을이고 백성이 年貢 등을 납부할 대상은 領主가 아니라 마을이다. 마을은 領主가 가진 것과는 다른 수납 장부를 작성해서 年貢 등의 수납을 관리하고 수납 부족의 백성이 있으면 마을 재정에서 補塡하여 마을 請額을 領主에 납입한다. 예전부터 領主의 권한이었던 闕所地의 처분권도 마을 손으로, 마을은 經營斷絶 된 집의 생존을 도모하기 위해 다양한 특례 조치를 강구했다. 신앙의 유대인 사찰이나 논농사에 필수적인 관개 수로의 유지 관리도 마을의 손에서 이루어져 그 경제적 기반이 되는 각종 免田도 村請契約의 때에 마을 측에 확보되어, 마을의 공유 재산의 핵심을 이뤘다. 이처럼 마을은 백성의 집의, 집단적 재생산의 조직으로 기능했다. 마을의 규범과 법을 어기는 사람이 있으면, ①에서와 같이 마을은 이에 제재를 가했다.

　이렇게 領主는 아주 큰 일이 없는 한 마을 내부 문제에는 간섭하시 않고, 하지 않아도 되는 체제가 자리 잡았다. 신임 領主가 우선하는 일은 마을과 前의 領主가 하고 있던 村請의 내용 (上納) <義務>와 下行 <권리>의 내용)을 마을에서 신고하게끔 시켜 (이 신고서를 「指出」이라한다) 파악하는 것이었다. 정치적 변동의 결과 지금까지의 領主가 물러나고 그 대신 어떤 사람이 領主權을 주장해 왔다 해도 마을은 스스로의 의무와 권리를 「先例」로서 指出에서 당당히 주장하고 그 내용이 새로운 領主를 구속했다[坂田·榎原·稻葉 2002, pp.218~220].

　중세 후기에 형성되어 온 촌락 공동체(마을)는 「집단적 의사 결정, 입법, 법의 집행, 조세, 재정, 지역 유지, 교전권에 이르는 諸權能을 보유하고 있는 기관」이기 때문에, 「국가적 성격을 가진 단체」라고 稻葉는 설명하고 있다. 그러나 촌락 공동체=국가는 아니다. 稻葉도 지적하고 있듯이, 領主에 의해 마을이 지배되고 있는 것이 전제이다. 村落은 莊園 또는 公領 내부에 있고, 莊園公領制의 틀에서 벗어나지 않았다. 촌락이 조선과 중국 등의 국가와의 협상 주체가 되는 일은 절대 있을 수 없다. 村落史 연구자 중에는 중세 후기에 빈발하는 촌락 간의 분쟁, 즉 自力 救濟를 「전쟁」이라고 표현하는 경향도 있지만 적절하지 않다. 위의 諸기능이 공권력에 집약되지 않고, 마을이 일정 정도를 유지하고 있다는 점에 더욱 주목해야 하며, 石井進가 지적한 일본중세 사회의 분권적·다원적인 측면을 거기에서 볼 수 있다.

(3) 바다의 自力救濟

중세 민중에게 있어 일상이었던 自力救濟에 대해서는, 바다의 세계를 사례로 소개하고 싶다.

1419년(應永26)의 自亥東征(일본에서는 應永의 外寇라고 부른다)의 다음 해(1420년), 장군(日本國王) 足利義持와의 협상을 부탁받은 宋希璟는 체재했던 일본에서의 견문이나 행동을, 五言·七言의 한시와 산문의 序라고 하는 형식으로 기록했다. 復命후 이것들을 정리한 것이 『老松堂日本行錄』이다. 이 가운데는 上乘이라는 自力救濟가 두 곳에 기재되어 있다. 上乘란 해적에 대처할 수 있는 인물을 태우고 항해의 안전을 도모하는 관행이다[橋本 2011]. 이하에서는 村井章介에 의한 校注(岩波書店[岩波文庫], 1987年)를 소개 하겠다[關 2013].

첫 번째 사례는 往路에 보인다.

　　宋希璟이 對馬의 矢櫃(長崎縣對馬市)에 정박했을 때, 동행자無涯

亮倪(日本國王史, 宋希璟에 동행해 귀국길에 있었다)는 博多의 倭人 表三甫羅를 宋希璟에게로 보내 賊變에 대비를 시켰다. 希璟은 表三甫羅을 승선시켰다(47절).

두 번째 사례는 歸路의 瀨戶內海에 있는 것으로, 해적과의 협상이 상세하게 기록되어 있다.

7월 22일 希璟 일행은 尾道를 출발해 해적의 거점이 있는 高崎(廣島縣 竹原市)를 지났다(161절).

이날 申의 時(오후 네 시경), 安芸國蒲刈(廣島縣呉市)에 到泊했다. 이 지역은 「群賊」이 거주하는 곳으로, 「王令」(장군의 명령)이 미치지 않고, 통제가 없기 때문에 호송선도 없었다. 일행들은 모두 해적을 의심하고 두려워했다. 마침 날이 저물어 버려, 이 지역을 떠날 수 없었기 때문에, 도적의 집을 멀리서 바라보면서 배를 정박했다.

이 지역에는 東西의 해적이 있고, 동쪽에서 서쪽으로 향하는 배가 東賊 한 명을 태우고 있으면 西賊은 이를 공격하지 않는다. 마찬가지로, 서쪽」에서 동쪽으로 향하는 배가 西賊 한 명을 태우고 있으면 東賊을 습격하지 않는다. 그래서 瀨戶內海의 동쪽에서 서쪽으로 향하고 있었던 宋希璟 일행은 東賊 한 사람을 태우는 것으로, 宗金는 錢七貫을 건네고 東賊 한 사람을 사서 배에 태웠다.

그 도적은 작은 배를 타고 와서 「내가 왔으니까, 관인 (宋希璟)은 안심하시기 바랍니다」라고 말했다(이상, 162절).

蒲刈 주변의 해역는 室町幕府에 의한 통제가 미치지 않는 지역이었다. 따라서 바다의 질서를 幕府가 아니라 해적에 의한 自力救濟로 유지

하고 있었다. 해적은 東西로 나누어져 「繩張り」를 가지고 通行船의 驚固를 하고, 驚固料를 징수하고 있었다. 宋希璟 일행을 驚固하는 호송선이 동행하고 있었지만, 여기에서는 호송선 없이, 해적의 上乘에 의해 안전을 지키려고 했던 것이다. 室町幕府에 의한 질서와 해적에 의한 自力救濟이 병존하고 있던 점에, 일본중세 사회의 특성이 보인다.

(4) 武士나 민중에 있어서의 天皇·국가

다시 중세일본 사람들의 국가상에 대해 생각해 보자. 여기에서는 武士와 백성(촌락 구성원)을 다룬다.

중세일본의 武家 사회는 주인과 하인 사이의 주종 관계를 근본으로 해 성립하고 있었다. 鎌倉殿(源賴朝ら)와 御家人 간에는, 御恩와 奉公의 관계였다. 御恩은 所領을 주고 地頭職에 임명하거나 戰功에 따라 恩賞地(地頭職)를 賜与하는 것 등이다. 奉公은 평상시에는 京都大番役이나 鎌倉番役 또는 地頭役 등을 맡아 戰時에는 鎌倉殿의 명령에 따라 鎌倉殿을 위한 전투를 행한다.

武士는 개인적으로 살았던 것이 아니라 「武士의 家」(나중에 서술하겠지만 「兵ノ家」 「弓馬의 家」의 구성원으로서 존재하고 있었다. 그 「武士의 家」은, 선조가 누구인가, 선조에서 어떤 계보를 따라 왔는가 라는 선조의식이나 계보의식에 의해서 유지되고 있었다. 이 의식은 견고한 것으로, 武士의 존립은 이 의식에 관련된다고 해도 좋을 것이었다. 高橋典幸는 鎌倉時代의 武士의 선조의식 이나 계보의식에 대해 다음과 같이 설명하고 있다[高橋典幸 2002].

武士는 「弓馬의 士」라는 표현으로 불리는 것과 같이, 戰士 신분이기 때문에 무예의 수련이 제일 중요했다. 『今昔物語集』의 藤原保昌의 사례에 의하면, 대대로 무예를 전하는 「兵ノ家」 출신야말로 武士로 간주되어 있었다. 「兵ノ家」은 「弓馬의 家」이라도 의역할 수 있지만, 武士의 존립 기반은 사회적으로는 무예를 전하는 특정 가문인 것, 즉 「弓馬의 家」인 것이었다. 「弓馬의 家」은 「선조 없는 下臘」와 대비되어, 그와는 달리 선조가 있는 것이 필수였다. 이것은 선조의식이나 계보의식을, 스스로의 입장을 이야기하는데 있어 매우 중요했다.

巫歌의 시조는 天皇이나 그에 준하는 攝關家 사람 등에 요구되는 일이 많았다. 鎌倉時代 중기 이후 武士의 족보(系圖)가 활발히 만들어졌다. 또한 戰場에서 자신의 계보를 말하는 「氏文」 등에서는 종종 天皇을 시조로 이야기하기 시작했다.

「弓馬의 家」는 강렬한 선조의식·계보의식에 의해 성립된 것이나, 선조·계보의 기원은 天皇이 자리매김하고 있었다. 계보를 기록하거나 「氏文よみ」를 낭송할 때마다, 天皇을 의식하지 않을 수 없었다.

이상 高橋의 지적을 소개했다. 예를 들면, 鎌倉幕府의 御家人은 이러한 선조의식·계보의식 때문에, 鎌倉殿을 넘어선 天皇을 의식하지 않을 수 없었다. 이 점에 武士의 국가상의 일면을 想定할 수 있는 것이 아닐까.

다음은 村落 백성의 국가상을 찾기 위한 소재로 官途成에 주목하고 싶다.

　　官途成이란 관직에 오르는 것과 그 취임 의례를 말한다. 관직은 원래 天皇으로부터 公家나 武士에게 주어지는 것이지만, 중세 在地사회에서도 國衙와 莊園 領主에 의해 소재지 백성에 대한 官途付與가 이루어졌다. 또한 莊園 公領의 鎭守會社 등에 대한 在地民의 成功(임시 사업에 대해서 私財를 기부하는 것) 등을 계기로, 그 기부에 따른 관직이 주어졌다. 이렇게 13세기 중·후반에는 宮座 등 在地寺社를 중심으로 한 在地 독자의 官途成 의례 관행이 형성되어 14세기 중반에는 일반화 되었다. 官途成을 하는 者로부터 宮座 등 在地제사 집단에 기부된 축의금 용도는 寺社의 중수 등 임시 지출에 오로지 이용되었다. 주어진 官途는 衛門, 兵衛, 大夫 등이다. 이러한 官途는 官途成을 지낸 村人正員에게만 허용된 특권이며, 촌락 내의 신분이라고 할 수 있다.

官途가 허용되지 않는 계층과의 신분 차별의 상징이기도 했다[薗部 2002, 2005].

율령에 규정된 관직을 朝廷의 허가를 받지 않고, 촌락에서 독자적으로 사용하고 촌락내의 신분을 형성해 갔던 것이다. 이는 官途를 통해 백성들은 天皇과 朝廷을 의식하고 있었다 라는 점에서 백성의 국가상의 일면을 엿볼 수 있다. 하지만 다른 한편으로는 율령관직 자체의 권위 하락과 形骸化를 초래했다. 백성들은 교묘하게(일본어로는 「したたか」) 국가 제도를 환골탈태했다고 말할 수 있을 것이다.

덧붙여 말하자면, 15~16세기 조선 왕조에 파견된 僞使도 일본·조선의 국가 제도를 환골탈태한 사례라고 할 수 있다. 僞使란 通交名義와 실제 파견자이 다른 使節을 가리킨다. 파견 주체는 博多 상인과 對馬의 宗氏들이었다. 그들은 室町幕府가 파견하는 日本國王使의 僞使도 만들어 냈다. 국가나 외교 제도를 인식한 것으로, 거기에 순종하는 것이 아니라 그 제도를 교묘하게 이용하여 무역을 한 것이다[橋本 2012 / 關 2012].

(5) 영토인식

마지막으로, 국가상을 살펴보는 소재로 영토 의식에 대해 소개하고자 한다.

己亥東征(1419년) 후, 중세일본과 조선 사이에서 對馬의 귀속을 둘러싼 협상이 이루어졌다[關 2002, 2012].

조선 측의 기대와는 달리, 對馬에 대한 己亥東征은 충분한 성과를 거둘 수 없었다. 재차 정복이 논의됐지만 결국 무산되고, 招諭策으로 전환하게 되었다. 宗氏에게 對馬 섬주민의 「卷土來降」, 즉 宗氏를 비롯한 섬의 領主層이나 주민을 조선에 이주시킬 것을 요구하고 對馬의 空島化를 도모했다.

前國王 太宗은 兵曹判書 趙末生에게 명령하여 對馬島 守護 宗貞盛

앞으로 書契를 보내 「卷土來降」을 요구했지만 그 속에서 「對馬는 경상도의 「鷄林」(경주의 雅名)에 속하며, 원래 우리나라 땅인 것은 典籍에 분명하다」고 말하고 있다 (『世宗實錄』卷4, 元年<1419> 7月庚申 <17日>條).

對馬로부터 都々熊丸(宗貞盛의 幼名)의 使者라 칭하는 時應界都가, 조선을 방문했다. 時應界都는 對馬 주민을 거제도로 이주시켜 조선 국내 州郡의 예에 따라 對馬의 州名을 정하고, 조선으로부터 「印信」을 보내줄 것 등을 청원했다(『世宗實錄』 卷7, 2年<1420> 閏正月己卯<10日>條).

이 청원을 받아 조선 왕조는 對馬를 조선의 屬州로 하기로 결정했다. 閏正月 23일, 世宗은 禮曹判書 許稠에 명하여 都々熊丸에 대한 답변(書契)을 작성시켰다. 그에게 주어진 印은 「宗氏都都熊丸」로 하기로 정해졌다 (『世宗實錄』 卷7, 2年閏正月己卯<23日> 條).

앞서 서술한 宋希璟은 위의 결정에 따라 對馬 측과 교섭했다. 주의하고 싶은 점은 對馬島가 조선에 속하는가, 일본에 속하는가 라는 문제는 京都의 朝廷이나 室町幕府(將軍)이 아니라, 對馬島의 유력자가 협상 상대로 되어 있다는 것이다. 『老松堂日本行錄』의 설명을 보자.

1420년 2월 21일 宋希璟은 對馬島의 동쪽인 船越(對馬島小船越)에 숙박했다. 이때 對馬島主 宗貞盛는 어렸기 때문에 일찍이 왜구의 首領이었던 早田左衛門大郎가 실권을 쥐고 있었다. 早田左衛門大郎는 술을 가지고 希璟을 찾았다. 그의 조선에 대한 말은 至誠이었다(39節).

2월 28일 早田左衛門大郎의 태도가 변한다. 左衛門大郎는 조선에 使節을 보냈다. 그 사절이 돌아왔을 때, 左衛門大郎는 「조선은 지난해 對馬에 出兵하고 또한 조선에서 온 편지에 對馬島를 慶尙道에 속하는 것이라 썼습니다. 이 섬은 少貳殿相伝의 땅입니다. 少貳殿相伝가 만약 이것을 들으면 百戰百死라 해도 싸울 것입니」라고 希璟의 동행자에 대해 항의했다. 그리고 希璟 배에 와서 「이 편지를 少貳殿相伝가 보면 官人이 떠날지 머물지 결정할 수 없습니다. 少貳殿相伝에 보낼지 여기에 두고

少貳殿相伝에게 알리지 않을까 대해 官人이 결정해 주십시요」라고 말했다. 이 편지는 禮曹가 都々熊丸에게 보낸 문서이다.

希璟는 「이 섬(對馬島)은 우리나라가 얻었다 해도 있을 일이 없고, 그 사람을 얻었다 해도 이용하는 곳이 없습니다. 단지 그대들이 보내온 사람 (時應界都)이 우리나라에 속하는 것을 소원해, 이를 말할 뿐입니다. 때문에 世宗은 議政府와 六曹를 불러 「對馬島人은 그 섬을 국가(조선 왕조)에 속할 것을 바라고 있다. 만약 허락하지 않았다 한다면, 不仁이다. 따라서 對馬島를 경상도에 속하게 하는 것 뿐이다」라고 말씀하셨습니다. 오늘 들은 너희의 뜻을 國王 (世宗) 만약 알게 된다면 반드시 對馬島를 경상도에 예속시킨다고 하지 않을 것이다. 미리 이러한 점을 國王에게 말씀 하시지요」라고 대답했다.

左衛門大郎은 기뻐하며 「그런 사정이라면, 이 편지를 나는 숨겨두고 少貳殿相伝에게 알리지 않겠습니다. 또한 우리 배를 내서 조선에 보내면, 반드시 잘 끝날테지요」라고 대답했다. 希璟는 이를 허락했다. 이렇게 다음날 출발하게 되었다.

希璟는 다음과 같은 판단을 더하고 있다.

> 조선의 對馬島 出兵 후, 左衛門大郎들이 「본국」(朝鮮)에 보냈던 倭는, 혹은 죽음을 두려워하거나, 혹은 투옥되는 것을 겁내, 죽음을 면하려고 귀국을 희망해, 對馬島를 조선에 속하게 하고, 조선의 백성이 될 것으로 기대했다. 때문에 가령 이 말을 했다는 것만으로, 少貳殿이나 左衛門大郎의 말씀은 아니다.

그리고 다음의 시를 읊었다.

> 瘠地頑民無所用、古來中國厭寒胡、渠今慕義自求屬、非是朝鮮强籍図(이상 46절)

左衛門大郎의 주장의 근거는 對馬島가 少貳殿相伝의 땅이라는 점에 있다. 鎌倉時代、對馬의 守護·地頭에 임명된 것은 武藤氏였다. 武藤氏는 大宰少貳을 세습했기 때문에 少貳氏라고도 한다. 宗氏는 少貳氏의 地頭代로 對馬에 살고 島政을 담당하고 있었다. 左衛門大郎의 주장을 보는 한, 少貳氏의 對馬島에 대한 영향력이 여전히 강하다는 것을 엿볼 수 있다.

左衛門大郎의 주장은 「對馬島는 少貳殿 이라는 武士가 대대로 相伝한 所領이다」라는 일본의 논리에 입각하고 있으며, 이 땅이 日本國이라는 국가의 일부이다 라고 하는 대외적 주장은 아니다. 對馬의 귀속을 둘러싼 조선·일본이라는 국가 간의 교섭에 있어 武家사회의 主從制의 논리를 주장하고 있는 것이다.

希璟는 이러한 몬 左衛門大郎의 주장을 받아들여, 귀국 후 對馬를 慶尙道에 속하게 함을 철회 할 것을 世宗에게 올릴거라고 약속했다. 그리고 時応界都의 제안이 對馬를 대표하는 少貳滿貞이나 早田左衛門大郎의 뜻이 아니라고 판단했다.

3. 중세일본인의 한국인식

(1) 朝鮮國王에 대한 奉公

본장에서는 일본과 朝鮮國王과의 외교를 중심으로, 중세일본인의 한국인식에 대해 고찰해 보고자 한다.

중세일본의 지배층은 高麗나 朝鮮王朝를 독립국으로 인식해 왔다. 高麗나 朝鮮王朝의 使節이 몇 번이고 일본을 방문했는데, 九州의 大宰府나 京都에서 國家使節로서 대접 받았다. 또 高麗말기부터 朝鮮王朝 전기(14세기~16세기), 일본으로부터 많은 使節이 파견되었는데, 高麗國王이나 朝鮮國王에 대한 使節임을 인식하고 있었다고 생각할 수 있다.

또 조선인 漂流人에 대한 대응 가운데, 지방 領主(武士)나 유력자의 한국인식을 알 수 있는 사례가 있다[關 2002·2013].

1425년 이와 石見國長浜에 漂着한 朝鮮人 張乙夫 등 10명, 領主인「順都老」가 보호했다.「順都老」는「周布殿」의 것으로 생각되며, 周布兼仲을 가리킨다. 귀국한 張乙夫 등의 증언에 따르면, 周布兼仲는 그들의 옷을 보고「조선인이다」고 말하며, 한숨을 세 번 할 정도였다. 그리고「口粮」(식량)·「衣袴」(의복)을 지급했다. 張乙夫 등이 체제한 것은 30일 그리고 하루에 세 번 식사가 주어졌다. 周布兼仲는 張乙夫 등을 본국 朝鮮에 송환할 때에 성대한 연회를 마련하고, 坏를 들어 먼저 권하고「후하게 우리를 기다리게 한 것은 곧 朝鮮 殿下 만을 위한 것」이라고 말했다. 그리고 여행 중의 식량으로 쌀 100석을 지급하고 20 명을 동행시켜 호송토록 했다.

그 후, 張乙夫 등은 對馬島를 경유하여 조선에 송환되었다. 對馬島에서 張乙夫 등을 접대한 것은「都万戶左衛門大郎」인 早田左衛門大郎였다. 그는 高麗 말기 왜구의 首領이었으나, 朝鮮 王朝 太祖 시대에 降倭가 된 후, 對馬島와 朝鮮王朝 사이의 외교 및 무역에 종사하고 있었다. 早田左衛門大郎는 연회를 열고 張乙夫 등을 위로하고「(이렇게 대접을 하는 것은) 우리를 위한 것이 아니라 (朝鮮) 殿下를 공경할 뿐이다」고 말했다. 그리고 부하를 동행시켜 조선에 송환했다 (『世宗實錄』7年12月癸巳 <28日> 條).

이처럼 지방의 領主 (武士) 나 유력자 중에는「조선인 표류인을 보호하는 것은 朝鮮 國王에 대한 奉公이다」라는 인식을 가진 사람들이 있었다는 것을 알 수 있다.

(2) 朝鮮蔑視館

다음은 室町幕府와 朝鮮王朝 라고 하는 국가사이의 외교에 있어, 公

家나 武家가 어떤 한국인식을 나타내고 있었는가에 대해 서술하겠다.

明의 皇帝로부터 册封된다는 점에서, 朝鮮國王과 日本國王(足利氏)는 대등한 관계에 있다. 그러나 朝鮮 使節을 맞이할 때, 조선을 일본보다 아래라고 생각하는 의식이 표출되었다. 朝廷의 貴族(公家)이나 室町幕府(武家)에 의해, 使節에 보여졌다. 이러한 의식을 村井章介는,「朝鮮蔑視觀」이라 부르고 있다[村井 1988]. 이 의식은 室町第(花の御所)에 있어 朝鮮 使節을 접견하게 된 將軍 足利義教 時期 이후, 외교의례를 행하는 곳에서 명확히 나타난다[橋本 2011].

1439年년「高麗通信使」高得宗는「南面」할 의무에 대해, 三拜해서 국서를 奉呈하고 있다(『蔭涼軒日錄』永享 11年<1439> 12月16日 條).「南面」한다는 것은, 使節에 대해 우위에 있다는 것을 의미한다. 1443년에 來日한 朝鮮通信使 卞孝文의 入京 허가여부를 논의할 때 朝廷의 外記 淸原業忠는 神功皇后에 의한 「三韓征伐」의 故事를 인용해(『康富記』 嘉吉 3年 <1443> 5月6日 條), 또 万里小路時房라고 하는 貴族은 이 통신사를「高麗國朝貢使」라고 적고 있다(『建內記』嘉吉 3年 6月23日 條). 京都의 禪宗寺院인 相國寺에서, 足利義教를 기리는 제례는 朝鮮의 의례로 치루어졌다. 제례 후 通信使와 管領畠山持國(足利義勝의 代理)가 대면하게 되었는데, 이때 幕府 측이「管領北側, 使者東側」를 주장한 것에 대해(管領이 南面한다) 通信使 측은「管領西側, 使者東側」의 주장을 양보하지 않고 飯尾貞連의「管領東側, 使者西側」라고 하는 타당 안으로 매듭지었다 (『世宗實錄』卷102, 25年<1443> 10月甲午<13日> 條,『成宗實錄』卷 101, 10年<1479> 2月丙申<9日> 條)[村井1988].

이러한 의식은 일본고대 율령국가의 외교 이념을 계승한 측면이 있다. 율령국가의 외교 이념은 唐을 모방하여 스스로를 中華에 자리매김한 다음, 唐을「隣國」으로 일본과 대등하게 두고, 新羅·渤海를「蕃國」의 朝貢國으로 취급하고, 蝦夷나 隼人을「夷狄」로 위치 짓는 것이었다. 무엇보다 현실의 국제 관계에서는 이 이념대로 이루어지는 것은 아니고 遣唐使는 唐에서는 朝貢 使節로 취급되어, 新羅와 發解는 唐과의 관계에 따라 일본에 대한 태도를 바꾸고 있었다.

이러한 「朝鮮蔑視觀」을 이해하기 위해 다음의 두 가지 사항에 유의해 두고 싶다.

첫째, 상대국을 낮게 보는 자세는 일본에서만 볼 수 있는 현상이 아니다. 橋本雄이 지적하고 있는 것처럼 중국이나 주변국은 외교 의례라는 정치적 장면에 있어 내항해 온 外交 使節을 朝貢 使節로 간주하는 것과 같은, 자국을 상위에 위치짓는 연출을 자주 하기 때문이다[橋本 2011, pp.263~264].

둘째, 幕府나 朝廷 사람들은 朝鮮을 낮게 여기고 있었지만, 외교의 상대로서 인정하고 있었다는 것이다. 朝鮮 王朝를 협상 파트너로서의 자격이 있다고 인식하고 있기 때문에, 사절이 京都에 들어오는 것을 인정하고 그들을 맞이하는 정치적 연출의 장을 마련하는 것이다.

두 번째 포인트를 다른 표현으로 말하면, 마찬가지로 중국의 被冊封國이기 때문에, 더욱 경쟁자로 인식하고 있었다고 할 수 있다. 이것은 중국에 파견한 使節이 儀式의 席次를 다투던 사례에서 엿볼 수 있다. 일본 고대(遣唐使)의 사례를 보자.

일본고대의 사례로는 唐의 수도 長安의 궁전에서 열린 元日朝賀에서 생긴 新羅使와의 席次 다툼이 있다. 『續日本紀』卷19, 天平勝宝 6년 (754) 正月丙寅(30日) 條에 의하면, 다음과 같다. 753년(唐의 天宝12年) 元日, 皇帝 玄宗은 長安의 蓬萊宮(大明宮)의 正殿含元殿에서, 百官諸蕃의 朝賀를 받았다. 이때 遣唐副使古麻呂의 席次는 西班의 제2蕃 吐蕃의 아래에 있었고, 新羅使의 席次는 東班 첫째 대식(タージー、アッバース朝)에 있었다. 古麻呂은 「옛날부터 오늘날까지 新羅는 오랫동안 日本

國에 朝貢을 했습니다. 그런데 지금 新羅使는 東班 위에 있고, 우리는 반대로 그 아래에 있습니다. 이치에 맞지 않습니다」라고 의견을 말했다. 唐의 장군 吳懷實은 古麻呂이 席次를 따르지 않는 것을 알고, 新羅를 끌어내려 西班 제2의 土蕃의 아래에 두고 日本使의 古麻呂를 東畔 제1의 大食國의 위에 두었다.

朝賀 席次는 唐을 중심으로 한 국제 관계 속에서의 위치를 명료하게 보여주는 것이며, 따라서 古麻呂는 신라보다 하위에 놓이게 된 것에 격렬하게 저항한 것이다.

일본중세의 사례를 보면, 『笑雲入明記』 景泰 4년(享德 2년·1453) 12월 21일 條에 있어, 일본 측의 使節 淸海(2號船의 居座)와 高麗 官人 등이 茶飯를 本館에 보낼 때, 자리를 다투던 것을 볼 수 있다. 明의 主客司가 일본을 왼쪽에, 高麗를 오른쪽에 하는 것으로 매듭짓고 있다. 또한 淸海는 遣明船의 2號船에 있어 居座라는 직책이 있었다. 居座는 禪僧 중에서 選任되는 사무관 이었다.

(3) 한국문화에 대한 동경

앞서 서술한 것처럼, 일본은 조선을 아래로 보고 있었는데, 그 전제로 조선을 교섭상대나 경쟁상대로 보는 인식이 있었다. 그 배경에는 한국문화를 높이 평가하고 있었다는 점에 있다. 중세일본에서는 한국의 문물에 대해 동경이나 需要가 높았다.

그 점에 대해 橋本雄은 「室町幕府나 京都 五山 주변에는 朝鮮蔑視觀이 짙었다. 그러나 한편으로는 그들은 조선으로부터의 수입품을 환영하고 있었던 것도 사실이다」고 서술, 「조선에 대한 멸시·경시와, 朝鮮物(高麗物)에 대한 동경·중시 등이 함께 하고 있었다」고 지적하고 있다[橋本 2012, p.98].

중세 일본인이 원한 조선 문물은 「高麗物」(高麗・朝鮮王朝 양쪽의 문물을 포함)이라고 불렀다. 橋本는 「高麗物」의 實例로서, 대장경, 회화, 범종을 들고 있다. 이하에서는 대장경과 범종(朝鮮鐘)에 대해서 언급하겠다.

첫 째, 대장경에 대해서 보자. 室町幕府가 日本國王史使를 파견한 주된 목적은, 朝鮮國王으로부터 日本國王에 대한 贈答品을 포함한 다채로운 수입품을 얻는 것이었는데, 그 중에서도 가장 원했던 것은 經典類였으며 빈번히 경전의 전부인 대장경(일본에서는 一切經 이라고 한다)을 요구했다. 이 점은 大名들도 마찬가지였다.

須田牧子의 정리에 의하면, 日本國王이 25회 前後 대장경을 청구했고 1~2回를 제외하면 기본적으로 매번 받았다. 또 大內氏가 18회 前後 청구한 가운데 12~15回 받았다. 對馬의 宗氏는 6~7回 청구해 4~5回 받았다[須田 2011, p.146].

조선으로부터 일본에 수입된 대장경은 주로 高麗版이었으나, 宋版이나 元版, 書寫本, 혹은 이것들의 혼합판 등 여러 가지 종류가 존재했다. 예를 들면 1394년쯤, 沙彌慶安이 博多 주변에서 모집해, 須磨禪昌寺에 施入한 것이다. 橋本는 1394년에 九州 探題今川了俊가 조선으로부터 청구한 대장경 두 개 중 하나라 보고 있다. 수입된 단계에서 혼합판이었던 가능성이 높다[橋本 2012, pp.101・104].

두 번째의 朝鮮鐘에 대해 자세히 살펴보겠다[關 2012, 2015].

和鐘의 龍頭가 쌍으로 구성된 것에 비해, 朝鮮鐘의 龍頭는 單頭로, 목을 반원으로 감아 걸어 매다는 역할을 하며, 두 앞다리를 모으고 있는 것이 通例이다. 또한 龍頭 뒤에 밀착하여 깃발 꽂이 또는 甬 이라는 원통형의 물건을 세우고 있다[坪井 1974].

朝鮮鐘이 일본에 전래된 시기를 고려할 때, 일본에 到來한 후의 追銘이 단서가 된다. 坪井良平는 追銘을 가진 朝鮮鐘을 17가지 예를 제시하고 있다. 이 가운데 山口縣光市의 賀茂神社 鐘에 貞治六年(1367)라는 문구가 가장 오래된, 14세기 후반이 10개, 그 외에 15세기 초기(應永年間)가 2개 있다[坪井 1974, pp.27~32].

『朝鮮王朝實錄』에서 범종(朝鮮鐘)을 청구한 通交者를 찾으면 博多를 거점으로 해서 조선과 通交하고 있는 諸氏가 많다. 大內盛見을 비롯해, 九州 探題澁川道鎭(滿賴)과 그 被官 板倉滿家, 肥前의 吉見昌淸, 少貳滿貞 등이다. 道永은, 壹岐의 사람으로 朝鮮國王으로부터 上万戶의 官職을 받은 受職人이다. 1414년 이후 對馬의 宗貞茂가 거듭 범종을 요청하고 있다[關 2012, pp.56~57 / 關 2015, pp.189~190].

1417년 對馬島 守護 宗貞茂는 銅 5백근을 조선에 보내, 범종 鑄型을 만들어 받기를 요구했다. 太宗은 「지금은 우선 주조하여서 주되, 식(式)을 삼지는 말라」고 했다(『太宗實錄』 卷34, 17年 12月 庚寅<9日> 條). 이 주형을 사용한다면 朝鮮鐘을 對馬에서 제조할 수 있다.

『世宗實錄』 卷1, 世宗卽位年(1418) 8月 辛卯<14日> 條에 의하면 倭人 司正表沙貴가 그 나라의 銅鐵匠을 데리고 왔다. 司正는 조선 五衛의 一職(正七品)에 해당하고, 表沙貴은 受職人이다. 表沙貴는 芦屋鑄物師로 생각된다[橋本 2012, p.132]. 芦屋은 筑前國의 지명으로, 중세에는 葦屋로 표기되었고, 遠賀川의 河口部, 현재의 芦屋町 중심부에 해당한다. 고대의 岡水門을 계승하는 葦屋津는 遠賀川의 河口湊로, 國際貿易都市 博多와 畿內를 연결하는 항로의 중계지에 위치한다. 室町期부터 戰國期에 걸쳐, 葦屋는 茶의 湯釜(葦屋釜)의 생산지로서 특히 유명하며 길게는 南北朝時代(14세기)에는 當地에서 鑄造業이 행해지고 있었다고 여겨지고 있다.

世宗朝가 되어서도 對馬의 宗貞盛나 澁川道鎭 등으로부터 요구가 계속 있었으나, 조선측은 1421년 이후 「年來로 貴國 여러 곳에서 구해 갔기 때문에 거의 없어졌다」(이것은 대장경의 청구를 거부하는 경우에도 보이는 이유이다)라고 해, 그 요구를 거부하고 있다(예를 들면 『世宗實錄』卷 1, 卽位年 8月 壬寅<25日> 條 / 同, 卷11, 3年 正月 戊辰<5日> 條).

世宗朝 중기 이후, 일본에서는 朝鮮鐘을 손에 넣을 수 없게 된다. 그 대신 만들어진 것이 和鐘과 朝鮮鐘의 混淆형식이다.

현존 최고의 遺例는 對馬市 嚴原町의 舊淸玄寺 범종(長崎縣立對馬歷史民俗資料館에 寄託)이다. 鐘身은 거의 朝鮮鐘의 형식을 답습하고 있는데, 龍頭만은 和樣에 의한 쌍이고, 甬은 아니다. 應仁3年(1469)10月22日付의 銘文이 새겨졌고, 「國主惟宗朝臣貞國」(宗貞國) (「國主」은 對馬國守護라는 의미)와, 「本寺」(淸玄寺)의 「檀越」로서 「惟宗朝臣信濃守盛家」와 「子息職家」 등의 이름이 보인다. 鑄工은, 筑前國 葦屋의 金大工 大江貞家과 小工 15인이다. 이후 葦屋의 鑄工은, 日朝混淆鐘을 잇달아 제조하게 된다[坪井 1974]. 이런 종의 탄생은 朝鮮鐘에 가치를 찾게 된 것, 그리고 그것이 손에 넣을 수 없게 된 것에 관계가 있는 게 아닐까.

이처럼 뛰어난 조선 문물을 통해서 조선은 높은 문화를 가진 나라다라는 인식이 幕府나 朝廷에게 두루 있었던 게 아닐까. 이것은 高橋公明가 말하는 「朝鮮大國觀」에 해당한다[高橋公明 1982, 1985, 1987]. 조선의 높은 문화 수준을 평가하고 있는 것이어야 말로, 幕府나 朝廷은, 日本은 문화적 수준이 높은 조선 보다 上位에 있어야만 한다 라는 이념을 강하게 가지게 된 것이 아닐까.

조선 문화가 높이 평가된 것을 고려한다면, 西일본의 유력한 大名 大內氏가, 百濟王의 손자다 라는 祖先意識·계보의식을 주장하고 있었다는 것도 쉽게 이해할 수 있다.

須田牧子에 의하면, 大內氏는 朝鮮王朝와의 교섭에 있어 다음의 세 가지 畵期에 의해 祖先觀을 肥大化시켰다고 한다. 첫째, 1399년 大內義弘는 家系나 出自을 나타내는 文書와 「土田」를 요구했다. 둘째, 1453년에 大內敎弘이, 大內氏는 百濟王子 琳聖太子의 後胤이다 라고 칭하고,

『琳聖太子入日本之記』라는 書物을 조선에 요구했다. 셋째, 1485년, 大內政弘가「國史」를 조선에 요구했다. 이러한 점은 朝鮮王朝와의 교섭을 원활히 진행하고자 의도했던 것이며, 제2의 畵期에서는 朝鮮王朝는 大內氏를 同系로 인식하고, 通信符를 鑄造해 大內氏에게 주었다. 한편 大內氏는 百濟王子孫設을, 大內氏의 領國이나 京都에 향해서도 發信하고 있다. 이 先祖觀은, 大內氏의 權力을 正統化 하는 것으로 기대되고 있었기 때문이며, 오히려 일본 국내를 향해 선전하기 위해서, 이 設을 창출했다고 생각할 수 있다[須田 2011].

또 빈번히 朝鮮王朝에 使節을 파견한 對馬의 宗氏는 足利將軍의 臣下라는 입장과, 朝鮮國王을 守護하는「東藩」이라는 두 개의 입장을 가지고 있었다[關 2002, 2012].

이상, 한국문화에 대한 동경에 대해서 설명해 왔는데, 두 가지에 주의할 필요가 있다.

첫째, 高麗物은, 일반적으로 和物(일본에서 만들어진 문물)에 비해 평가는 높았지만 최고급의 문물이라는 평가는 아니었다. 9세기 이후, 중국에서 수입된 고급 舶來品, 또는 중국에서 생산된, 혹은 중국에서 수입되었다고 인식한 문물을 唐物이라 부르고 있었다[關 2015]. 일반적으로 唐物—高麗物—和物이라는 서열이 있었다[河添 2007, pp.211~212 / 橋本 2012, p.135 / 河添 2014, pp.91~92]. 중세일본의 사람들은 高麗物은, 唐物을 모방해 만든 문물, 또는 唐物의 惡流라는 인식이 있었던 게 아닐까 (예를 들면, 일본에서 珍重된 高麗靑磁에 대한 평가).

둘째, 일본에 將來된 조선의 문물로부터, 조선에 대한 인식을 깊게 하고 있었다고 생각되지만, 구체적인 조선정보를 集成하려는 시도에 대해서는 일본의 史料에서 거의 찾아 볼 수 없다. 室町幕府나 大名의 使節에 임한 禪僧이나 상인 왜구들처럼, 조선을 방문한 일본인은 일본을 방문한 조선인(외교사절이나 漂流人 등) 보다도 압도적으로 많다. 하지만 그들이 입수한 조선의 국가나 사회에 관한 정보를 幕府나 朝廷이 集成한 흔적은 없다. 瑞溪周鳳『善隣國寶記』는 日朝 외교문서를 모은 것이지만, 여기에 조선에 관한 정보를 記述할 의도는 전혀 없었다.

Ⅱ. 결론

마지막으로 本報告의 각 장에서 서술한 것을 간단히 요약하는 것으로 결론을 대신하고자 한다.

제1장에서는 중세일본의 국가의 특성이나 연구자의 국가상을 고찰했다. (1)(2)에서는 현대에서 국가를 생각하는 요소에 대해 확인했다. (3)에서는 國王인 天皇의 아래 「公家」 「武家」 「寺家」의 諸權門이 상호보완적인 역할을 가지고 국가의 기능을 분담하고 있다고 하는, 黑田俊雄의 權門體制論을 소개했다. 그리고 石井進의 權門體制論에 대한 비판을 소개하고, 權門體制論는 「시작에 국가가 있었다」라는 발상에 입각해 근대의 「국가」이미지가 투영된 것을 지적했다.

제2장에서는 중세일본의 天皇·公家·武士와 민중의 국가상을 고찰했다. (1)에서는 天皇·公家에는 「국가」에 대한 인식이 존재했다는 것이나, 지배이념인 王土王民사상을 거론했다. (2)에서는 중세 후기에 성립한 촌락공동체(「惣」 「惣中」)가 국가가 가져야 할 諸 기능을 가지고 있었다는 것을 서술했고 (3) 바다에 있어 自力救濟의 實例로써 上乘을 소개했다. (4)에서는 武士는 강렬한 祖先의식이나 계보의식을 가지고 있으며 그것은 天皇에 이어지는 것이라는 점이나 촌락에서는 官途成이 행해지고 국가의 관직제도를 환골탈퇴 시키는 것이라고 지적했다. (5) 己亥東征直 후의 早田左衛門大郎의 영토의식을 주제로 「對馬島는 少貳殿 라고 하는 武士가 대대 相伝한 所領이다」라고 하는 일본 국내의 主從制의 논리에

입각하고 있었다는 것을 서술했다.

제3장에서는 公家나 武士들의 한국인식에 대해서 고찰했다. (1)에서는 高麗나 朝鮮王朝는 국가로서 인식되어졌고 「조선인 漂流人을 보호하는 것은 朝鮮國王에 대한 奉公이다」라는 인식이 존재했다는 것을 언급했다. (2)에서는 京都를 방문한 조선 使節에 대한 대응을 검토하고 京都의 公家나 武士들에게, 조선을 일본보다도 아래에 있는 것으로 간주하는 「朝鮮蔑視觀」이 존재했다는 것을 지적했으며 조선(한국)을 경쟁상대로 보고 있었다는 점을 언급했다. (3)에서는 (2)를 배경으로 한국문화에 대한 동경이 있다는 점을 서술했고 대장경이나 朝鮮鐘을 예시로 소개했다. 이러한 동경은 大內氏가 百濟王의 자손이다 라는 祖先의식이나 계보의식을 주장한 것에 결부된다. 「朝鮮蔑視觀」과 조선문화에 대한 동경은 얼핏 서로 모순 하는 듯 보이지만 서로 관련해 존재했다는 것이다.

인용·참고문헌(氏名의 ABC순)

橋本雄,『中華幻想 唐物と外交の室町時代史』勉誠出版, 2011.

_____,『僞りの外交使節 室町時代の日朝關係』吉川弘文館[歷史文化ライブ
　　　ラリー351], 2012.

藤木邦彦·井上光貞編,『体系 日本史叢書1 政治史Ⅰ』山川出版社, 1965.

保立道久,『中世の國土王權と天皇·武家』校倉書房, 2015.

石井進,「日本中世國家論の諸問題」『日本史の硏究』46(後, 石井進1970『日
　　　本中世國家史の硏究』岩波書店, 2004『石井進著作集』第1卷, 日本
　　　中世國家史の硏究, 岩波書店, 所收), 1964.

_____,「中世社會論」『岩波講座日本歷史』第8卷 中世4, 岩波書店(後, 石井進
　　　1991『中世史を考える』校倉書房, 2005『石井進著作集』第6卷, 中
　　　世社會論の地平, 岩波書店, 所收), 1976.

_____,『日本の中世1 中世のかたち』中央公論新社, 2002.

河添房江,『源氏物語と東アジア世界』日本放送出版協會[NHKブックス1098],
　　　2007.

_____,『唐物の文化史―舶來品からみた日本―』岩波書店[岩波新書1477],
　　　2014.

木村茂光,「一○世紀の轉換と王朝國家」歷史學硏究會·日本史硏究會編 『日
　　　本史講座』第3卷 中世の形成 東京大學出版會, 2004.

川岡勉,『室町幕府と守護權力』, 吉川弘文館, 2002

木村茂光,『日本中世の歷史1 中世社會の成り立ち』吉川弘文館, 2009.

北島正元編,『体系 日本史叢書2 政治史Ⅱ』山川出版社, 1965.

黑田俊雄,「中世の國家と天皇」『岩波講座日本歷史』第六卷, 中世2, 岩波書店
　　　(後, 黑田俊雄 1975『日本中世の國家と宗敎』岩波書店, 1994『黑田
　　　俊雄著作集』第1卷 權門体制論, 法藏館, 所收), 1963.

_____,「權門体制」『日本大百科全書(ニッポニカ)』小學館, 1986.

宮地正人·佐藤信·五味文彦·高埜利彦編,『新体系日本史1 國家史』山川出版
　　　社, 2006.

村井章介,『アジアのなかの中世日本』校倉書房, 1988.

新田一郎,『中世に國家はあったか』山川出版社[日本史リブレット19], 2004.

大久保利謙編,『体系 日本史叢書3 政治史Ⅲ』山川出版社, 1967.

坂田聰・榎原雅治・稻葉継陽,『日本の中世12 村の戰爭と平和』中央公論新社, 2002.

關周一,『中世日朝海域史の研究』吉川弘文館, 2002.

_____,『對馬と倭寇 境界に生きる中世びと』高志書院[高志書院選書8], 2012.

_____,『朝鮮人のみた中世日本』吉川弘文館[歷史文化ライブラリー367], 2013.

_____,『中世の唐物と伝來技術』吉川弘文館, 2015.

薗部壽樹,『日本中世村落內身分の研究』校倉書房, 2002.

_____,『村落內身分と村落神話』校倉書房, 2005.

須田牧子,『中世日朝關係と大內氏』東京大學出版會, 2011.

高橋公明,「外交儀礼よりみた室町時代の日朝關係」『史學雜誌』第91編 第8号, 1982.

_____,「室町幕府の外交姿勢」『歷史學研究』第546号, 1985.

_____,「朝鮮遣使ブームと世祖の王權」田中健夫編『日本前近代の國家と對外關係』吉川弘文館, 1987.

高橋典幸,「武士にとっての天皇」網野善彦・樺山紘一・宮田登・安丸良夫・山本幸司編『岩波講座 天皇と王權を考える』岩波書店, 2002.

高柳光壽,「中世史への理解」『日本歷史』第8～10号(後, 1970『高柳光壽著作集』上卷, 吉川弘文館, 所收), 1947～1948.

歷史學研究會編,『國民國家を問う』青木書店, 1994.

日本人の国家像と韓国認識

關周一(宮崎大学 教育文化学部)

Ⅰ. 序論

「歴史的に見る韓日兩國人の相互認識」という第1會議の主題におい
て、報告者に与えられた課題は、「日本人の國家像と韓國認識」であ
る。この課題に正面から議論する能力と時間がないため、中世日本(1
1～16世紀)という時代に限定して考察する。

歴史學の立場から國家像を檢討する場合、「對象とする時代の人々
が國家をどのように認識していたのか」ということが課題となる。國
家權力がどのような國家をめざしているのかという理念や、その時代
の支配者や被支配者(民衆)がどのように國家を認識していたのかなど
を檢討することになる。

それと同時に、「その時代は、どのような國家が存在したのか」を
考える作業を伴っている。そこには研究者の國家像、換言すれば現代
人の國家像が反映されている。

すなわち、國家像を考察する場合、①對象とする時代に生きた支配者

や民衆の國家像、②研究者が把握したその時代の國家(制度や特質な
ど)、③②にみえる研究者(現代人)の國家像の3段階が存在することに
なる。

本報告では、第1章において、上記の②③を扱い、中世日本の國家
の特質や、研究者の國家像を考察する。本稿で對象とする中世日本
は、現代日本、ましてや韓國における國家や社會とは大幅に異なるた
め、この作業が必要だと考える。第2章において、上記の①を扱い、中
世日本の天皇・公家・武士という支配者と民衆の國家像を考察する。そ
の過程で、中世日本社會を特徴付ける自力救濟にも言及し、また國家
像の一端である領土意識の事例も紹介する。上記の考察を踏まえて、
第3章において、公家や武士たちの韓國認識について考察する。

上記①②③に關わる中世日本の國家像に關しては、新田一郎が的
確かつ簡潔に整理をしている[新田2004]。本報告は、新田の研究に數
多く依據していることをお斷りしておきたい。

1. 中世日本の国家とは何か

(1) 国民国家の時代

本章においては、研究者たちが中世國家をどのように理解しよう
としたのかについて論じ、あわせて中世國家とは何であったのかにつ
いて考えたい。

ヨーロッパ近代に形成された國家(近代國家)は、20世紀、世界の各地
に形成された。國民國家と呼ばれるタイプの國家であり、20世紀は「國民
國家の時代」と評される。西川正雄は、國民國家という言葉を次のように
定義している。

國民國家(ネイション・ステイト　Nation-state)とは、國境線に區切られた一定

の領域から成る、主權を備えた國家で、その中に住む人々(ネイション＝
國民)が 國民的一体性の意識(ナショナル・アイデンティティ＝國民的アイ
デンティティ)を共有している國家のことをいう[歷史學研究會1994、p.5]。

　新田一郎による現代國家(國民國家)の説明に據りつつ、國民國家と
歷史學研究との關係について整理しておこう[新田一郎2004、pp.6～
10]。

　現代の國家は、その基本的な要素として主權・國民・領土の三つを
要求されることが多い。「主權」とは領土內の國民に對して他から制約
されることなく均しくおよぶ至高の權力であり、「領土」とは主權のお
よぶ範囲として區切られた均質な空間であり、「國民」とは主權によっ
て捕捉される均質な構成員を意味する。この三者は、「主權」の作用を
中核として、いわば循環的に關係づけられている。このように主權の
作用を中核として構成される國家は、絶對王政の形成と密着して生み
出され、近代國家を成立させた。

　歷史學研究(ヨーロッパ史や日本史などの研究)においては、近代國
家についての認識を遡及させて、「國家」一般の存在をはかる尺度とし
て濫用された。近代國家の根源を探す過程で、その淵源としての「古
代國家」や、ひるがえって濫喩としての「中世國家」が生み出されたの
であった。

　本報告で對象とする中世國家についていえば、中世國家へ向けら
れた回顧的な視線は、中世人の現實認識にではなく、近代國家や現代
國家の自己認識に深く關わっていた。現に國家がある、というところ
から出發して、歷史をさかのぼったところに近代國家の原型を求めて
きた。その作業において、國家の由緒や來歷を求める政治的な意味が
求められた。中世國家への視線の質は、近代の政治狀況によって規定
されたといえる。

(2) 国家史の要素

日本の歴史學研究(日本史分野)において、國家はどのような要素から考えられているだろうか。

近年、日本(東京)の山川出版社から、『新体系日本史』という分野別通史シリーズが刊行されている(未完)。旧シリーズの『体系日本史叢書』では第一卷が『政治史Ⅰ』(古代・中世)、第二卷が『政治史Ⅱ』(近世)、第三卷が『政治史Ⅲ』(近代・現代)であったが、新シリーズでは第一卷を『國家史』としている。同書の「序」において、宮地正人は、各執筆者がその分担する政治史的叙述のなかで可能なかぎり言及すべき諸点について、次のように述べている。

> 「國家史」の時代別篇別構成は、常識的に古代、中世、近世、近代・現代の四區分にするとの確認のもと、「政治史」ではなく「國家史」という書名にする以上、各執筆者がその分担する政治史的叙述のなかで可能なかぎり言及すべき諸点として、一「國家の觀念とその社會への浸透諸手段」、二「國家諸機構」、三「國家諸機能とその制度的仕組み」、四「社會からの合意調達」の諸方策の四項があることが、筆者のメモをたたき台に討議・合意された[宮地・佐藤・五味・高埜編2006、p.ii]。

ついで四項目の具体的な內容を說明している。

> 第一項「國家の觀念とその社會への浸透諸手段」でのポイントは、國家とか、あるいは「おおやけ」といった觀念は、それぞれの時代でどのように意識されてきたのか、という論点にかかわる。また支配されている諸階級・諸集団に國家とか「おおやけ」を說明・說得する際の支配する側のその正統性を主張する論理に關連するものである。第一項の檢討課題としては、①對外的諸關係、②國家的諸身分の編成、③國家と宗敎・祭祀・儀礼、④國家が有している「公共性」「共同性」の社會に對する表出、⑤右でみたような

國家あるいは「おおやけ」觀念、いいかえれば國家イデオロギーを社會に浸透させる諸媒介の問題、⑥政治文化の問題、⑦國家なり「おおやけ」を下支えする男女を社會のなかから選びだし、國家の側から顯彰し、あるべき人間「典型」を明示する行爲にかかわるものをあげる。④の論點については、國家による技術と技術者集団の保持・養成をあげている。

第二項の「國家諸機構」に關しては、次のような檢討課題をあげている。①各時代ごとの官廳機構と職制の具体的な存在のあり方、②各時代ごとの官僚制の具体的なあり方、③官僚制內の身分序列、④權力內での政策決定過程の問題、⑤公布される法や伝達される國家意志の形式の問題、⑥異域支配・植民地支配にかかわる特殊機構の問題の六点である。

第三項「國家諸機能とその制度的仕組み」に關しては、以下のような檢討課題をあげている。①は外交機能である。國家の國家たるゆえんを示す最重要の機能がここにあった。②軍事機能、③警察・裁判機能、④徵稅機能、⑤交通・通信の掌握機能をあげている。

第四項の「社會からの合意調達の諸方策」に關しては、具体的に制度化されたものは、嚴密にいえば近代天皇制下においてだけである。その一つは帝國議會である。

　第一項では「國家の觀念」が擧げられている。「おおやけ」は、漢字では「公」をあてる。古代以降の日本においては一貫して、國家をはじめとする公權力は「おおやけ」と認識され、それは現代まで繼承されている。國家像を考える場合は、各時代において第一項の④を中心に考えていくことになる。「おおやけ」の實態を探る上では、第二項や第三項の檢討が必要となる。

(3) 権門体制論

次に日本中世史研究において、中世國家がどのように議論されてきたのかをみておこう。その代表的な學説は、黒田俊雄の權門体制論であり、黒田「中世の國家と天皇」(『岩波講座日本歴史　中世2』所收、岩波書店、1963年)で初めて提唱された。以下では、この學説の検討を通じて、日本中世の國家や社會の特質や、それを把握しようとする研究者の國家觀を考えてみたい。

權門体制論が登場する以前の研究の大勢は、中世を生み出した武士が天皇・貴族が支配してきた古代を克服してきたという視点から、鎌倉幕府のような武家政權を説明することによって、日本中世の國家機構を説明してきた。それに對して、權門体制論は、複數の權門的勢力の競合對立と相互補完のうえに、天皇と朝廷を中心に構成されていたとみるものである。黒田自身は、この學説を次のように説明している。

> この複數の權門とは、王家(天皇家)・攝關家(せっかんけ)その他の公家(くげ)、南都北嶺(なんとほくれい)をはじめとする大寺社、幕府＝武家などで、それぞれが組織している主たる社會層や結集形態には差異がある。しかし、いずれも政治的社會的に權勢をもつ門閥的勢力であって、莊園(しょうえん)・公領(こうりょう)の支配を経濟的基礎とし、政所(まんどころ)など家政機關と家司(けいし)を擁し、下文(くだしぶみ)・奉書(ほうしょ)など基本的に同一様式の文書を發給し、多少とも私的武力を備えていた。中世の國政は、この諸權門の伝統と實力に基づく強力な發言權と職能的な權力分担によって維持されていた。朝廷は、諸權門の競合對立を調整し伝統的權威を飾るための、角逐と儀礼の場であり、天皇は王家という權門の一員であるとともに、諸權門の頂点に立つ國王であった。權門体制は、國政の主導權を掌握する權門の交替によって、ほぼ3段階に區分される。第一は院廳(いんのちょう)政權が主導權をもった院政期、第二は鎌倉幕府が成立して他の諸權門を抑壓しながらも公武の權門が併立してい

た鎌倉期、第三は室町幕府が他の權門を從屬させ癒着融合の体制をとった室町期である。そして平安中期のいわゆる攝關政治期は律令(りつりょう)体制から權門体制への過渡期であり、戰國期は權門体制から幕藩体制への過渡期である。また莊園公領制を封建的社會關係の一つとみるなら、權門体制は日本における封建國家の最初の形態といえる。

しかし、この權門体制論に對して、公家・武家の兩政權をまったく異質的・對立的なものとみて、後者が前者を壓倒していくところに中世國家史の基調をみる見解や、中世に統一的な國家機構の存在を本質的に認めない見解もある[黑田1986]。

引用文の末尾にあるような、中世を武家政權による公家政權の克服の過程とする見解を批判し、國王である天皇のもと、「公家」「武家」「寺家」の諸權門が相互補完的な役割を担い、國家の機能を分掌していたとする學說であると要約できる。

新田一郎は、權門体制論の意図するところについて、次のように説明している。

「中世」と呼ばれるこの社會において、もろもろの価値を映し出す鏡としての、天皇を頂点とした秩序構造は、なんら否定されることなく存立し、ほかに對抗しうるものなどなかったではないか。國郡制にせよ、令制官位にせよ、中世社會には統合的な契機が用意されていたではないか。いわゆる「職(しき)の体系」にしても、その存立基盤をさかのぼれば、最終的には天皇に掌握された國制大權に歸着する以外にはないのではないか。武家とてもそうした道具立てと無關係に存立したわけではないのであって、一つのそれなりに一貫した構造の内部で、武家についても說明があたえられるではないか。ならばそこに、天皇を國制上の頂点とした一個の「國家」が存在した、と考えることに、なんの問題があろう。それは、われわれの「常識的感覺」にかなうものではなかろうか、と黑田は説く。[新田2004、pp.41～42](報告者が、讀み方を補った)。

　新田は、權門体制論を「天皇を頂點とした統合的な一個の存在が嚴として存在するというところから議論を出發すべきだとする問題提起」と總括しているが、社會を統合する側面から論じたものといえるだろう。そして、現在の中世日本史研究においては、唯一の中世國家論という位置にある。とりわけ黒田の活躍した京都や大阪(關西圈)在住の研究者の多くは、權門体制論に基づいて議論している。

　しかし、權門体制論は、中世社會の特質を的確に把握した學說といえるのだろうか。またこの學說は、「われわれの「常識的感覺」」という表現からもわかるように、冒頭で述べた國民國家の考え方や、現代日本の國家像を中世に遡及させたという側面があるのではなかろうか。

　權門体制論については、發表以來、さまざまな見解が提示されてきた。その論者の一人である石井進は、はじめに「國家ありき」から出發することの危險性に注意を喚起し、これとは對抗的關係に立つ別の「常識」として、高柳光壽の「中世無國家時代」という把握[高柳1947～1948]を例示し、それに一定の共感を表明している[石井1964]。

　黒田の指摘するように統合的側面を中世社會は持っているが、その一方、分權的・多元的傾向ないしは分裂的傾向を示す諸要素も多數存在する。石井は「法」「裁判」の不統一を指摘しており、また自力救濟の橫行やアジールの存在、量制の不統一なども指摘している[石井1976]。「法」「裁判」の不統一とは、朝廷による公家法、莊園領主による本所法、武家政權(鎌倉幕府・室町幕府)による武家法、そして在地における地頭による法や村落内部の法とが、それぞれ矛盾することなく、むしろ相互補完的に成り立っている狀況をいう。

　新田一郎は、石井の意図するところを、以下のように説明している。

　中世人たちの日常生活においては、身の回りの具体的關係を超えた大域的構造の占める意味は大きなものではなく、個別的關係に固着した局所

的構造が、きわめて重要な意味をもっていた。統合的な構造を仮に「國家」と呼ぶとしても、それは中世人たちが自他の振舞いを規律し調整するうえで、頼りがいのあるものではない。中世の「法」は個別具体的關係に即して、ローカルな實踐として觀察されるのであり、現代人があたかも當然のように期待する「國家」の制度的保護を、アテにはできないところに、中世の社會生活の特質がある。[新田2004, pp.43~44]

もっとも、石井は「中世無國家論」にたっているわけではない。石井の最初の論文集が『日本中世國家史の研究』(岩波書店、1970年)であったことからもわかるように、中世社會において統合的側面が存在していることを前提にしている[石井1976]。新田が指摘しているように、「國家」という概念を不用意に持ち込むことによって近代の「國家」イメージが浸入してしまいかねないことに注意を喚起し、いずれにせよ「常識」に依存した議論の貧困さを指摘したのであって、その批判は「國家」概念の濫用に向けられている[新田2004]。

以上、黒田俊雄の權門体制論について考察してきた。前述したように、現在の中世日本の研究においては、この學說が唯一の中世國家論である。石井進の指摘を踏まえれば、この學說は、中世日本の全ての時期の國家を説明することはできない。だが、それに代わる學說は存在しないのが、研究の現狀である。

報告者は、次のように考えている。

①莊園公領制が形成されていく院政期から鎌倉幕府の成立期(11世紀後半~12世紀)においては、朝廷・寺社・鎌倉幕府との關係を、權門体制論は適切に説明できる。

②鎌倉時代(13世紀~1333年＝鎌倉幕府の滅亡)においては、朝廷と鎌倉幕府の相互補完關係を重視すべきである。

③公武統一政權である室町幕府(14世紀前半～16世紀後半)について
  は、寺社や、地方の大名たち(日本の中世史研究では、「地域權力」
  と呼称する)關係については、別な理論が必要である。現在で
  は、川岡勉の「幕府―守護体制」が有力な理論である[川岡2002]。
④第2章で詳細に言及するような自力救濟や、地方の實情を踏まえ
  た國家論が必要だが、報告者はもちろん、日本の學會全体でもそ
  のような理論は提起されていない。

2. 中世日本の国家像と自力救済

(1) 天皇・公家の国家像

本章では、中世の人々が、國家をどのように認識していたのかに
ついて考えてみよう。

先に結論を述べれば、天皇や公家など支配層は、「國家」を觀念して
いたといえる。新田一郎の整理によりながら概觀したい[新田2004]。

「國家」という文字の意味について考えると、「國」は城壁で區畫され
た都邑を、「家」は人の居所をさす字である。二字を組み合わせた「國
家」の語は、古代中國では皇帝をさし、また皇帝を中心としてその家
政にかかわる人々を含む組織とその漠然とした外延を意味して用いら
れた。日本古代においては、律令という法の中で用いられる用語とし
ての「國家」は天皇を意味し、天皇の身に危害を加えようとする「謀反
(むへん)」は「國家を危うくする」こととして説明され、正主に背き僞主
に從う「謀叛(むほん)」は「國」に對する敵對行爲として説明された。す
なわち、天皇ないしは天皇を中心に觀念される朝廷が、「國家」ないし
「國」の語をもって表現されたのである。

そのような由緒を引き継いで、平安時代の「國家」も、天皇・朝廷を
中心に觀念された。「國家鎮護」の「國家」も、「天下泰平國家安全」の祈

禱の對象も、天皇・朝廷に歸着するのであり、中世の「國家」は、そこから展開してゆくことになる。九條兼實や源賴朝が用いた「日本國」の語、あるいは日蓮の說く「國家」のありようにしても、常に天皇・朝廷の存在を念頭において觀念され、その周辺に凝集していく傾向をもっている。中世の、少なくとも公家社會周辺の人々にとって、「日本國」は、天皇・朝廷を中心として觀念されるものであった。例えば慈円は『愚管抄』において「天下日本國ノ運ツキハテテ大亂ノイデキテヒシト武者ノ世ニナリニシ也」と記しており、「武者ノ世」以前の、天皇を中心とした狀況をさして、「日本國」という表現を用いている。それが、「國家」ないし「日本國」の主たる用法であった。

　したがって「國家」という語で表現されうるのが、確かにあった、というべきであろう。それは、天皇・朝廷(公家)を中心として觀念され、社會のある部分に統合的な構造を供給する中心性をもち、「日本國」という呼称と重なるものであった。

　以上、新田の整理をもとに述べてきたが、一点付言しておきたいのは、日本國の領域を、天皇の支配する土地を「王土」とし、その住民を「王民」とすることに、天皇や朝廷の支配の正統性を求める王土王民思想である。この考え方は、古代の律令國家による國制改革の中で生み出される。902年(延喜2)4月11日付の太政官符は、國制改革の最後に位置づけられるが、そこには「夫れ普天の下、王土に非ざるはなし。率土の民、何ぞ公役を拒まん」という王土王民思想が明示されている[木村2004 / 保立2015]。この思想は、中世の天皇や公家たちにも継承され、それが上述の國家觀にみられるのである。

(2) 自力の村「惣」「惣中」

　では、中世の民衆の國家像は、どのようなものであったのだろう

か。莊園や公領の住人たち(百姓(ひゃくしょう))は、莊園領主(公家・寺社・武家)や國衙に對して、年貢(ねんぐ)や公事(くじ)を納入した。また供御人(くごにん)と呼ばれた人々は、朝廷に屬し、天皇の飲食物を貢納した。供御人には、灯籠などを獻上する鑄物師(鑄物師)もいた。彼らは、貢納物を納める天皇または領主という支配者個人を認識していたものと思われ、それが「おおやけ」(公)であった。

　一方、前述したように、中世人たちの日常生活においては、國家の占める意味は大きなものではなく、國家の制度的保護を期待できないところに、中世の社會生活の特質があった。村落の百姓について、この点をもう少し説明しておきたい。

　中世後期(14～16世紀)には、畿内を中心に「惣」(そう)「惣中」(そうちゅう)と呼ばれていた自治を行う村落が登場する。1980～90年代、「自力の村」(自力で問題を解決する自力救濟を行う村)の研究が急速に進んだ。その結果、宮地正人が指摘した國家の機能の一部を、村落が保持するようになる。その結果、村落を「國家的な性格をもつ団体であった」という見解も生まれてくる。村落史研究が明らかにした点については、稲葉継陽が以下のように述べている。

　村の自立－國家的な団体としての「惣」「惣中」
　中世後期に形成されてきた村落共同体(村)は、次のような諸機能を備えた、いわば國家的な性格をもつ団体であったということができる。
① 　村は、規範を共有する特定の成員(百姓の家の代表たる成人男子)による合議(寄合(よりあい))によって運営される。寄合は成文法を制定し、村はこれを執行する強制力を村成員およびその宗族に對して發揮する。
② 領主に對する年貢(ねんぐ)・公事(くじ)の村請(むらうけ)を獲得することによって、村は個々の成員に對する年貢・公事の徴收權を機能させるようになった。

③ 村は特定の耕地や山野などを共有財産として保持するとともに、家割りや所有耕地面積割りによる財政機能をもっていた。これらは村成員からの年貢・公事徴收を円滑にすすめるために利用され、村としての政治的課題に對處するときの資金的裏づけともなった。

④ 村はみずからの地理的領域を維持し、他者による領域侵害を實力で排除する自力救濟の主体であり、成人男子は武装していた。村はいわば交戰權を保持していた。

このように集団的意思決定、立法、法の執行、徴税、財政、領域保持、交戰權にわたる諸權能をすべて保持している機關は、近代社會においては國家以外にありえないだろう。そして近畿地方とその周辺において、ほぼ十四世紀半ば以降に成立が確認されるこの國家的な村は、やがてみずからを「惣」(そう)「惣中」(そうちゅう)と呼称しはじめる。これが歴史敎科書に必ず掲載されている「惣村」である。惣とは「すべてのもの、全体」という意味で、ここでは規範を共有する成員の總意によって運営される団体をあらわし、それは近世にも「○○村惣中(むらそうちゅう)」「○○村惣百姓中(むらそうびゃくしょうちゅう)」という表現として受け継がれてゆく。

さて、ここでいう村の「自立」について具体的に説明しておこう。それは②と③を根據とした領主支配からの自立である。本卷第1部で坂田聰氏が詳しく述べているように、村請制は領主に對し、村として定額の年貢・公事納入を請負う制度であるから、納入の責任主体は村となり、百姓が年貢などを納める先は領主ではなく村となる。村は領主が持つものとは別の收納帳簿を作成して年貢などの收納を管理し、納入不足の百姓がいれば村財政から補塡して、村請額を領主に納入する。かつて領主の權限であった闕所地(けっしょち)(跡式(あとしき))の處分權も村の手に移り、村は経営斷絶した家の存續をはかるためにさまざまな特例措置をこうじた。信仰の紐帶(ちゅうたい)である寺社や水田稲作に不可欠な灌漑(かんがい)水路の維持管理も村の手によって行われ、その経済的基盤となる各種免田(めんでん)も村請契約の際に村側に確保され、村の共有財産の中核をなした。このように村は百姓の家の集団的な再生産の組織として機能した。村の規範や掟を破る者があれば、①にあるように村はこれに制裁を加えた。

　こうして領主はよほどのことがない限り村の内部の問題には干渉しない、しなくてすむ体制が生まれた。新任の領主がまずすることは、その村と前の領主とが實現していた村請の内容(上納(じょうのう)〈義務〉と下行(げぎょう)〈權利〉の内容)を村から申告させ(この申告書を「指出(さしだし)」という)、把握することであった。政治的な変動の結果それまでの領主が退き、それに代わってどのような者が領主權を主張してきても、村はみずからの義務と權利を「先例」として指出で堂々と主張し、その内容が新領主を拘束した。[坂田・榎原・稲葉2002、pp.218~220]

　中世後期に形成されてきた村落共同体(村)は、「集団的意思決定、立法、法の執行、徴税、財政、領域保持、交戦權にわたる諸權能をすべて保持している機關」であるため、「國家的な性格をもつ団体」であると、稲葉は説明している。しかし村落共同体＝國家ではない。稲葉も指摘しているように、領主によって村落が支配されていることが前提である。村落は、荘園または公領の内部にあり、荘園公領制の枠組みからは抜け出ていない。村落が、朝鮮や中國などの國家との交渉主体になることは絶對あり得ない。村落史研究者の中には、中世後期に頻発する村落間の紛争、すなわち自力救濟を「戦爭」と表現する向きもあるが、適切ではない。上記の諸機能が、公權力に集約されずに、村落が一定程度を保持しているという点にこそ注目すべきであり、石井進が指摘した日本中世社會の分權的・多元的な側面をそこにみることができる。

(3) 海の自力救済

　中世民衆にとって日常であった自力救濟について、海の世界を事例に紹介しておきたい。
　1419年(応永26)の己亥東征(日本では、応永の外寇と呼ぶ)の翌年

(1420年)、將軍(日本國王)足利義持との交渉を託された宋希璟は、滯在した日本での見聞や行動を、五言・七言の漢詩と散文の序という形式で記録した。復命後、これらをまとめて一書としたものが『老松堂日本行錄』である。その中に、上乘(うわのり)という自力救濟が2箇所に記載されている。上乘とは海賊に對處できる人物を乘せて、航海の安全を図るという慣行である[橋本2011]。以下では、村井章介による校注(岩波書店[岩波文庫]、1987年)により紹介しておく[關2013]。

　第一の事例は、往路にみえる。

　　宋希璟が對馬の矢櫃(やびつ)(長崎縣對馬市)に停泊した折に、同行者の無
　　涯亮倪(日本國王使。宋希璟に同行して歸國の途にあった)は、博多の倭人
　　表三甫羅(兵衛三郎(ひょうえさぶろう)か)を宋希璟のもとへ送り、賊変に
　　備えさせていた。希璟は、表三甫羅を乘船させた(47節)。

　第二の事例は、歸路の瀬戶內海におけるもので、海賊との交渉が
詳細に記されている。

　　7月22日、希璟一行は、尾道を出發し、海賊の據点のある高崎(廣島縣竹原
　　市)を過ぎた(161節)。

　同日申の時(午後四時頃)、安芸國蒲刈(かまがり)(廣島縣呉市)に到
泊した。
　この地は「群賊」(海賊)の居住する所で、「王令」(將軍の命令)が及ば
ず、統制が無いため、護送船も無かった。一行の者たちは、皆海賊を
疑い恐れていた。たまたま日が暮れてしまい、この地を過ぎ去ること
ができなかったので、賊の家を望みながら船を停泊した。

　その地には、東西の海賊があり、東より西に向かう船が東賊一人
を乘せていれば、西賊はこれを襲わない。同様に、西から東に向かう
船が西賊一人を乘せていれば、東賊を襲わない。そこで瀬戸內海の東
から西へ向かっていた宋希璟一行は、東賊一人を乘せることとし、宗
金は錢七貫を渡して東賊一人を買って船に乘せた。

　　その賊は、小船に乘ってやって來て、「吾が來たのだから、どうぞ官人(宋
　　希璟)はご安心ください」と言った(以上、162節)。

　蒲刈周辺の海域は、室町幕府による統制が及ばない地帯であっ
た。そのため海の秩序を幕府ではなく、海賊による自力救濟によって
維持していた。海賊は、東西に分かれて「繩張り」を持ち、通行船の警
固を行い、警固料を徵收していた。宋希璟の一行を警固する護送船が
同行していたが、ここでは護送船が使えず、海賊の上乘によって安全
を守ろうとしていたのである。室町幕府による秩序と、海賊による自
力救濟とが併存していたところに、日本中世社會の特質がみえる。

(4) 武士や民衆にとっての天皇・国家

　再び中世日本の人々の國家像について考えてみよう。ここでは、
武士と百姓(村落構成員)を取り上げる。

　中世日本の武家社會は、主人と從者との間の主從關係を根本とし
て成立していた。鎌倉殿(源賴朝ら)と御家人(ごけにん)との間は、御
恩(ごおん)と奉公(ほうこう)との關係であった。御恩は、所領を与え
て地頭職(じとうしき)に任じたり、戰功に応じて恩賞地(地頭職)を賜
与することなどである。奉公は、平時において京都大番役(きょうと
おおばんやく)や鎌倉番役(かまくらばんやく)や地頭役(じとうやく)など
を務め、戰時には鎌倉殿の命令に応じて、鎌倉殿のために戰鬪を行う。

　武士は個人として生きていたのではなく、「武士の家」(後述する「兵(つわもの)ノ家」「弓馬の家」)の構成員として存在していた。その「武士の家」は、家の祖先は誰なのか、祖先からどのような系譜を辿ってきたのかという祖先意識や系譜意識によって支えられていた。この意識は強固なもので、武士の存立はこの意識に關わるといってよいものであった。高橋典幸は、鎌倉時代における武士の祖先意識や系譜意識について、次のように説明している[高橋典幸2002]。

　武士は「弓馬の士」という表現でよばれるように、戦士身分であるため、武芸の修練が第一とされた。『今昔物語集』の藤原保昌の事例によれば、代々武芸を伝える「兵ノ家」の出身者こそが武士とみなされていた。「兵ノ家」は「弓馬の家」とも言い換えられるが、武士の存立基盤は、社會的には武芸を伝える特定の家柄であること、すなわち「弓馬の家」であることだった。「弓馬の家」は、「祖先なき下臈(げろう)ども」と對比され、他とは異なり、祖先を有していることが必要不可欠であった。そのことは、祖先意識や系譜意識を自らの立場を語る上できわめて重要であった。

　武家の始祖は、天皇やそれに準じる攝關家の人々などに求められることが多かった。鎌倉時代中期以降、武士が系図が盛んに作り出された。また戦場で自らの系譜を語る「氏文(うじぶみ)よみ」などでは、しばしば天皇を始祖として語り始められた

　「弓馬の家」は強烈な祖先意識・系譜意識によって成り立っているものであるが、その祖先・系譜の始原に天皇が位置づけられているのである。「弓馬の家」を離れては、武士は存立しなかったのであるから、系図を記したり、「氏文よみ」を述べあげるたびに、天皇を意識せざるを得なかった。

　以上、高橋の指摘を紹介してきた。例えば、鎌倉幕府の御家人は、こうした祖先意識・系譜意識のため、鎌倉殿を超えた天皇を意識せざ

るを得なかった。この点に武士の國家像の一端を想定できるのではないだろうか。

　次に、村落の百姓の國家像を探る素材として、官途成(かんとなり、または、かんどなり)に注目したい。

　　官途成とは官職に就くことと、その就任儀礼のことをいう。官職は、元來、天皇から公家や武家に与えられるものだが、中世在地社會においても國衙や莊園領主により在地民への官途付与がなされた。さらに莊園公領の鎮守社等に對する在地民の成功(じょうごう。臨時の事業に對して私財を寄付すること)などを契機として、その寄付に応じた官職が与えられた。こうして13世紀中・後期には、宮座(みやざ)など在地寺社を中心とした在地獨自の官途成の儀礼慣行が形成され、14世紀中期には一般化した。官途成をする者から宮座など在地祭祀集団に據出された祝儀用途は、寺社の修造など臨時の支出にもっぱら当てられた。与えられる官途は、衛門(えもん)、兵衛(ひょうえ)、大夫(たゆう)などである。これらの官途は、官途成を経た村人正員のみに許容された特権的なものであり、村落內身分といえる。官途を許容されない階層との身分差別の象徴でもあった[薗部2002、2005]。

　律令で定められた官職を、朝廷の許可を得ることなく、村落內で獨自に使用し、村落內の身分を形成していったのである。そのことは、官途を通じて、百姓たちは天皇や朝廷を意識していた、すなわち百姓の國家像の一端を窺うことができる。だが、その一方では、律令官職そのものの權威の低下と形骸化をもたらしたことになる。百姓たちは、巧妙に(日本語では「したたか」という)國家制度を換骨奪胎したといえるだろう。

　付言すれば、15～16世紀、朝鮮王朝に派遣された僞使(ぎし)も、日本・朝鮮の國家制度を換骨奪胎した事例といえる。僞使とは、通交名

義と實際の派遣者とが異なる使節を指す。派遣主体は、博多商人や對馬の宗氏らであった。彼らは、室町幕府が派遣する日本國王使の僞使さえも生み出した。國家や外交制度を認識した上で、それに從順に從うのではなく、その制度を巧妙に利用して貿易を行ったのである[橋本2012 / 關2012]。

(5) 領土認識

最後に、國家像を考える素材として、領土意識について紹介したい。

己亥東征(1419年)後、中世日本と朝鮮王朝との間で、對馬の歸屬をめぐる交渉が行われた[關2002、2012]。

朝鮮側の期待に反して、對馬に對する己亥東征は十分な成果を上げることができなかった。再征が議論されたが、結局中止となり、招諭策に轉じることになった。宗氏に對馬島民の「卷土來降」、すなわち宗氏をはじめとする島内領主層や、對馬島民を朝鮮に移住させることを要求し、對馬の空島化を図った。

前國王の太宗は、兵曹判書趙末生に命じて、對馬島守護宗貞盛あてに書契を送り、「卷土來降」を求めたが、その中で「對馬は慶尙道の「鷄林」(慶州の雅名)に屬しており、元々我が國の地であることは、典籍に明らかである」と述べている(『世宗實錄』卷4、元年〈1419〉7月庚申〈17日〉條)。

對馬からは、都々熊丸(つつくままる、宗貞盛の幼名)の使者と称する時応界都が、朝鮮を訪れていた。時応界都は、對馬島民を巨濟島に移住させ、朝鮮國内州郡の例により對馬の州名を定め、朝鮮から「印信」を賜ることなどを請願した(『世宗實錄』卷7、2年〈1420〉閏正月己卯〈10日〉條)。

この請願を受けて、朝鮮王朝は對馬を朝鮮の屬州とすることを決

定した。閏正月23日、世宗は礼曹判書許稠に命じて、都々熊丸への答書(書契)を作成させた。彼に与える印は、「宗氏都都熊丸」とすることに決まった(『世宗實錄』巻7、2年閏正月壬辰〈23日〉條)。

　前述した宋希璟は、上記の決定に基づいて、對馬側と交渉した。注意したいのは、對馬島が朝鮮に屬するのか、日本に屬するのかという問題は、京都の朝廷や室町幕府(將軍)ではなく、對馬島の有力者が交渉相手になっていることである。『老松堂日本行録』の記述をみておこう。

　1420年2月21日、宋希璟は、對馬島の東面である船越(ふなこし。對馬市小船越)に宿泊した。この頃、對馬島主宗貞盛は幼少であったため、かつて倭寇の首領であった早田左衛門大郎(そうださえもんたろう)が實權を握っていた。早田左衛門大郎は酒を持参して、希璟のもとを訪れた。彼の朝鮮に對する言葉は、至誠であった(39節)。

　2月28日、早田左衛門大郎の態度がこれまでと一変する。左衛門大郎は、朝鮮に使節を送っていた。その使節が戻ってきたところ、左衛門太郎は、「朝鮮は去年對馬に出兵し、また朝鮮から來た書に、對馬島を慶尙道に屬するということが書いてあります。この島は、少貳殿相伝の地であります。少貳殿がもしこれを聞けば、百戰百死といえども、これを爭ってやまないでしょう」と、希璟の同行者に對して抗議した。そして希璟の船に來て、「この書を少貳殿が見れば、官人が去るか留まるかについて決めることはできません。少貳殿に送るか、ここに置いて少貳殿に知らせないでおくかについて、官人がお決め下さい」と告げた。この書は、礼曹から都々熊丸にあてた文書である。

　希璟は、「この島(對馬島)は、我が國が得たとしても居することは無く、その人を得たとしても用いる所がありません。ただ汝らが送ってきた人(時応界都)が我が國に屬することを願い、このことを言ってやみませんでした。そのため上(世宗)は、議政府と六曹を召して、『對

馬島の人は、その島を國家(朝鮮王朝)に屬することを願っている。も
し許さなかったのならば、不仁になる。したがって對馬島を慶尙道に
屬させるだけである』とおっしゃいました。今日聞いた汝らの意向
を、國王(世宗)がもしお知りになったのならば、必ずしも對馬島を慶
尙道に屬させるということはしないでしょう。予はこのことを國王に
申しあげましょう」と答えた。

　左衛門大郎は喜んで、「そのようなことでしたら、この書を私は隱
しておき、少貳殿には知らせないでおきます。また我が船を出して朝
鮮に送れば、必ず事無くすみましょう」と應じた。希璟は、そのこと
を許した。こうして翌日出發することになった。

　希璟は、次のような判斷を加えている。

　　朝鮮の對馬出兵の後、左衛門大郎らが「本國」(朝鮮)に送ってきた倭らは、
　　あるいは死を畏れ、あるいは拘留されることを疑い、死を免れて歸國しよ
　　うと望み、對馬島を朝鮮に屬させ、朝鮮の民となることを願った。その
　　ため仮にこのことを言っただけで、少貳殿や左衛門大郎の言ではない。

　　そして次の詩を詠んだ。
　　瘠地頑民無所用、古來中國厭寒胡、渠今慕義自求屬、非是朝鮮强籍図
　　(以上、46節)

　左衛門大郎の主張の根據は、對馬島が少貳殿相伝の地であるとい
う点にある。鎌倉時代、對馬の守護・地頭に任じられたのは、武藤氏
であった。武藤氏は、大宰少貳を世襲したので、少貳氏ともいう。宗
氏は、少貳氏の地頭代として對馬島內に住み、島政を担っていた。
左衛門大郎の主張をみる限り、少貳氏の對馬に對する影響力が依然
強いことをうかがわせる。

　左衛門大郎の主張は、「對馬島は、少貳殿という武士が代々相伝した所領である」という日本國内の論理に基づいており、この地が日本國という國家の一部であるという對外的な主張ではない。對馬の歸屬をめぐる朝鮮・日本という國家間の交渉において、武家社會の主從制の論理を主張しているのである。

　希璟は、このような左衛門大郎の主張を受け入れ、歸國後、對馬を慶尚道に屬させるという決定を撤回することを、世宗に上申することを約束した。そして時応界都の提案が、對馬を代表する少貳滿貞や早田左衛門大郎の言ではないと判斷した。

3. 中世日本人の韓国認識

(1) 朝鮮国王への奉公

　本章では、日本と朝鮮王朝との外交を中心に、中世日本の人々の韓國認識について考察したい。

　中世日本の支配層は、高麗や朝鮮王朝を獨立した國家として認識してきた。高麗や朝鮮王朝の使節が度々日本を訪れたが、九州の大宰府や京都において國家使節として對応された。また高麗末期から朝鮮王朝前期(14世紀後半～16世紀)、日本から數多くの使節が派遣されたが、高麗國王や朝鮮國王に對する使節であることを認識していたと考えられる。

　また朝鮮人漂流人への對応の中に、地方の領主(武士)や有力者の韓國認識を知ることができる事例がある[關2002・2013]。

　1425年、石見國長浜に漂着した朝鮮人張乙夫等10人を、領主である「順都老」が保護した。「順都老」は「周布殿」(すふどの)のことと思われ、周布兼仲(すふかねなか)を指す。歸國した張乙夫等の証言によれば、周布兼仲は彼らの衣服を見て、「朝鮮人だ」と言い、嗟嘆すること

再三であった。そして「口粮」(食料)・「衣袴」(衣服)を支給した。張乙夫等が滯在したのは30日に及び、1日に3度食事が与えられた。周布兼仲は、張乙夫等を本國朝鮮へ送還するに臨み、盛大な宴會を設け、坏をとって自ら勸めて、「厚く爾らを待したのは、すなわち朝鮮殿下のためのみである」と話している。そして、旅行中の食料として米100石を支給し、20人を同行させて護送させた。

その後、張乙夫等は對馬島を経由して、朝鮮に送還された。對馬で張乙夫等を接待したのは、「都万戶左衛門大郎」、對馬島の有力者である早田左衛門大郎(そうださえもんたろう)であった。彼は、高麗末期は倭寇の首領であったが、朝鮮王朝太祖の時代に降倭となり、その後は對馬島と朝鮮王朝との間の外交や貿易に従事していた。早田左衛門大郎は、宴會を開き、張乙夫等を慰勞して、「(このように接待をするのは)爾等のためではなく、(朝鮮)殿下を敬うのみである」と話した。そして配下の人を同行させて、朝鮮に送還した(『世宗實錄』7年12月癸巳〈28日〉條)。

このように地方の領主(武士)や有力者の中には、「朝鮮人漂流人を保護することは、朝鮮國王に對する奉公である」という認識を持つ人々がいたことがわかる。

(2) 朝鮮蔑視観

次に、室町幕府と朝鮮王朝という國家間の外交において、公家や武家がどのような韓國認識を示していたのかという点を述べていきたい。

明の皇帝から冊封されたという点では、朝鮮國王と日本國王(足利氏)とは對等な關係にある。しかし朝鮮使節を迎える場面において、朝鮮を日本よりも低いものとみなす意識が表出された。朝廷の貴族(公家)や室町幕府(武家)によって、使節に對して示された。こうした

意識を村井章介は、「朝鮮蔑視觀」と呼んでいる[村井1988]。この意識
は、室町第(花の御所)において朝鮮使節を引見するようになった將軍
足利義教の時期以降、外交儀礼を行う場で明瞭に現れる[橋本2011]。

　1439年、「高麗通信使」高得宗は、「南面」する義教に對して、三拝し
て國書を奉呈している(『蔭凉軒日錄』永享11年〈1439〉12月16日條)。「南
面」することは、使節に對して上位に立つことを示す。1443年に來日
した朝鮮通信使卞孝文の入京を許可するか否かを議論する際、朝廷の
外記(げき)の清原業忠(きよはらなりただ)は、神功皇后(じんぐうこう
ごう)による「三韓征伐」の故事を引用し(『康富記』嘉吉3年〈1443〉5月6日
條)、また万里小路時房(までのこうじときふさ)という貴族は、この通
信使を「高麗國朝貢使」と記している(『建內記』嘉吉3年6月23日條)。京
都の禪宗寺院である相國寺(しょうこくじ)において、足利義教を弔う
祭礼は、朝鮮の儀礼で行われた。祭礼が終了した後、通信使と管領畠
山持國(足利義勝の代理)が對面することになったが、その際、幕府側
が「管領北側、使者東側」を主張したのに對し(管領が南面する)、通信
使側は「管領西側、使者東側」を主張して讓らず、飯尾貞連(いのおさだ
つら)の「管領東側、使者西側」という妥協案で決着した(『世宗實錄』卷
102、25年〈1443〉10月甲午〈13日〉條、『成宗實錄』卷101、10年〈1479〉2月
丙申〈9日〉條)[村井1988]。

　こうした意識は、日本古代の律令國家の外交理念を継承した側面
がある。律令國家の外交理念は、唐を模倣して、自らを中華に位置づ
けた上、唐を「隣國」として日本と對等とし、新羅・渤海を「蕃國」として
朝貢國として扱い、蝦夷や隼人を「夷狄」と位置づけるものであった。
もっとも現實の國際關係においては、この理念どおりに行われるわけ
ではなく、遣唐使は、唐では朝貢の使節として扱われ、新羅や渤海
は、唐との關係に応じて日本への姿勢を変化させている。

こうした「朝鮮蔑視観」を理解するために、次の2点に注意しておきたい。第一に、相手國を低く見る姿勢は、日本のみに見られる事象ではない。橋本雄が指摘しているように、中國やその周辺諸國は、外交儀礼という政治的な場面において、來航してきた外交使節を朝貢使節とみなすような、自國を上位に位置づける演出をしばしば行うからである[橋本2011、pp.263～264]。

第二に、幕府や朝廷の人々は朝鮮を低くみなしてはいるものの、外交の相手として認めているということである。朝鮮王朝を交渉相手としての資格があると認識しているからこそ、使節が京都に入ることを認め、彼らを迎える政治的な演出の場を設けているのである。

第二の点を別な表現でいえば、同じく中國の被冊封國だからこそ競爭相手として認識していたといえる。このことは、中國に派遣した使節が、儀式における席次を爭ったという事例からうかがえる。日本古代(遣唐使)・日本中世(遣明使)の事例をあげておこう。

日本古代の事例は、唐の都である長安の宮殿において開かれた元日朝賀で起きた新羅使との席次爭いである。『續日本紀』卷19、天平勝宝6年(754)正月丙寅(30日)條によれば、次のような経過であった。753年(唐の天宝12年)元日、皇帝玄宗は、長安の蓬萊宮(大明宮)の正殿含元殿において、百官諸蕃の朝賀を受けた。この時、遣唐副使古麻呂の席次は、西班の第二番の吐蕃の下におかれ、新羅使の席次は東班第一の大食(タージー、アッバース朝)の上におかれた。古麻呂は、「古(いにしえ)より今に至るまで、新羅は久しく日本國に朝貢しております。ところが今、新羅使は東班の上に列し、我は逆にその下におります。義にかなわないことでございます」という意見を述べた。唐の將軍呉懷實は、古麻呂がこの席次に從わないのを知って、新羅を引かせて、西班第二の吐蕃の下におき、日本使の古麻呂を東畔第一の大食國の上

においた。

　朝賀の席次は、唐を中心とする國際關係のなかでの位置を明瞭に示すものであり、そのため古麻呂は、新羅よりも下位におかれることに激しく抵抗したのである。

　日本中世の事例をみると、『笑雲入明記』景泰4年(享徳2年・1453)12月21日條において、日本側の使節である清海(二号船の居座)と高麗官人とが、茶飯を本館に賜る際に、位を争ったことがみえる。明の主客司が、日本を左に、高麗を右にすることで決着させている。尚、清海は、遣明船の二号船において居座(こざ)という役職についていた。居座は、禪僧の中から選任される事務官であった。

(3) 韓国文化に対する憧憬

　前述したように、日本は朝鮮を低くみようとしていたが、その前提として朝鮮を交渉相手や競争相手とみなすような認識があった。その背景には、韓國文化を高く評価しているという点にある。中世日本では、韓國の文物に對する憧れや需要が高かった。

　この点について、橋本雄は、「室町幕府や京都五山の周辺には、朝鮮蔑視觀が色濃くこびりついていた。だが、その一方で、彼らが朝鮮からの輸入品を歡迎していたこともまた事實である」と述べ、「朝鮮に對する蔑視・輕視と、朝鮮物(高麗物)に對する憧憬・重視とが同居している」と指摘している[橋本2012、p.98]。

　中世日本人が求めた朝鮮文物は「高麗物」(高麗・朝鮮王朝双方の文物を含む)と呼ばれた。橋本は「高麗物」の實例として、大藏経、繪畫、梵鐘をあげている。以下では、大藏経と梵鐘(朝鮮鐘)について言及する。

　第一に、大藏経についてみておこう。室町幕府が日本國王使を派遣した主たる目的は、朝鮮國王から日本國王あての贈答品を含む多彩

な輸入品を得ることだが、その中でも最も求められたものは経典類であり、頻繁に経典の全てである大藏経(日本では、一切経(いっさいきょう)ともいう)が求められた。この点は、大名たちも同様である。

須田牧子の整理によれば、日本國王が25回前後、大藏経を求請し、1~2回を除き、基本的には毎回与えられている。また大內氏が18回前後求請したうち12~15回与えられ、對馬の宗氏は6~7回求請し、4~5回与えられている[須田2011、p.146]。

朝鮮から日本に輸入された大藏経は、高麗版が主であったが、宋版や元版、書寫本、あるいはこれらの混合藏などさまざまな種類が存在していた。例えば、京都の南禪寺の大藏経は、全5822帖から成り、宋・元・高麗などの版が混合している。この大藏経は、1394年頃、沙弥(しゃみ)慶安が博多周辺で蒐集し、須磨禪昌寺に施入(せにゅう)したものである。橋本雄は、1394年に九州探題今川了俊が朝鮮から請來した大藏経2つのうちの1つとみている。輸入された段階で、混合体であった可能性が高い[橋本2012、pp.101・104]。

第二の朝鮮鐘については、詳しくみておこう[關2012、2015]。

和鐘の龍頭(りゅうず)が双龍頭で構成されているのに對し、朝鮮鐘の龍頭は單頭であって、その頸を半環狀にまげて懸吊の役目をし、かつその兩前肢を備えているのが通例である。また龍頭の背後に密着して、旗挿しまたは甬(よう)という円筒狀のものを立てている[坪井1974]。

朝鮮鐘が日本に將來された時期を考える上で、日本に渡來した後の追銘が手がかりになる。坪井良平は、追銘を持つ朝鮮鐘を17例を提示している。このうち山口縣光市の賀茂神社の鐘に貞治六年(1367)とあるのがもっとも古く、14世紀後半が10例をしめ、その他15世紀初期(応永年間)が2例ある[坪井1974、pp.27~32]。

『朝鮮王朝實錄』から梵鐘(朝鮮鐘)を求請した通交者を探すと、博多

を據点にして、朝鮮と通交している諸氏が多い。大内盛見をはじめ、九州探題澁川道鎭(滿頼)とその被官である板倉滿家、肥前の吉見昌淸、少貳滿貞らである。道永は、壹岐の人で、朝鮮王朝から上万戶の官職を授けられた受職人である。1414年以降、對馬の宗貞茂が繰り返し梵鐘を求めている[關2012、pp.56～57 / 關2015、pp.189～190]。

　1417年、對馬島守護宗貞茂は、銅五百斤を朝鮮に送り、梵鐘の鑄型を造ってもらうことを求めた。太宗は、鑄型を与えることは認めたものの、今後の先例とはしないとした(『太宗實錄』卷34、17年12月庚寅〈9日〉條)。この鑄型を使用すれば、朝鮮鐘を對馬において製造できたことになる。

　『世宗實錄』卷1、世宗卽位年(1418)8月辛卯〈14日〉條によれば、倭人の司正表沙貴が、その國の銅鐵匠を率いて朝鮮に渡った。司正は、朝鮮の五衛の一職(正七品)にあたり、表沙貴は受職人である。この表沙貴は、芦屋鑄物師(あしやいもじ)と考えられている[橋本2012、p.132]。芦屋(あしや)は、筑前國の地名で、中世では葦屋(あしや)と表記され、遠賀川の河口部、現在の芦屋町中心部にあたる。古代の岡水門を繼承する葦屋津は遠賀川の河口湊で、國際貿易都市博多と畿內とを結ぶ航路の中継地に位置した。室町期から戰國期にかけて、葦屋は茶の湯釜(葦屋釜)の生產地としてとくに有名であり、遅くとも南北朝時代(14世紀)には当地で鑄造業が行われていたものとみられている。

　世宗朝になっても、對馬の宗貞盛や澁川道鎭などからの求めが續いているが、朝鮮側は、1421年以降、「年來、貴國諸鎭が求めたものはほとんど盡きてしまった」(これは大藏経の請求を拒否する場合にもみられる理由である)として、その要求を拒否している(例えば、『世宗實錄』卷1、 卽位年8月壬寅〈25日〉條 / 同、卷11、3年正月戊辰〈5日〉條)。

　世宗朝中期以降、日本では朝鮮鐘は入手できなくなる。それに代わって造られたのが、和鐘と朝鮮鐘の混淆形式である。

　現存最古の遺例は、對馬市嚴原町の旧淸玄寺梵鐘(長崎縣立對馬歷史民俗資料館に寄託)である。鐘身は、ほぼ朝鮮鐘の形式を踏襲しているが、龍頭だけは和樣による双頭龍で、甬はない。応仁3年(1469)10月22日付の銘文が陰刻され、「國主惟宗朝臣貞國」(こくしゅこれむねのあそんさだくに)(宗貞國)(「國主」は對馬國守護であるという意味)と、「本寺」(淸玄寺)の「檀越」(だんおつ)として「惟宗朝臣信濃守盛家」(これむねのあそんしなののかみもりいえ)と「子息職家」(しそくもといえ)らの名がみえる。鑄工は、筑前國葦屋の金大工(かねだいく)大江貞家(おおえさだいえ)と、小工(しょうく)15人である。これ以後、葦屋の鑄工は、日朝混淆鐘を次々に製作するようになる[坪井1974]。このような形式の鐘の誕生は、朝鮮鐘に価値を見出すようになったこと、そしてそれが入手できなくなったことに關係があるのではなかろうか。

　このように優れた朝鮮文物を通じて、朝鮮は高い文化を持った國であるという認識が、幕府や朝廷の人々に廣がったのではないだろうか。この認識は、高橋公明のいう「朝鮮大國觀」に相当する[高橋公明1982、1985、1987]。朝鮮の文化水準の高さを評価しているからこそ、幕府や朝廷の人々は、日本は、文化的水準の高い朝鮮よりも上位でなければならないという理念を強く持つことになったのではないだろうか。

　朝鮮文化が高く評価されていたと考えれば、西日本の有力大名である大内氏が、百濟王の子孫であるという祖先意識・系譜意識を主張していたことも理解しやすい。

　須田牧子によれば、大内氏は、朝鮮王朝との交渉において、次の3つの畫期により、その先祖觀を肥大化させていったという。第一に1399年、大内義弘は家系や出自を示す文書と「土田」を要求した。第二に、1453年に大内教弘が、大内氏は百濟王子の琳聖太子の後胤であると称し、『琳聖太子入日本之記』という書物を朝鮮に求めた。第三に、1485年、大内政弘が「國史」を朝鮮に要求した。これらは、朝鮮王朝と

の交渉を円滑に進めることを意図したものであり、第2の畵期では、朝鮮王朝は大內氏を同系と認識し、通信符を鑄造して大內氏に与えている。その一方、大內氏は、この百濟王子孫說を、大內氏の領國や京都に向けても發信している。この先祖觀は、大內氏の權力を正統化するものと期待されていたためであり、むしろ日本國內に向けて宣伝するために、この說を創出したと考えられる[須田2011]。

また頻繁に朝鮮王朝に對して使節を派遣した對馬の宗氏は、足利將軍の臣下であるという立場と、朝鮮國王を守護する「東藩」であるという二つの立場を持っていた[關2002、2012]。

以上、韓國文化への憧憬について論じてきたが、注意すべき点が2点ある。

第一に、高麗物は、一般的に和物(わもの。日本で生產された文物)に比べて評価は高いものの、最高級の文物という評価ではなかった。9世紀以降、中國から輸入された高級舶來品、または中國で生產または中國から輸入されたと認識された文物を唐物(からもの)と呼んでいた[關2015]。一般的に、唐物—高麗物—和物という序列があった[河添2007、pp.211~212 / 橋本2012、p.135 / 河添2014、pp.91~92]。中世日本の人々は、高麗物は、唐物を模倣して作られた文物、または唐物の亞流という意識があったのではなかろうか(例えば、日本で珍重された高麗青磁への評価)。

第二に、日本に將來された朝鮮の文物から、朝鮮に對する認識を深めたと考えられるのだが、具体的な朝鮮情報を集成しようとする試みが、日本の史料からはほとんど見いだせないことである。室町幕府や大名の使節をつとめた禪僧や、商人、倭寇ら朝鮮を訪れた日本人は、日本を訪れた朝鮮人(外交使節や漂流人など)よりも壓倒的に多いのだが、彼らが入手した朝鮮の國家や社會に關する情報を、幕府や朝廷が集成した形跡はない。瑞溪周鳳『善隣國宝記』は、日朝間の外交文

書を收めてはいるものの、そこに朝鮮に關する情報を記述する意図は
全くなかった。

Ⅱ. 結論

　最後に、本報告の各章で述べてきたことを簡潔に要約して、結論と
したい。

　第1章において、中世日本の國家の特質や、研究者の國家像を考察
した。(1)(2)では、現代において國家を考える要素について確認した。
(3)では、國王である天皇のもと、「公家」「武家」「寺家」の諸權門が相互
補完的な役割を担い、國家の機能を分掌していたとする、黑田俊雄の
權門体制論を紹介した。そして石井進の權門体制論への批判を紹介
し、權門体制論は「はじめに國家ありき」という發想に立ち、近代の
「國家」イメージが投影されていることを指摘した。

　第2章において、中世日本の天皇・公家・武士と民衆の國家像を考察
した。(1)では天皇・公家には「國家」への認識が存在したことや、支配
理念である王土王民思想を取り上げた。(2)では、中世後期に成立する
村落共同体(「惣」「惣中」)が國家のもつべき諸機能を有していたことを
述べ、(3)海における自力救濟の實例として上乗を紹介した。(4)では、
武士は强烈な祖先意識や系譜意識を持っており、その系譜は天皇に結
びつくものであったことや、村落では官途成が行われ、國家の官職制
度を換骨奪胎させるものであったことを指摘した。(5)己亥東征直後の
早田左衛門大郎の領土認識を取り上げ、「對馬島は、少貳殿という武
士が代々相伝した所領である」という日本國内の主從制の論理に基づ
いていたことを述べた。

　第3章において、公家や武士たちの韓國認識について考察した。(1)
では高麗や朝鮮王朝は國家として認識され、「朝鮮人漂流人を保護す
ることは、朝鮮國王に對する奉公である」という認識が存在したこと
を指摘した。(2)において京都を訪れた朝鮮使節への對応を檢討し、京
都の公家や武士たちに、朝鮮を日本よりも低いものとみなす「朝鮮蔑
視觀」が存在したことを指摘し、朝鮮(韓國)を競爭相手としてみていた
と述べた。(3)では、(2)の背景に、韓國文化に對する憧憬があることを
指摘し、大藏経や朝鮮鐘を事例として紹介した。そうした憧憬は、大
内氏が、百濟王の子孫であるという祖先意識・系譜意識を主張したこ
とに結びつく。「朝鮮蔑視觀」と韓國文化への憧憬は、一見すると相矛盾
しているようにみえるが、相互に關連しつつ存在していたのである。

引用·參考文献(氏名のABC順)

[關2015]

橋本雄 2011『中華幻想　唐物と外交の室町時代史』勉誠出版

橋本雄 2012『僞りの外交使節 室町時代の日朝關係』吉川弘文館[歷史文化ラ
　　　　イブラリー 351]

藤木邦彦·井上光貞編 1965『体系 日本史叢書1 政治史Ⅰ』山川出版社

保立道久 2015『中世の國土王權と天皇·武家』校倉書房

石井進 1964「日本中世國家論の諸問題」『日本史の研究』46(後、石井進1970
　　　　『日本中世國家史の研究』岩波書店、2004『石井進著作集』第1卷、日
　　　　本中世國家史の研究、岩波書店、所收)

石井進 1976「中世社會論」『岩波講座日本歷史』第8卷 中世4、岩波書店(後、
　　　　石井進 1991『中世史を考える』校倉書房、2005『石井進著作集』第6
　　　　卷、中世社會論の地平、岩波書店、所收)

石井進 2002『日本の中世1 中世のかたち』中央公論新社

川岡勉 2002『室町幕府と守護權力』吉川弘文館

河添房江 2007『源氏物語と東アジア世界』日本放送出版協會[NHKブックス
　　　　1098]

河添房江 2014『唐物の文化史—舶來品からみた日本—』岩波書店[岩波新書
　　　　1477]

木村茂光 2004「一○世紀の轉換と王朝國家」歷史學研究會·日本史研究會編
　　　　『日本史講座』第3卷 中世の形成 東京大學出版會

木村茂光 2009『日本中世の歷史1 中世社會の成り立ち』吉川弘文館

北島正元編 1965『体系 日本史叢書2 政治史Ⅱ』山川出版社

黒田俊雄 1963「中世の國家と天皇」『岩波講座日本歷史』第六卷、中世2、岩
　　　　波書店(後、黒田俊雄1975『日本中世の國家と宗教』 岩波書店、1994
　　　　『黒田俊雄著作集』第1卷 權門体制論、法藏館、所收)

黒田俊雄 1986「權門体制」『日本大百科全書(ニッポニカ)』小學館

宮地正人·佐藤信·五味文彦·高埜利彦編 2006『新体系日本史1 國家史』山川出
　　　　版社

村井章介 1988 『アジアのなかの中世日本』校倉書房

新田一郎 2004 『中世に國家はあったか』山川出版社[日本史リブレット19]

大久保利謙編 1967 『体系 日本史叢書 3 政治史Ⅲ』山川出版社

坂田聰・榎原雅治・稲葉継陽 2002 『日本の中世12 村の戰爭と平和』中央公論
　　　新社

關周一 2002 『中世日朝海域史の研究』吉川弘文館

關周一 2012 『對馬と倭寇　境界に生きる中世びと』高志書院[高志書院選書8]

關周一 2013 『朝鮮人のみた中世日本』吉川弘文館[歴史文化ライブラリー367]

關周一 2015 『中世の唐物と伝來技術』吉川弘文館

薗部壽樹 2002 『日本中世村落内身分の研究』校倉書房

薗部壽樹 2005 『村落内身分と村落神話』校倉書房

須田牧子 2011 『中世日朝關係と大內氏』東京大學出版會

高橋公明 1982 「外交儀礼よりみた室町時代の日朝關係」『史學雑誌』第91編第
　　　8号

高橋公明 1985 「室町幕府の外交姿勢」『歴史學研究』 第546号

高橋公明 1987 「朝鮮遣使ブームと世祖の王權」田中健夫編『日本前近代の國
　　　家と對外關係』吉川弘文館

高橋典幸 2002 「武士にとっての天皇」 網野善彦・樺山紘一・宮田登・安丸良
　　　夫・山本幸司編『岩波講座 天皇と王權を考える』岩波書店

高柳光壽 1947〜1948「中世史への理解」『日本歴史』第8〜10号(後、1970『高
　　　柳光壽著作集』上卷、吉川弘文館、所收)

歴史學研究會編 1994 『國民國家を問う』青木書店

「토론문」 일본인의 국가상과 韓國認識

김 문 자(상명대학교)

　본 논문은 중세(11~16세기) 일본 시기에 한정해서 <일본인의 국가상과 한국인식>을 살펴보았고, 연구 방법으로는 제1장에서 <중세일본의 국가의 특성과 연구자의 국가상>을, 제2장에서는 <중세일본의 天皇·公家·武士와 민중의 국가상>을, 제3장에서는 이를 바탕으로 <公家나 武士들의 한국인식>에 대해서 고찰하였다.

　발표자는 黑田俊雄의 <權門體制論>과 高柳光壽의 <中世無國家時代>, 石井進의 權門體制論에 대한 비판을 통해 연구자들이 일본의 중세국가를 어떻게 파악하고 있는지를 소개하고 있다. 黑田의 경우는 여러 權門的 세력의 競合과 상호보완을 전제로, 天皇과 朝廷을 중심으로 중세국가가 구성되었다고 보고 있다. 일본의 중세국가는 통합적인 측면을 갖고 있기는 하지만 한편으로는 朝廷에 의한 公家法, 莊園 領主에 의한 本所法, 武家政權(鎌倉幕府·室町幕府)에 의한 武家法, 그리고 소재지에서 地頭에 의한 법이나 촌락 내부의 법 등, 「법」「재판」의 불일치 등이 나타난다. 특히 自力救濟의 횡행이나 量制의 불일치가 두드러지게 나타나는 것으로 봐서 일본의 중세는 無國家 시대로 봐야하는 의견도 많다. 이와 관련해서 발표자는 연구자의 소개에 그치고 있는데, 본인이 생각하고 있는 중세국가는 어떻게 파악하고 있는지 견해를 듣고 싶다. 또한 최근의 중세 일본의 국가상에 대한 연구 동향은 어떠한지 궁금합니다(지역별 차이 포함).

발표자는 '중세 사람들이 일상생활에서 국가가 차지하는 의미는 크지 않고, 국가의 제도적 보호를 기대할 수 없는 점에서 중세사회 생활의 특징이 있다'고 하였습니다. 그 예로 중세 후기 畿內를 중심으로 성립한 촌락 공동체「惣」,「惣中」등을 들었습니다. 근세에도「○○마을 惣中」「○○村 惣百姓中」이 있는데, 시기적으로 중세와 근세의 촌락공동체는 성격이 다르지 않을까 싶다. 즉 에도 막부시기의 막번체제 속에서 운영된「惣」,「惣中」에 비해 중세 시기가 더 분권적, 다원적인 성격을 가진 자체단체였다고 봐야 하는 것 아닌가 싶습니다. 즉, 국가적 단체로서의「惣」,「惣中」을 중세, 근세 시기 동일선상에서 파악하는 것은 어떤가 하는 생각이 듭니다.

국가상을 살펴보는 소재로 발표자는 대마도의 귀속문제를 둘러싼 영토의식에 대해 언급하였다. 흥미로운 부분이었는데, 己亥東征直後 早田左衛門大郎은「對馬島는 少貳殿 라는 武士가 대대 相伝한 所領이다」라고 하여 대마도의 귀속을 둘러싼 조선·일본과의 국가간의 교섭에 있어시 무가사회의 主從制 논리를 적용하면서 대응하였다. 송희경은 早田左衛門大郎의 주장을 받아 들여 귀국 후 對馬를 慶尙道에 속하게 함을 철회 할 것을 世宗에게 올렸다고 하는데, 그렇다면 이후에도 지속적으로 조선에서 제기된 <대마속주의식>이나 <대마번병의식>은 어떻게 형성되었는지요? 송희경의 보고에 대한 세종의 반응에 대해 좀 더 부연설명 부탁드립니다.

중세 일본인의 한국인식과 관련해서 조선에서 표류한 사람을 보호하는 것이 조선 국왕에 대한 봉공이라는 의식은 지방영주(무사)들의 일반적인 현상이었는가? 동시에 한국문화에 대한 동경과 조선 멸시관이 공존하면서 중세의 일본인의 한국인식이 고착되어 갔다고 하면, 이런 의식이 근세 일본의 한국인식에는 어떠한 영향을 미쳤는지?

'大內敎弘이, 大內氏는 百濟王子 琳聖太子의 後胤이다 라고 칭하고, 『琳聖太子入日本之記』라는 書物을 조선에 요구했다'고 하였는데 이 사실은 일반적으로 알려진 사실인지요?

室町幕府나 大名의 使節에 임한 禪僧이나 상인 왜구들처럼, 조선을 방문한 일본인은 일본을 방문한 조선인(외교사절이나 漂流人 등) 보다도 압도적으로 많다. 하지만 그들이 입수한 조선의 국가나 사회에 관한 정보를 幕府나 朝廷이 集成한 흔적은 없다. 瑞溪周鳳『善隣國寶記』는 日朝 외교문서를 모은 것이지만, 여기에 조선에 관한 정보를 記述할 의도는 전혀 없었다.'라는 부분은 중세 일본인의 한국인식과 무관하지 않은 것 같다. 이런 현상은 기본적으로 일본서기적 사관이 계승된 것은 아닌지? 조정과 공가의 경우 해외정세와 상대국에 대한 독선적인 이해가 고대 이래 지속되었고, 원구이래의 적개심도 작용한 것은 아닌가 싶다. 중세 일본인의 한국인식은 신국의식과 국제정세의 무지에서 나오는 <무관심>과 元寇로 인한 <공포심>으로 조선에 관한 정보를 기술하지 않았던 것은 아닌가 한다. 이 부분에 대한 발표자의 생각은 어떠신지요?

발표자는 「朝鮮蔑視觀」과 조선문화에 대한 동경은 얼핏 서로 모순하는 듯 보이지만 서로 관련해 존재했다고 하였다. 경제적 이익을 위해서 조선 국왕의 신하이기를 바라고, 황제 폐하라는 칭호를 사용하는 것을 꺼려하지 않는 자세 자체가 그들이 국가를 어떻게 인식하였는가를 알 수 있는 실마리가 아닌가 싶다.

2015. 11. 6 〈2015년 한·일 국제학술회의〉

토 론

김문자   토론을 맡은 상명대 김문자입니다. 세키선생님의 일본인의 국가상과 한국인식에 대해 토론을 맡았는데요. 처음에 주신 논문을 읽고 일단 본 논문이 11~16세기에 한정해서 일본인의 국가상과 한국인식에 대해서 살펴본 논문이었는데 첫 인상은 과연 이시기에 연구자가 일본중세에 대해 어떻게 파악하고 있느냐 그게 조금 여러 가지로 혼란스러웠습니다. 그런데 선생님의 아까 설명을 듣고 보니깐 그 부분에 대해서는 선생님이 말씀하신 것 같은데요 저는 한 가지만 먼저 질문하도록 하겠습니다. 맨 마지막 부분인데요. 맨 마지막 부분인데 중세 일본인들이 한국인의 인식을 조선국왕에 대한 봉공인식 또는 조선 멸시관, 또 한국문화에 대한 동경 이렇게 보통 3가지 정도로 중세시기의 한국인식을 그렇게 했다고 말씀을 하셨는데 그런 부분은 중세연구자들 사이에 많이 연구된 부분이긴 한데 그전이랑 좀 다른 점은 그전에는 보통 멸시관 아니면 조선 문화에 대한 동경 이런 식으로 양분되었던 것에 비해서 하시모토 선생님이 말씀하신 것처럼 서로 모순은 한 것 같지만 서로 관련해서 이렇게 존재했다. 이런 이야기를 새롭게 하고 있는 것 같습니다. 그런 인식이 존재하고 있었다는 것에 대한 배경을 좀 알고 싶었는데 마지막 부분이시거든요 무로마치 막부나 다이묘들이 선승들 상인 왜구들이 조선을 방문한 일본인들이 굉장히 많은데 그니깐 일본을 방문한 조선인들보다도요 그들이 입수한 조선의 국가나 사회에 대한 정보를 막부나 조정에 집성한 그런 여러 가지 편찬문 들에는 그런 흔적이 보이지 않는다. 특히 지일기 같은 선린국보기 같은 일조 외교문서에서도 조선에 관한 정보를 기술할 의도가 전혀 없었다. 바로 이런 것이 중세 일본인의 한국인식과 무관하지 않은 것이란 생각이 들었고요. 그렇다면 이런 현상이 왜 나났는가라는 점을 좀 여쭤보고 싶은데 저는 개인적으로 기본적인 것은 일본서기적 사관이 계속되는 것은 아닌가 또 조정과 공가의 경우에는 특히 해외정세에 대해서 굉장히 조금 무지했고 상대국에 대한 독선적인 이해가 고대 이래로 계속 지속되어왔기 때문에 여기다가 플러스 원구가 일본을 침입한 이래로 적대심이 굉장히 컸기 때문에 이런 것이 작용이 돼서 이런 기류가 연결되지 하지 않나 다시 말해서 중세 일본인의 한국인식이 신국의식과 국제정세에 무지한 것 또는 무관심 원구로 인한 공포심 이런 것에 대한 이유 때문에 조선에 대한 정보를 기술하지 않았던 것은 아닌가? 이런 생각도 듭니다. 이 부분에 대한 선생님에 대한 생각은 어떤지 좀 알려주시면 감사하겠습니다.

세키 슈이치 네, 김 선생님 감사드립니다. 지금 두 가지 질문들을 해주셨는데요? 사실은 두 가지가 굉장히 깊은 관계를 가지고 있다고 생각이 됩니다. 우선 두 개를 합해서 정리를 해 말씀을 드리도록 하겠습니다. 이 전제로서 역시 고대 일본과 한국의 관계가 어떠했는가라는 것이 우선 첫 번째 거론되어야 할 문제라고 생각됩니다. 한국의 문화는 일정정도 인식을 하고 있

으면서 물론 대략적인 것은 대부분 한국에서 일본으로 들어
왔고요. 나라시대나 헤이안 시대에 한국의 뭐 백제나 신라나
이런 데에 있어서 모두 다 들어옵니다. 그런데 여기서 뭐가
필요했냐면 하나는 일본을 비교해서, 죄송합니다. 한 가지는
신라에는 그러니깐 문물이 필요했고요. 그리고 경우에 따라
서는 중국과 유사한 혹은 중국과 필적할 만한 것이 필요했다.
라는 것이 있고 또 한 가지가 그렇게 인식을 하고 있었기 때
문에 일본은 그 나라를 중국의 아래에 두고 싶었다는 것이 고
대로부터 있던 인식이 아닌가라고 저는 생각합니다. 그것이
계속해서 헤이난 시대의 귀족 그리고 그 이후의 무로마치 막
부 사람들에게까지 이어졌고, 외교라는 것을 문물을 외국의
뛰어난 문물과 문화를 도입하는 것 단적으로 말하자면 사용
은 안 해도 되고 그냥 물건만 오면 된다. 실제로 9세기 아니
죄송합니다. 발해 사절이 8세기 이후에 일본에 오게 되었는데
요. 그 이후에는 사실 안 받습니다. 14세기 후반이 되는 것이
고 고려 사절을 받아들일 때까지 전혀 사절이 없습니다. 그리
고 1360년 이후부터 1443년에 끝납니다. 명·청시대도 고려사
절은 받아들이지 않고 있습니다. 그렇기 때문에 외국의 사절
은 굉장히 극도로 꺼리고 문물만 받으려고 했다는 점이 있습
니다. 그래서 그렇기 때문에 이것이 역시 충분히 조선인식을
제대로 할 수 없다는 전제가 되는 것이고요. 또 반드시 일본
이 조선을 배재하고 중국을 위에 세우려고 하는 인식이 있었
다는 것 같습니다. 그리고 두 번째 질문도 같은 맥락인 것 같
은데 중국도 마찬가지로 고대 이래로 일정정도 있었고 그것
을 정리하고 혹은 중국의 뛰어난 문학작품을 고전으로서 그
것을 중세 사람들이 배우고 또 한시를 읽거나 그렇게 했습니

다. 그런데 이것과 비슷한 뛰어난 고려문학도 있는데요. 조선 것도 그렇게 배우려고 하지 않았습니다. 또 정보를 수집하는 측면에서 보자면 한국 다시 말해서 조선왕조와 일본의 정세가 굉장히 큰 차이점이 있는데요. 이러한 정보가 굉장히 분산된 형태로 되어 있었고 정리하려고 하는 국가가 정리하고 집대성하려고 하는 노력들이 거의 없었습니다. 대표적으로 그 시대의 정사를 보면 가마쿠라 막부가 만들었던 아즈마카카무가 거의 유일한 것이고 나머지는 없습니다. 그리고 에도시대에도 닝케 하야시 하에서 그러한 움직임이 있었습니다만 대부분 역시 정보가 공가, 무가, 그다음에 상인, 지방 무사 쪽으로 분산되어 있었고 정리가 되지 않았습니다. 이것이 중세의 정보가 집약되지 않은 중세의 어떤 정보가 보이지 않은 국가상이 보이지 않은 형태고 그렇기 때문에 국가상을 파악하는 데 것이 굉장히 어려운 점이지 않겠는가라고 생각을 합니다. 이상입니다. 간단하게 제가 답변을 드렸습니다.

한국문화속의 배일감정과 대중심리의 문제

이노우에 아츠시(井上厚史, 島根縣立大)

1

'한국문화 속의 배일감정'에 대해 논의하는 경우 연구자들의 대부분은 한국인의 내셔널리즘이나 표상 문화의 착종된 현상에 대해 언급할 것이다. 예를 들어 장인성은 근대 조선지식인의 일본관에 대해 "근대 조선인에게 일본은 배제하지 않으면 안 되는 타자였지만 동시에 자기 정체성의 변용과 자기 생존에서 중요한 의미를 갖는 존재이기도 했다...근대 일본은 악의 모델이면서 동시에 선의 모델이기도 했다"[1] 라고 하여 한국인에게 일본은 '악'으로서 또 동시에 '선'의 모델도 있었다는 복잡한 심경을 지적한다.

또한 정대균은 한국인의 반일감정에 대해 "한국인의 일본관에 특징적인 것은 반발이나 불신, 적의와 함께 유인, 신뢰, 경의가 교착하는 언비밸런스(ambivalence)적인 성격인데 언비밸런스라는 것은 일본에 대한 모

---

1) 張寅性,「近代朝鮮の日本觀の構造と性格——自己・他者・狀況の關數的表象としての日本觀」, 宮嶋博史・金容德編『近代交流史と相互認識Ⅰ』, 慶應義塾大學出版會, 2001, 135쪽.

순하는 조망이 한국인의 마음속에 공존하고 있다는 것을 의미한다"[2] 고
기술하고 있다. 한국의 TV프로그램이나 신문 잡지 등의 저널리즘에 반
일적인 언론이 가득하면서 한편으로는 만화나 TV프로그램, 음악 등의
일본 대중문화에 대한 호의나 관심을 갖고 있는 젊은이가 많은데 언비밸
런트적인 혹은 심리학으로 말한다면 분열증적인 현상이 보인다는 견해
이다. 이러한 현상이 보이는 원인으로서 세대 간에 의한 인식의 차이, 즉
일제시대를 알고 있는 구세대와 모르는 신세대의 세대 간 격차를 지적하
는 경우도 종종 있다.

그러나 나는 이 글에서 이러한 한국문화 속의 배일감정의 분열성에
초점을 맞추는 것이 아니라 오히려 왜 전후 70년이 지난 지금도 한국에
서 배일감정이 지속되고 있는가에 대해 생각하려 한다.

대중심리에 대해 지금까지 내가 읽어본 작품 중에서 가장 인상적이었
던 것은 1881년에 노벨문학상을 수상한 블가리아 사람인 엘리아스 카네
티(Elias Canetti, 1905~1994)가 1960년에 발표한 대표작 『권력과 군중』
이다. 카네티는 본문중의 <혹평하는 즐거움>에 대해 다음과 같이 기술하
고 있다.

　　인간은 자신이 알고 있는 혹은 상상할 수 있는 모든 인간을 그룹으
로 편성하며, 편성하고 싶다는 뿌리깊은 욕구를 갖고 있다. 인간은 사
람들의 약한 아모르프(Amorphe: 개성 없는 사람, 무기력한 사람)한 모
임을 두 개의 대립적인 그룹으로 나누는 것으로 그 모임에 일종의 긴밀
함을 부여한다. 인간은 이 두 그룹을 마치 전투대형을 만드는 것같이
배치한다. 인간은 두 그룹을 배타적으로 배치하여 서로에 대한 적의를
채운다. 인간이 두 그룹을 상상하고 그렇게 되기를 바란다는 것을 따르
면 두 그룹은 적대적으로 될 수밖에 없다. '선'과 '악'의 판단은 이원론
적 분류의 오래된 수단이지만 이 분류는 반드시 개념적인 것도 아니라
면 평화적이지도 않다. 중요한 것은 두 그룹간의 긴장이며 이 긴장은

---

2) 鄭大均, 「反日感情」, 古田博司·小倉紀藏編 『韓國學のすべて』, 新書館, 2002, 262쪽.

판결이라는 행위에 의해 만들어져 끊임없이 갱신된다.

이 프로세스의 근저에는 적의 있는 집단을 형성하려고 하는 충동이 있으며 그 충동은 결국 현실의 전투 집단을 생산해낼 수밖에 없다. 이 프로세스는 인생의 여러 영역이나 활동에 적용되는 것으로 희박화 된다. 가령 그것이 프로세스가 평화적으로 작용하고 하나 둘의 구두의 판결만으로 끝나는 것을 의미한다고 해도 이 프로세스를 두 개의 그룹이 적극적인 선혈이 낭자한 적의까지 밀어올리는 충동은 항상 맹아적인 형태로 존재한다.[3]

유대인이기도 한 엘리아스 카네티는 파시즘에 의한 유대인 박해를 경험한 작가였다. 그는 평화롭고 온화하게 살고 있던 사람들이 왜 전쟁하에서는 아무런 거리낌도 없이 사람을 죽이는 흉폭한 전투집단으로 변모하는가, 그 원인을 찾았다. 그리고 35년의 세월을 거쳐 완성한 것이 『군중과 권력』이다. 카네티는 인간이 군집을 형성하려고 하는 근저에는 미지의 것과의 접촉에 의해 이미 자기를 지킬 수 없다는 공포, 즉 '죽음에의 공포'가 있으며 그것이 인간을 될 수 있는 한 긴밀한 군중속에서 자기를 해방시키고 싶은 원인이라고 기술하고 있다. 군중을 형성하는 우리들의 마음속에는 "군중속에서 살아남으려는 의지", 즉 "불사(不死)의 동경"이 있으며 그것이 바로 권력의 정체라는 것이다.

우리들이 어느 집단과 대립할 때 그것이 예를 들어 '미지'의 타민족 집단일 때 그 접촉이나 충돌에 의해 자신들의 존재가 부정당하여 "자기를 지킬 수 없다"는 말살의 압력(즉 죽음에의 공포)을 느꼈을 때 우리들의 마음은 '죽음에의 공포'를 반전시키려고 전력으로 '긴밀한 군중'을 형성하여 그 안에서 안주하는 것으로 '불사의 동경'을 구현화시킨다. 그러나 이 일련의 반응은 인간으로서의 자연스러운 방어반응이 아니라 '권력'에 의해 조종당하는 인간의 집단화와 전투화(戰鬪化)의 산물이라는

---

3) 엘리아스 카네티 지음·岩田行一 옮김, 『群衆と權力』下, 法政大學出版局, 1971, 28쪽.

것을 잊어서는 안 된다고 카네티는 충고한다.

2

한일 간 배일감정이 분출한 문제들로 예를 들어 2001년의 「역사교과서」 문제, 2005년의 「독도(일본명 竹島) 조례」문제, 그리고 올해 2015년의 「메이지 일본의 산업혁명유산」 문제 등을 들 수 있다. 잘 알고 있는 것처럼 이러한 문제가 발생할 때 한일 양국의 국민은 "이 두 그룹을 마치 전투대형을 형성하는 것처럼 배치"하고 "두 그룹을 배타적으로 만들어 서로에 대한 적의로 가득 찬"듯한 현상이 종종 보인다. 인터넷이나 SNS 등의 개인적인 정보발신 미디어가 발달한 오늘날에는 국가 간이 아니라 국민 간에 의한 격한 비난 전쟁이 점차 널리 퍼지고 또한 최근에는 자동번역 사이트를 사용한 직접적인 능욕이나 잡언까지가 귀에 들어오는 시대가 되었다.

그러면 왜 이러한 배일감정이 분출하는 문제들이 정기적으로 발생하는 것일까? 그것은 분명히 일본 측에 문제가 있다. 역사교과서 문제, 독도조례문제, 메이지 일본의 산업혁명유산문제에 공통되는 것은 일본인의 역사 인식에서 전전의 식민지 지배가 한국에 준 피해와 비극을 잊어버리려하는 태도이다. 또한 그러한 역사의 의도적인 망각에 대해 한국 미디어는 민감하게 반응하며 점차 전투대형이 만들어지고 서로 간에 대한 적의가 가득 차가면서 결국에는 배일, 배한 감정이 분출하는 커다란 문제로까지 올라가는 것이다.

카네티의 분석을 응용한다면 이러한 현상은 다음과 같이 정리할 수 있을 것이다. 일본인의 의도적인 역사 망각 정책이 한국인에게 "죽음의 공포"를 불러일으키고 그것이 한국인에 긴밀한 집단을 형성하여 살아남으러 하는 충동을 만들어내고 이 둘은 적의로 가득 찬 전투대형을 만든다. 그러나 왜 일본인의 정책이 한국인에게 '죽음의 공포'를 불러일으키는 것일까?

그것은 한국인에게 전쟁체험은 현재에서도 생생하게 '죽음'의 기억과 함께 있기 때문이 아닐까? 이전에는 일본인에게도 전쟁체험은 '죽음과 함께 있었다. 그러나 전후 미국 문화의 대량유입과 함께 급격한 경제 부흥이 진행하는 가운데 일본인의 많은 육친이 전사하고 먹을 것도 없이 나아가 '일억옥쇄(一億玉碎)'를 진정으로 각오했던 비참한 과거의 역사를 봉인 하고는 "에코노믹 애니멀"이라고 비난당하면서도 일사 분란하게 일하는 것에 집중하면서 의식적으로 혹은 무의식적으로 '죽음'을 동반한 전쟁체험을 망각해 왔다.

1956년 일본의 경제기획청은 『경제백서』에서 "이제는 전후가 아니다"라고 기술하여 이 말은 유행어가 되었다. 그 근저는 1955년에 1인당 GNP가 전전의 수준을 넘었기 때문에 라고 말한다. 일본인에게 1955년은 고도경제성장의 시작을 알리는 전환점이 되었다. 그 후는 경제성장이 항상 정치의 가장 중요한 과제로 제기되고 그것이 성공할 때마다 자민당 정권이 성장하는 정치와 경제의 유착 시대를 맞았다. 이어 1973년과 79년의 오일쇼크, 그리고 버블 경제가 붕괴하는 2008년의 리먼 쇼크 조차도 어떻게 하여 극복했지만 그 방침에 급브레이크가 걸린 것은 2011년의 동일본대지진에 의한 후쿠시마 제일원자력 발전소 사고의 발생이었다.[4] 1957년 이래 일본인은 50년 이상에 걸쳐 '죽음'을 동반한 전쟁체험

---

4) 물론 1995년 1월 17일에 발생한 대지진으로 6000명이 넘는 많은 희생자를 낸 한신 아와지 대지진(阪神淡路大震災)을 잊을 수는 없지만 너무나 큰 쓰나미 피해와 원자력 발전소 사고에 의한 방사능 오염으로 지금까지 고향에 돌아가지 못하는 많은 사람들이 있는 것을 생각할 때 후쿠시마는 '죽음'의 문제와 뗄 수 없는 경험으로서 이후도 계속해서 기억될 것이다. 그러한 의미에서 여기에서는 동일본 대지진을 예로 들었다.

을 잊고 살아왔다.

"이제는 전후가 아니다"라고 선언한 1957년은 말할 것도 없이 한국 전쟁이 종결된 직후이며 한국에서는 전쟁도 '죽음'도 눈앞의 현실로 실재한 시기이다. 이 전쟁에 참가한 미군은 막대한 군사물자의 보급 그리고 전차나 전투기의 수리를 일본에서 조달하여 그 특수에 의해 일본의 고도경제성장의 기반이 세워졌다. 일본에서는 이 특수를 '조선특수'라 부르면서 축제 분위기에 싸였는데 이웃 나라의 비극이나 '죽음'을 보고서도 못 본 척한 것은 일본의 현대사에서 커다란 오점이었다.

26년간의 식민지 지배의 경험, 그리고 한국전쟁의 비극을 체험한 한국인에게 전후의 일본인이 전쟁의 기억을 의식적으로 망각하려고 하는 것은 역사의 말살을 의미할 뿐만 아니라 생생한 '죽음'을 동반한 전쟁체험이, 혹은 전쟁에서 죽은 육친의 '죽음' 자체가 부정되는 것을 의미한다. '죽음'의 아픔을 잊을 수 없는 사람은 '죽음'의 아픔을 잊으려 하는 사람을 용서할 리 없다. 하물며 그것이 개인의 문제가 아니라 국가의 정책으로 표면화되었다고 한다면 더더욱 그러할 것이다.

3

한일간의 이러한 역사 인식의 어긋남(齟齬)과 대립에 대해서는 이미 저명한 연구자에 의한 분석이 있다. 예를 들어 안드레 슈밋트는 "근대의 민족에 관한 연구의 대부분이 민족주의의 분열적인 효과를 강조한다. 이것은 종종 집단조직의 전근대적 형태와 근대적 형성과의 대립으로 표현된다. 혹은 보다 최근의 술어를 사용한다면 그것은 '인식의 폭력'이라고 표현된다...그렇지만 민족의 기원을 각각 본질주의적 카테고리인 전통과 근대를 사용하여 전통에서의 움직임 및 근대로의 움직임으로서 그리는 것인데 그러한 접근방법은 민족주의자의 언설과 민족주의 이전 사람들의 언설과의 상호 작용을 무시하는 경향이며 그것에 의해 근대의 계보를 너무 간략화 한다"⁵⁾ 고 지적하여 근대적인 민족의 성립을 단순하게 전통과 근대라는 개념으로만 설명하는 것에 이의를 제기한다.

슈밋트의 연구가 시사하는 것은 한일관계에는 대립하는 모델, 즉 '악'과 '선', 혹은 '전통'과 '근대'라는 모델이 공존하고 있는 것, 그러나 그 단순한 모델에 과도하게 의존하는 것은 역사를 왜곡하는 것이 된다, 라는 지적이다. 이 선행 연구에서 배운다면 한일 간 역사인식의 대립을 단순하게 이항대립적인 문제로서 처리하는 것이 아니라 대립을 만들어내는 배경이나 직접적 원인을 분명하게 하는 것이 요구된다고 말할 수 있을 것이다.

그러면 그것은 무엇일까? 이미 기술한 것처럼 일본인의 역사인식에는 '죽음'을 동반한 비참한 전쟁체험을 지워버리려고 하는 의식이 강하게 작용하고 있다. 정치가가 말하는 '미래지향'도 그러한 문맥에서 나온 말이다. 한편 한국인의 역사 인식에는 '죽음'을 동반한 비참한 전쟁체험을 결코 쉽게 망각해서는 안 된다는 의식이 강하게 작용하고 있으며 종군위안부 문제는 그 상징이라고 말할 수 있을 것이다. '죽음'을 동반한 비참한 전쟁체험을 망각해 버리려는 많은 일본인에게는 과혹한 식민지 지배나 한국 전쟁을 경험한 한민족의 비극과 고난은 강 건너 불구경과 같으며 남의 일처럼 밖에는 인식되지 않는다.

예를 들어 박은식의 『조선독립운동지혈사(朝鮮獨立運動之血史)』에서의 다음과 같은 언설을 얼마나 많은 일본인이 알고 있을까?

---

5) アンドレ·シュミット(糟谷憲一他譯), 『帝國のはざまで』, 名古屋大學出版會, 2007, 15쪽.

〈조선민족의 일본민족에 대한 경멸〉

조선민족은 오랜 동안 일본인을 "왜놈, 왜놈"이라 부르고 이것을 역사적 관용어로 삼아 왔다. 조선인은 일본인이 훈도시 하나만 걸친 알몸으로 생활하는 것이나 음란한 성 매매 습관이나 남녀 간 풍기 문란 등을 조롱했다. 게다가 크게는 국가, 작게는 개인재산에 이르기까지 교활한 사기와 폭력에 의해 빼앗은 것으로 우리 민족에게는 그렇게 당한 경험이 많다.

또한 일본민족이 아직 금수처럼 야만적인 생활을 하던 시대에 조선민족이 각종의 문화를 가져와 문명세계로 교도했다는 것으로 역사에 기억한다. 조선민족이 아시아 제일의 강대한 한민족과 그 문화를 경쟁하던 시대에 일본은 아직 세계에 뒤돌아볼만한 것이 없는 절해의 야만민족에 지나지 않았던 것도 또한 역사적 사실이다. 일본인은 당에 유학하려고 해도 직접 교섭이 불가능하고 신라의 소개와 인도가 필요했다. 그 때문에 동북삼성에는 신라원이 있어 신라의 외교관이 일본의 외교를 겸섭하고 있었던 것도 또한 역사적 사실이다.

최근 조선, 일본 양국 관계의 상황을 보면 조선민족은 원래부터 일본이 이 50년 이래 서양 문화를 유입하여 조금 더 장점이 있다고 생각하고 있다. 그러나 일본은 유럽 민족들에게는 멀리 미치지 못한다고 생각하는 것도 또한 사실이다. 그러나 만약 조선민족에게 20년 동안에 노력을 경주할 수 있는 자유가 있다면 지금의 일본문화의 부강 정도에는 도달할 수 있다고 확신한다. 문화를 흡수하고 창조하는 능력에서 조선민족은 일본에 비교하면 훨씬 뛰어나다는 것도 또 우리들이 믿어 의심치 않는다. 조선에서는 일본인의 기관지와 관리의 입으로 항상 "일본은 세계의 일등 국가이다"라고 자만하며 "일본인은 조선민족에 비교하면 훨씬 우수한 지도자이다"고 자만하고 있는데 조선민족은 이러한 경우에 대해 특히 억누르기 어려운 불쾌한 감정을 갖고 있다. 이 모욕에 이를 가는 마음이 "왜놈, 왜놈, 너희들은 폭력으로 너희의 어미된 나라 사람들을 지배하려고 하는가? 언제나, 언제나, 보고 있다"고 말하는 것이다. 나는 이러한 것을 보며 들으면서 몹시 분한 생각이 더욱 깊어지고 더욱 격해지는 것이 있다.

조선민족은 일본민족에 대해 그 잔박한 민족성을 경멸하고 그 장래성이 없음에 대해 연민의 정을 갖고 있다. 가령 오늘날이야말로 일본민

족의 억압을 받고 있다고는 하나 자민족이 일본보다 우수하다는 것을
굳게 믿어 의심하지 않는다. 조선민족이 일본에 대해 두려워하는 것은
단지 일본이 무기를 갖고 있다는 것뿐이다. 현재 30만의 일본인이 조선
의 전국 각지에 산재해 있고 조선인과 빈번하게 직접적인 접촉을 하는
가운데 일본민족의 처신없는 무례함을 간파하여 경멸을 더욱 강하게
갖게 한다.[6]

일본인에게 한반도의 식민지 지배의 가혹함을 설명할 때 종종 "그렇
지만 일본인이 식민지 지배를 한 덕택에 한국은 근대 군가가 될 수 있지
않았는가?"라는 반론이 날아든다. 이러한 언설에는 생생한 '죽음'을 동반
한 전쟁체험은 의도적으로 삭제되어 있다. 일본인들이 생각하는 근대화
라는 것은 도로가 생기고 다리가 생기고 유통망이 정비되고 소작농이 해
방된 경제학적, 제도론적인 문제에 지나지 않으며 거기에는 인간의 감정
이나 생활 태도에 대한 배려는 결여되어 있다.

또 윤동주의 『하늘과 바람과 별과 시』를 그들은 읽은 적이 있을까?

서시
죽는 날까지 하늘을 우러러
한 점 부끄럼이 없기를,
잎새에 이는 바람에도
나는 괴로워 했다.
별을 노래하는 마음으로
모든 죽어가는 것을 사랑해야지.
그리고 나한테 주어진 길을
걸어가야겠다.

오늘 밤에도 별이 바람에 스치운다.

---

6) 朴殷植(姜德相譯), 『朝鮮獨立運動之血史 I』, 平凡社, 1920, 123~125쪽.

길

잃어버렸습니다.
무얼 어디다 잃었는지 몰라
두 손이 주머니를 더듬어
길에 나아갑니다.

돌과 돌과 돌이 끝없이 연달아
길은 돌담을 끼고 갑니다.

담은 쇠문을 굳게 닫아
길 위에 긴 그림자를 드리우고.
길은 아침에서 저녁으로
저녁에서 아침으로 통했습니다.
돌담을 더듬어 눈물짓다
쳐다보면 하늘은 부끄럽게 푸릅니다.

풀 한 포기 없는 이 길을 걷는 것은
담 저쪽에 내가 남아 있는 까닭이고,

내가 사는 것은, 다만,
잃은 것을 찾는 까닭입니다.

이러한 시에는 숫자로는 말할 수 없는 인간의 투명한 감정이 표현되어 있고 생과 '죽음'이 존재하고 있다. 일본인에 의한 많은 한국 비판의 언설에는 인간이라면 누구나 갖고 있는 인간적 감정에서 눈을 돌리고는 한국인이 '악'이라는 것을 필사적으로 증명하려고 하는 심리적 압박을 느끼는 경우가 있다. 그들은 무엇을 쫓아가는 것일까?

나는 히로시마현에서 태어나 고등학교까지 히로시마에서 지냈다. 대부분의 일본인은 모르겠지만, 우리들 히로시마 사람들은 초등학교에서 고등학교까지 히로시마에 원폭이 투하된 8월6일은 여름방학 중이었지만 등교하는 날이었고 어렸을 때부터 학교에 가서 원폭이 투하된 히로시마의 비극을 배웠다. 초등학생이 칼라필름으로 비친 원폭 투하 직후의 불에 타 쓰러진 혹은 타버린 인간의 모습을 또 말 그대로 폐허로 변한 히로시마의 비참한 거리의 풍경을 보는 것은 고통 그 자체였다. 그러나 동시에 전쟁의 비참함은 충격적인 현실로 우리들 마음에 깊이 새겨져 있다. 우리들 히로시마 사람들에게 전쟁의 기억은 지금까지 '죽음'과 함께였으며 많은 일본인처럼 잊어버릴 수 없는 기억이다. 그것은 히로시마에서 3일후 같은 원폭이 투하된 나가사키, 그리고 전 섬이 전쟁터로 변하고 현민(縣民)의 네 명중 한 명이 사망한 오키나와 사람들에게도 틀림없이 잊을 수 없는 기억으로 존재할 것이다.

히로시마나 나가사키, 오키나와 사람들에게 전쟁의 기억은 생생한 '죽음'과 함께이며 식민지 지배와 한국 전쟁에 의한 비극을 경험한 이웃 나라 사람들을 남의 일로 무시하는 것은 있을 수 없다. 자신의 마음 속에 '죽음'의 고통이 살아 있는 한 타자의 '죽음'에 대한 공감은 극히 자연스럽게 생겨날 것이다. 만약 자기의 '죽음'의 고통은 느끼지만 타자의 '죽음'의 고통을 돌아볼 수 없다고 한다면 거기에는 카네티가 말하는 '적의 있는 군중을 형성하려고 하는 충동'이 사라지지 않고 계속해서 도사리고 있는 것은 아닐까.

히로시마에서 피폭된 시인 도게 산키치(峠三吉)는 한국전쟁 당시 미군이 중화인민공화국에 원자폭탄 사용을 생각하고 있다는 뉴스를 듣고는 원자폭탄을 쉽게 사용하려고 하는 미국에 대해 다음과 같은 항의의 『원폭시집(原爆詩集)』을 간행했다.[7]

　　1945년8월6일, 히로시마에, 9일 나가사키에 투하된 원자폭탄으로 목숨을 잃은 사람, 또 현재에 이르기까지 죽음의 공포와 고통에 시달리

---

7) 峠三吉, 『原爆詩集』日本ブックエース, 2010.

고 있는 사람, 그리고 살아있는 한 근심과 번민, 비통함을 지울 수 없는
사람, 나아가 전 세계의 원자폭탄을 증오하는 사람들에게 바친다.

서
아버지를 돌려주오, 어머니를 돌려주오
할아버지를 돌려주오
아이를 돌려주오

나를 돌려주오 나에게 연결된
인간을 돌려주오

인간의 인간의 세상이 있는 한
깰 수 없는 평화를
평화를 돌려주오

8월 6일
저 섬광이 잊혀지겠는가?
순간에 거리의 삼만 명은 사라지고
가루가 된 어둠의 바닥에서
오만의 비명은 끊어지고

소용돌이 치는 황색 연기가 엷어지자
빌딩은 부서지고 다리는 무너지고
만원 전차는 그대로 타버리고
끝없는 기와와 벽돌 부스러기와 타다 남아 쌓어버린 히로시마
드디어 처참히 찢어진 듯 한 피부를 늘어진
두 손을 가슴에
무너진 뇌장을 밟고
새카맣게 타버린 천을 허리에 두르고
울면서 걸어가는 수많은 나체의 행렬

석지장처럼 산란된 연병장의 시체

한데 묶여진 무리에 저쪽에서 접힌 강기슭의 무리들도
타오르는 태양 아래 점차 시체로 변하고
저녁 하늘을 찌르는 불빛 안에
밑에 깔린 채 살아가는 엄마와 동생이 있는 거리 주변도
불에 타 변하고

병기창 바닥의 분뇨위로
피해, 옆으로 누운 여학생들의
불룩한 배의, 한쪽 눈이 감겨진, 절반은 벌겋게 벗겨진 까까머리의
누군가가 누구인지도 모른 사람들 위에 아침 해가 비치면
이미 움직이는 것도 없고
몹시 싫은 냄새가 깔린 속에서
양동이에 날아다니는 파리의 날개소리뿐

30만의 전 도시를 가득 채운
저 정적이 잊혀지겠는가?
그 조용함 속에
돌아오지 못한 부인과 아이의 하얀 눈이
우리들의 심혼을 갈라
넣은 바램을
잊을 수 있는가?[8]

　'죽음'이 생생한 것인 이상, 전쟁이 '죽음'을 동반하는 것인 이상 인간
은 그 기억을 잊을 수 없을 것이다. 역사교과서 문제, 독도(죽도) 조례문
제, 메이지 일본의 산업혁명 유산 문제가 발생시키는 것은 '죽음'을 동반
한 전쟁을 잊으려 하는 일본인이 '죽음'을 동반한 전쟁을 살고 있는 한국
인의 감정을 일부러 거스르기 위해 생겨난 문제라고 말할 수 있을 것이
다. 문제는 한일 간 내셔널리즘 해석의 상이 등이 아니라 생생한 '죽음'
을 동반한 전쟁의 기억을 지우려고 하는가, 지워서는 안 된다고 생각하

---

8) 峠三吉, 『原爆詩集』, 日本ブックエース, 2010에서.

는가에 있다. 공유할 수 있을지 없을지에 있는 것이다.

4

일본의 식민지 지배하 한국 경상도 진주에서 태어나 식민자(부친은 농림학교의 생물 교사)의 자식으로 한국에서 자라 대구 중학교를 거쳐 1944년 육군 예과 사관학교에 입학하여 패전으로 일본에 귀국한 후, 와세다 대학에서 러시아 문학을 공부한 코바야시 마사루(小林勝, 1927~1971)는 1969년에 『만세 메이지 52년』이라는 소설을 발표한다. 그 2년 전인 1967년에 일본의 재계나 자민당 정부는 고도 경제 성장으로 들끓던 그 해를 메이지 유신에 필적하는 '소화 유신'이라 간주하고는 메이지 유신의 선배들에게 자신들을 중첩시키면서 소화 42년을 '메이지 백년'이라 칭하고는 자화자찬의 분위기에 싸여 있었다. 메이지 52년은 메이지가 45년으로 끝났기 때문에 실재하지 않는 가공의 연호이다. 코바야시는 패전 후 20 여년이 경과해도 아직도 메이지 시대의 연장선상에서 사물을 파악하려고 하는 당시의 정치가들에 대해 이의를 제기하고는 그 결과 '메이지 52년'이라는 연호를 만들어 냈다. '메이지 52년'이란 1919년의 일이며 '만세'라는 것은 일본에서 만세 사건이라 불린 조선독립운동을 의미한다.

코바야시는 그 『만세 메이지 52년』이라는 소설의 에필로그에서 다음과 같이 기술하고 있다.

이 '메이지 100년'이 되는 허위 개념중에서 중요한 특색의 하나는 조선, 중국을 중심으로 하는 아시아가 완전히 빠져있다는 것이다. 즉 메이지도 다이쇼(大正)도 쇼와(昭和)도 그리고 부끄러움을 모르는 총칭

'메이지 100년'도 일본 자본주의의 발전, 차질, 재발전의 역사도 먼저 조선을 그리고 중국을 빼놓고는 하물며 이러한 나라들과 그 인민에 대한 냉혹 철저한 탄압과 수탈을 빼놓고서는 성립되지 않는다. 이 조선, 중국, 아시아를 결락시킨 '메이지 100년'은 그렇다면 당연히 백1년, 백2년으로 계속되는 과정에서 거기에 무엇인가가 드러날 수 있는지, 라는 것은 이미 명백할 것이다. 나는 계속될 백6년, 백7년....백9년을 향해 나의 화살을 준비하기 위해 일부러 그들이 '메이지100년'이라 말한다면 그러면 그 안에 포함된 '메이지 52년'이란 참으로 무엇이었는가를 기록과 상상력의 힘을 빌려 백일하에 드러내고자 했다.[9]

그 후 코바야시는 1970년에 『쪽발이』라는 소설집을 발표한다. 거기에 수록된 '가교'라는 작품에서 코바야시는 주인공인 아사오(朝雄)에게 다음과 같은 말을 하고 있다.

　　아사오는 니나가와(蜷川＝한국전쟁이 발발하기 전 아사오가 근무하던 공장지대 지구의 위원을 하던 남자)에 접근하여 사회과학연구회에도 참가했다. 그는 식민지화된 조선과 그것을 이룬 일본에 대한 역사를 배웠다. 식민지화된 조선에 오랜 곤란에 가득 찬 저항의 운동이 있었고 그 운동에 대한 용서가 없는 탄압의 역사가 있었다는 것을 공부하여 처음 알았다.[10]

45년 전에 코바야시가 소설에서 호소한 것은 안타깝지만 오늘의 일본에도 그대로 통용된다. 많은 일본인은 지금까지 근대를 메이지 시대의 연장선상에서 생각하여 "일본자본주의의 발전, 차질, 재발전의 역사도 먼저 조선을, 그리고 중국을 빼놓고는 하물며 이러한 나라들과 그 인민에 대한 냉혹 철저한 탄압과 수탈을 빼놓고는 성립되지 않는다"는 것을 모른다. 또한 식민지 시대에 "오랜 곤란에 가득 찬 저항의 운동"이 있었

---

9) 『小林勝作品集』5, 白川書院, 1976, 318쪽.
10) 『小林勝作品集』4, 白川書院, 1976, 70쪽.

던 사실, 그리고 "그 운동에 대한 용서 없는 탄압의 역사가 있었던 사실"
도 모른다. 그것은 종종 지적된 역사 인식의 문제가 아니라 분명히 역사
교육의 문제이며 일본 근대사에서 아시아의 고난을 지우려고 하는 '권
력'의 문제이다.

'권력'이 역사 인식에 계속해서 개입하는 한 국민의 역사 인식이 일정
한 방향으로 조종당하는 것은 피할 수 없다. 그러나 그것은 어디까지나
'국정'의 역사 해석이며 하나의 역사 해석에 지나지 않는다. 우리들에게
는 역사를 자유롭게 해석하고 말할 권리가 보장되어 있다.

코바야시는 『쪽발이』의 마지막에 [나의 조선-에필로그를 대신하여]
라 이름붙이고 자신에게 조선이란 무엇인가를 자문자답하면서 다음과
같은 말로 끝맺고 있다.

> 패전에서 겨우 5년 만에 조선 전쟁이 일어나 그 덕분에 일본자본주
> 의에 숨통이 트여 재편 강화되기 시작한 모습을 떨리는 생각으로 응시
> 했습니다. 과거는 과거가 아니었습니다. 일본자본주의는 또 다시 조선
> 의 피로 소생한 것입니다. 나는 패전으로 추악한 일본자본주의가 주저
> 앉은 모습을 본지 얼마 지나지도 않았는데 내 머리에는 몸을 비벼가며
> 죽음을 견디는 듯 한 거머리의 축 늘어진 몸이 조선의 피를 쭉쭉 빨아
> 들여 점점 부풀어 올라 기세 좋게 늘어나 전신을 흑자색으로 비추면서
> 성장해 가는 아주 불길한 모습이 떠올랐습니다. 그리고 나는 경시청 유
> 치소에서 냉혹 무참하게도 조선에 송환되어 가는 조선인들과 맞닥뜨렸
> 습니다. 나는 분노로 가득 찼습니다....그 때부터 나의 문학이 시작되었
> 다고 말할 수 있었습니다. 그 때 내안에 있고 또 내 나라를 등에 짊어
> 진 과거는 지나가고 완료된 '과거'라는 것을 멈추고는 현재 그 자체
> 안에 살면서 미래로 계속되어 가는 살아있는 하나의 총칭의 일부분이
> 되어 나에게 쫓아오기 시작했습니다.
> 깊은 빈 틈에 저지된 두 민족 간에 다리를 놓고 피를 통하게 하는
> 방법을 찾아 표현의 칼날을 갈고 닦아 그것을 안으로 감싸는 자기 독자
> 의 사상을 현실 그 자체에서 포착해 가는 일이 나에게는 대단히 곤란한

것이지만 나는 앞에서 기술한 분노에 떨면서 그것을 헤쳐 나가리라 마음을 정했습니다.[11]

패전으로 일본으로 귀국한 후에 [식민자의 자식]이라는 패배자의 아이덴티티를 갖으면서 문학 활동을 전개한 코바야시가 1970년의 시점에서 새롭게 [나에게 조선이란 무엇인가]를 자문했을 때 그의 뇌리를 스쳐간 것은 메이지 유신에서 식민지 지배 그리고 전후 고도경제성장을 지나면서 일본의 근대화가 "완료된 과거라는 것을 감추고 현재 그 자체 안에 살면서 계속해서 미래로 가는 살아 있는 하나의 총칭의 일부분"으로 계속해서 살지 않으면 안된다는 분노와 사명감이었다.

그로부터 45년. 코바야시의 통절한 자문 자답을 우리들은 '미래지향'이라는 명목 아래 묵살해야할 것인가? "깊은 빈 틈에는 저지된 두 민족 간에 다리를 놓고 피를 통하게 하는 방법을 찾"는 것은 코바야시 한 사람이 짊어져야 하는 과제가 아니라는 것은 명백하다. 한국인과 일본인 사이를 가교하려면 어떻게 하면 될 것인가?

5

반복된 일본인의 전쟁 망각에 기인하는 정치 문제가 발생할 때마다 한국인의 일본인에 대한 유한(遺恨)이 되살아난다. 그러나 이 부채의 연쇄는 어딘가에서 끊지 않으면 안 된다. 유한이 유한인 채로 계속해서 존속하는 것은 한일관계에 커다란 손실이라는 것은 말할 필요도 없을 것이다. 그러면 사태를 개선하기 위해, 그리고 두 민족의 가교를 위해 구체적으로 무엇이 필요할까?

---

11) 『小林勝全集』4, 256쪽.

우리들 일본인은 이 한일국교정상화 50주년을 기념해야하는 해에 두 사람의 일본인의 언어를 떠올려야 한다. 한 사람은 1988년에 「부전병사(不戰兵士)의 모임」을 만든 코지마 키요후미(小島清文). 또 한 사람은 1994년에 노벨문학상을 수상한 오에 겐자부로(大江健三郞)이다.

1943년 9월에 게이오대학을 조기 졸업한 코지마 키요후미는 44년 5월에 전함 야마토의 암호사로 레이테 오키나와전에 참가하여 구사일생으로 귀환한 후 같은 해 12월에 또다시 필리핀 루손섬 전쟁의 최전선으로 보내졌다. 미군의 박격포가 비처럼 내리 쏟아 붇는 가운데 이미 무기도 없고 배고픔과 열병에 시달리면서 45명의 소대원 중에 겨우 살아남은 3명을 데리고 코지마는 미국에 투항하여 하와이의 포로수용소에 수용되었다. 지옥과 같은 전쟁을 살았던 코지마는 전후 모친의 고향이었던 시마네현 하마다시(浜田市)에 돌아와 전후 일본의 민주화를 지방에서 시작하자고 하면서 1947년 7월에 『이와미(石見) 타임즈』라는 지방신문을 창간한다. 코지마는 그 후 65세까지 실업가로서 활약한 후 67세가 되던 1987년에 아사히신문에 자신의 전쟁체험을 투고하여 커다란 반향을 일으키고는 이듬 해 같은 전쟁의 지옥을 경험한 17명의 옛 군인과 함께 「부전병사의 모임」을 결성했다.

코지마는 1979년에 출판한 『투항』이라는 책에서 다음과 같이 기술하고 있다.

지금부터 34년 전에 비참한 전쟁이 있었던 일, 이제는 누구도 잊어버렸다. 아니 기억하는 일 조차 무언가 죄악과 같은 기분이다.

내일을 모르는 목숨을 안고 고통, 쥐어뜯기, 기근에 추궁당하고 영양실조로 시퍼렇게 부풀어 죽은 당신들의 할아버지와 아버지와 숙부들의 일 등 누구도 잊어버린 일일 것이다. 자기가 생각하고 자기가 자신의 행동을 정하는 것도 불가능했던 이러한 사람들이 정글 속에서, 남해의 고독한 섬에서 어찌할 수도 없이 죽었으면 했던 일도 모를 것이다.

그리고 포로가 된 일본인이 전전긍긍하여 어떠한 태도를 취했는지 등
과 같은 일은 더더욱 모를 것이다.

일본인은 전후 상당히 변했다고 한다. 그러나 정말 변한 것일까?

명령에 충실하고 자기주장을 할 수 없었던 이전의 병사들과 지금의
샐러리맨들, 어디가 다른가? 언제든지 누군가의 명령이나 지시를 기다
리지 않으면 움직이지 않는 일본인이 오늘날 정말 없어진 것일까?

전쟁 중 일본인을, 제일선의 병사들을 사지로 몰아넣은 지도자를 어
떻게 할 수도 없었던 국민이 오늘은 그것을 자유롭게 바꾸어 정말 국민
을 위한 지도자로 삼고 있는 것일까? 우리들 일본인은 일찍이 몇 안되
는 지도자들의 자기 보신이나 생각에서 필설(筆舌)로는 다하기 어려운
커다란 희생을 지불했다. 특히 그들의 종전 처리 처리 방식이 수십 만
남해의 섬에 있던 일본 병사들을 기근과 열병이 있는 지옥으로 몰아넣
었다는 사실을, 30여 년의 세월로도 결코 잊지 못하는 통한의 일이다.

그러나 우리들은 전쟁의 비참함을 강조하기만 하면 안된다. 우리들
이 지불한 희생이나 경험은 단지 그뿐으로 족하다고 하기에는 너무나
크다.

......

또한 일본인이 일찍이 중국대륙과 조선, 대만사람들에 대해 저지른
죄, 필리핀이나 말레이시아 사람들에 대해 저지른 죄에 얼마나 깊은 반
성을 하고 있는가?

전후 이러한 국가의 사람들에 대해 관료적, 법비적(法匪的) 발상밖
에는 갖지 못하여 국적이 다르다는 이유로 어떠한 보상도 고려하지 않
은 일본인의 제멋대로인 태도와 망은이 나를 부끄러운 생각으로 이끈
다. 행동을 동반하지 않는 입에 발린 반성은 그 이름값도 못할 것이다.
사랑에 국경이 없는 것처럼 인간의 신의에도 국경이 없다는 것은 틀림
이 없다.[12]

또한 전후의 일본문학을 대표하는 한 사람 오에 켄자부로는 1994년
12월에 개최된 노벨문학상 수상 연설에서 다음과 같이 말한다.

---

12) 小島淸文, 『投降—比島血戰とハワイ收容所』, 光人社NF文庫, 1979, 20~21쪽.

국가와 인간을 함께 무리하게 갈라놓을 정도로 강하고 날카로운 이 애매함(ambiguity)은 일본과 일본인 위에 다양한 형태로 표면화되어 있습니다. 일본의 근대화는 오직 서구에서 배운다는 방향으로 정해진 것이었습니다. 그러나 일본은 아시아에 위치하고 있으며 일본인은 전통적인 문화를 확고하게 지켜 왔습니다. 그 애매한 진행은 아시아에서 침략자의 역할에 그 자신을 몰아넣었습니다. 또 서양을 향한 전면적으로 열린 근대의 일본 문화는 그러한 것으로 서구 측에는 언제까지나 이해 불가능한, 또 적어도 이해를 막아서는 어두운 부분을 계속해서 남겨왔습니다. 더욱이 아시아에서 일본은 정치적으로 뿐만이 아니라 사회적, 문화적으로도 고립되기에 이르렀습니다.

일본근대의 문학에서 아주 자각적으로 또 성실했던 전후문학자, 즉 저 대전(大戰) 직후의 파괴에 상처받으면서도 신생으로의 회구를 보듬고 나타난 작가들의 노력은 서구 선진국 뿐만이 아니라 아프리카, 라틴, 미국과의 깊은 골을 메우고 아시아에서 일본의 군대가 범한 비인간적인 행위를 통고(痛苦)와 함께 속죄하면서 그 위에서의 화해를 가난한 마음으로 구하는 것이었습니다. 그들의 기억되어야할 표현 자세의 마지막에 이어지는 것을 나는 지원(志願)해 왔습니다.[13]

코지마가 말하는 것처럼 우리들 일본인은 "일찍이 중국대륙이나 조선, 타이완 사람들에게 범한 죄, 필리핀이나 말레이시아 사람들에 대해 범한 죄에 얼마나 깊이 반성을 하고 있을까"라는 말을 기억해 내어야 하며, 또 오에가 말하는 것처럼 우리들 일본인은 "대전 직후의 파괴에 상처받으면서도 신생으로의 회구를 보듬고 나타난 작가들의 노력은 서구 선진국뿐만이 아니라 아프리카, 라틴, 미국과의 깊은 골을 메우고 아시아에서 일본의 군대가 범한 비인간적인 호의를 통고(痛苦)와 함께 속죄하면서 그 위에서의 화해를 가난한 마음으로 구하는 것"을 잊어서는 안 될 것이다. 전쟁체험은 목적의 좋고 나쁨을 논하는 위정자의 입장에서 말하는 것이 아니라 전쟁에 의해 '죽음'을 강요당한 사자(死者)의 입장에서

---

13) 大江健三郎, 『あいまいな日本の私』, 岩波文庫, 1995, 8~9쪽.

말하지 않으면 안 된다.

전쟁은 종종 위정자의 입장에서 말한다. 그러나 전쟁 체험은 입장에서 말해야 하는 것이 아니라 전쟁으로 '죽음'을 강요당한 사자의 입장에서 그리고 전쟁을 실 체험한 생존자의 입장에서 말하지 않으면 안 된다. 그리고 그것은 일본인의 '죽음' 뿐만이 아니라 중국인, 한국인, 타이완인, 필리핀인, 말레이시아인의 '죽음'을 포함하는 것이 아니면 안 된다. 전쟁체험은 결코 한 나라만의 닫힌 체험일 리가 없으며, 전쟁에 참가한 모든 나라가 공유할 수 있는 것이어야 한다. 그러한 의미에서 전쟁체험은 국가를 초월한 '대화'를 본래적으로 요구하는 것이며 우리들은 전쟁을 체험한 아시아 사람들과 대화를 계속할 필요가 있는 것이다.

그러면 한국인들에게는 무엇이 필요할까? "전쟁의 비극을 의식적으로 잊으려고 하는 것은 일본인이며 한국인에게 책임은 없다"고 현상을 방치해야 할 것인가?

카네트는 『군중과 권력』을 다음과 같은 말로 마친다.

참으로 바라는 것은 살아남은 사람(=권력자) 자신을 없애는 것이다. 그리고 그것을 위해서는 그의 행동이 무엇보다도 자연스럽게 보일 때 조차도 그에게 무엇을 위해 존재하는가를 꿰뚫어보는 것을 우리들은 배우지 않으면 안된다. 그들의 행위중에 가장 등한시 한 것은 따라서 가장 위험한 행위는 명령을 내리는 것이다....명령의 체계는 어디에서도 인정받는다. 그것은 아마 군대에서 가장 명료한데 대략 문명생활에서 다양한 명령이 미치지 못하여 우리들 중의 누군가를 보충할 수 없는 영역이라는 것은 거의 생각하기 어렵다. 명령에 따르는 자의 죽음의 위협은 권력의 화폐이며 이 분야에서는 화폐를 점점 쌓아 거부를 축적하는 것은 너무나 쉽다. 만약 우리들이 권력이라는 것을 극복하려고 한다면 우리들은 거리낌 없이 명령을 직시하고 명령에서 그 가시를 빼는 수단을 찾아내지 않으면 안될 것이다.[14]

---

14) 엘리아스 카네트, 『群衆と權力』下, 312~313쪽.

　나는 한국인에게 필요한 것은 '죽음'을 동반한 전쟁의 기억을 잊어서
는 안 된다고 다짐하는 한국인이기 때문에 '죽음'을 동반한 전쟁의 기억
을 잊으려고 하는 일본인에 대항하려고 하여 긴밀한 집단을 형성하고 살
아남으려 하는 충동에 따라 적의에 가득 찬 전투대형을 만드는 것에서
자유롭게 되는 것이라고 생각한다. '죽음'의 고통을 알고 있는 인간은
'죽음'의 고통을 잊은 인간에 대하여 억지로 집단을 형성하여 전투할 필
요는 없다. 문제는 일본인의 망언에 대해 한국인이 곧바로 '집단'을 형성
하여 '전투대형'으로 돌입하는 대중심리가 형성되어 버리는 것에 있는
것은 아닐까? 그러한 일반인을 빨리 전투집단으로 변모시키는 것이야 말
로 권력자에 의한 '명령'이라고 카네트는 경고하고 있다.

　우리들에게 필요한 것은 "거리낌없이 명령을 직시하고 명령에서 그
가시를 빼는 수단을 강구하는 것"이다. 그러면 그 '가시'라는 것은 무엇
일까? 카네트는 다음과 같이 설명한다. 중요한 것은 군중을 형성한 전투
태세로 들어가는 것이 아니라 군중을 형성하려고 하는 '명령'을 직시하
고 자신들의 행동의 시비를 냉정하게 생각하는 것이 아닐까요? 그것이야
말로 카네트가『군중과 권력』에서 호소하고 싶었던 것이라고 생각합
니다.

　　가시는 명령을 수행한 인간의 깊숙한 곳을 찌르고는 그대로 거기에
　머무른다. 인간의 모든 심리 구조 안에 이 정도로 변화가 적은 것은 찾
　아볼 수 없다… 수행된 명령만이 그 가시를 명령에 따랐던 자들 안에
　찔러 둔다. 회피된 명령은 비축될 리 도 없다. '자유로운' 인간이라는
　것은 명령을 수령한 후에 그것을 피하는 인간이 아니라 무엇보다도 먼
　저 어떻게 하여 그것을 회피할 것인가를 알고 있는 인간이다.(『群衆と
　權力』상, 41~42쪽)

집단화나 전투화의 명령에 따른 자는 가시는 그 인간의 마음 깊은 속

을 찌르고 언제까지나 거기에 머물러 버리는 이상, 중요한 것은 명령을 '회피'하는 것이며, 그것이 바로 '자유로운' 인간이라고 한다. 그렇다고 한다면 우리들에게 필요한 것은 근대사에서 아시아의 고난을 지우려는 일본의 권력, 그리고 일본인의 망언에 대해 '전투대형'을 형성하려고 하는 한국의 권력, 이 두 가지의 권력의 '명령'을 함께 회피하는 것이다.

카네트는 가시는 명령 수행 중에 형성된 것이며 일단 찌른 가시를 빼내는 일은 곤란하다고 설명한다.[15] 권력으로부터의 명령의 '가시'를 빼내어 버리는 것이 아니라 명령의 '가시'가 우리들의 마음을 찌르지 않도록 우리들은 스스로의 행동의 시비를 냉정하게 생각하면서 명령을 현명하게 회피하지 않으면 안 된다. 그리고 가령 박힌 명령의 가시라고 해도 그것을 제거하는 노력을 포기하면 안 된다. 그것이 바로 '자유로운' 인간이라고 카네트는 강조한다.

6

근대의 일본인은 중국인이나 한국인을 문화적으로 열등한 민족이라고 바보 취급하는 것으로 자신의 존재의의를 확인해 왔다. 그러나 상호간 바보 취급하는 것으로 스스로의 아이덴티티를 재확인 하는 것 자체가 얼마나 바보같은 행위인가? 도대체 우리들은 언제까지 '혹평하는 즐거움'에 계속해서 빠져 살 것인가?

서로를 존경할 수 있는 가치기준, 즉 서로 공유할 수 있는 전통적인 가치관이나 철학적 명제를 탐구하고 언어화하는 것이 요구된다. 그러나 그것은 간단히 서양 사상을 수입하고 서양적 기준으로 우열을 다투는 것과는 전혀 다른 문제이다. 국가간의 우열을 다투는 것만큼 바보스러운

---

15) 엘리아스 카네트, 『群衆と權力』상, 76쪽.

짓은 없다. 그것은 개인과 개인의 어느 쪽이 뛰어난가를 다투는 것과 마찬가지로 황당무계한 무의미한 게임이다. 어떠한 인간이라도 개성을 갖고 있는 것과 마찬가지로 어떠한 국가도 장단점이 있다. 그렇게 간단한 것을 왜 우리들은 잊고 있는가? 한일관계에 필요한 것은 개성있는 친구와 교제하는 것처럼 그 사람의 버릇이나 단점에 대해서도 관대한 마음으로 접하며 장점이 있는 분야에는 의존하고 서로가 서로에게 기댈 수 있는 두터운 신뢰관계를 맺는 것이다. 그것이 우정이 아니겠는가?

동아시아 나라가 '서양의 충격'에 의한 강제된 근대화 과정을 살아나오면서 우리들의 선배는 목숨을 걸고 자국의 근대화를 모색해 왔다. 그들의 목숨 건 노력에 의해 수행된 동아시아 근대화의 과정은 지금까지 빛이 바래지 않은 다양한 가능성을 내포하고 있다고 생각한다. 동아시아의 근대화는 결코 일국 단위에서 이루어진 것은 아니다. 커다란 문명의 소용돌이 속에서 때로는 연대하고 때로는 반발하면서 근대화라는 거대한 도전을 더듬어 가면서 수행해온 것이다. 그 과정을 다시 한 번 꼼꼼하게 점검하는 것은 지금까지 간과해온 새로운 가능성이나 수정할 부분을 재발견할 수 있는 중요한 계기가 될 것이다. 계승해야할 전통과 버려야할 전통을 가르는 작업을 21세기의 글로벌한 시점에서 수행하지 않으면 안 된다. 이러한 세세한 작업이 이제부터의 한일 관계를 개선하고 상호간 더욱 존경할 수 있는 존재로서 인식될 출발점이 될 것이라 생각한다.

컴퓨터의 발달에 따라 우리들은 항상 무엇인가에 선동되는 위험성과 마주하는 시대에 살고 있다. 그것은 대중심리에 춤추지 않는 각오가 필요한 시대에 살고 있다고도 말할 수 있을 것이다. 그 때문에 모든 수단을 사용하여 다가오는 집단화와 전투화의 압력에 어디까지라도 저항하는 방법과 수단이 필요해 진다.

본능이나 권력에 춤추는 '혹평하는 즐거움'에 열중하는 것 보다도 '우정의 따뜻함'을 언제까지나 잊지 않고 추구하면서 그것을 위한 노력을 아끼지 않는 일. 두 번 다시 국가간의 분쟁에 휘말려 존귀한 인명을 '죽음'으로 내모는 국가 정책의 폭주를 방지하는 일. 그리고 권력에 의한 명령의 가시가 자신의 마음을 찌르는 것을 주의깊게 회피하는 일. 이러한 당연한 일이 전쟁으로 '죽음'을 강요당한 우리들의 선배가 마음속으로 바라는 일이 아니겠는가?

생각해야할 것이 많다. 그리고 그 우리들이 생각하여 발견한 것을 젊은 세대에게 전해주지 않으면 안 된다. 한일 양국의 젊은이들이 인터넷을 사용하여 '혹평하는 즐거움'에 빠지고 있는 현상을 어떻게 하면 '회피'할 수 있을까? 그것은 말할 필요도 없지만 한일 양국의 시민 한 사람 한 사람이 자신들의 자식을 어떻게 교육할 것인가와 관련된다. 국가 권력에 춤추는 것이 아니라 아시아 시민의 한 사람으로서 우리들이 할 수 있는 것을 모색해 가는 것. 그것을 함께 생각해 보고 싶은 것이다.

※ 본고는 2015년 11월6일에 개최된 [한일 양국인의 상호인식과 선린의 길] 심포지움에서 토론과 질의를 받고 발표 원고를 가필 수정한 것이다. 본 발표의 토론자였던 서동주 선생님께 코바야시에 관한 귀중한 가르침을 받았다. 지면을 빌려 감사한 마음을 전한다.

韓国文化の中における排日感情と 大衆心理の問題

井上厚史(島根縣立大)

1

　みなさん、こんにちは。島根縣立大學の井上と申します。本日は、韓日國交正常化五〇周年の記念すべき年に、韓日文化交流基金主催「2015年度韓日國際學術會議」にお招きいただき、心より感謝申し上げます。また、大會運営にかかわられたスタッフの方々に對しても同じく感謝申し上げます。

　本日の發表は、「韓國文化の中における排日感情と大衆心理の問題」について、私が日頃考えていることを發表したいと思います。「韓國文化の中における排日感情」について何か話す場合、多くの識者は、韓國のナショナリズムや表象文化の錯綜したあり方について言及することでしょう。

　たとえば、鄭大均は、反日感情について「韓國人の日本觀に特徴的なのは、反發や不信や敵意とともに誘因や信頼や敬意が交錯するアン

ビヴァレンスの性格であり、アンビヴァレントであるということは、日本に對する矛盾する眺めが韓國人の心の中に共存しているということを意味するのである」[1]と述べています。韓國のテレビ番組や新聞雜誌などのジャーナリズムに反日的な言論が充滿する一方で、漫畫やテレビ番組、音樂などの日本の大衆文化に對する好意や關心を持っている若者がたくさんおり、アンビヴァレントな、あるいは心理學的に言えば、分裂症的な現象が見られるという見解です。そして、こうした現象が見られる原因として、世代間による認識の相違、すなわち日帝時代を知っている旧世代と知らない新世代における世代間格差が指摘されることもしばしばです。

しかし、私は本日の發表において、このような韓國文化の中における對日感情の分裂性を分析するのではなく、むしろ、なぜ戰後七十年たった今も韓國で排日感情が持續しているのか、について考えてみたいと思います。

一九八一年にノーベル文學賞を受賞したブルガリア人のエリアス・カネッティは、一九六〇年に發表した代表作『權力と群衆』の中で、「酷評する樂しみ」について、次のように述べています。

人間は、自分の知っている、あるいは想像しうるあらゆる人間をグループに編成し再編成したい、という根深い欲求を持っている。人間は人びとの弛(ゆる)いアモルフな集まりを二つの對立的なグループに分かつことによって、その集まりに一種の緊密さを与える。人間はこの兩グループをまるで戰闘隊形をつくるみたいに配置する。人間は兩グループを排他的に仕立てあげて、お互いに對する敵意で滿たす。人間が兩グループを想像し、そうあって欲しいと思うところによれば、兩グループは敵對的になるしか

---

1) 鄭大均「反日感情」、古田博司・小倉紀藏編『韓國學のすべて』新書館、二〇〇二、二六一頁。

ない。……このプロセスの根底には敵意ある群れを形成しようとする衝動
があり、その衝動は結局現實の戰闘の群れを生みださざるをえない[2]。

ユダヤ人でもあったエリアス・カネッティは、ファシズムによるユ
ダヤ人迫害を経驗した作家でした。彼は、平和で穏やかに暮らしてい
た人びとが、なぜ戰爭下では何のためらいもなく人を殺し合う凶暴な
戰闘集団に変貌するのか、その原因を追求しました。そして三十五年
の歳月を費やして完成したのが『群衆と權力』です。カネッティは、人
間が群集を形成しようとする根底には、未知のものとの接觸によって
もはや自己を守ることができないという恐怖、すなわち「死への恐怖」
があり、それが人間をできるかぎり緊密な群衆の中で自己を解放し
たがる原因なのだ、と述べています。群衆を形成する私たちの心の中
には、「群衆の中で生き殘ろうとする意志」、すなわち「不死への憧憬」
があり、それこそが權力の正体だというのです。

2

韓日間において排日感情が噴出した問題群として、たとえば、二〇
〇一年の「歷史教科書」問題、二〇〇五年の「竹島條例」問題、そして本
年二〇一五年の「明治日本の產業革命遺產」問題等があげられます。み
なさんもよくご存知のように、これらの問題が發生した時、韓日兩國
の國民は、「この兩グループをまるで戰闘隊形をつくるみたいに配置」
し、「兩グループを排他的に仕立てあげて、お互いに對する敵意で滿
たす」ような現象がしばしば見られました。インターネットやSNSなど

---

2) エリアス・カネッティ(岩田行一譯)『群衆と權力』下、法政大學出版局、一九七一、
　二八頁。

の個人的な情報發信メディアが發達した今日では、國家間ではなく國
民同士による激しい非難合戰が繰り廣げられ、さらに最近では自動翻
譯サイトを使った直接的な罵詈雜言までが届くような時代になってい
ます。

　では、なぜこうした排日感情が噴出する問題群が定期的に發生す
るのでしょうか。それは明らかに日本側に問題があります。歷史教科
書問題、竹島條例問題、明治日本の產業革命遺產問題に共通するの
は、日本人の歷史認識において戰前の植民地支配が韓國に与えた被害
や悲劇を忘れ去ろうとする態度であり、そうした歷史の意圖的な忘却
に對して韓國メディアが敏感に反応し、しだいに戰鬪隊形が作られ、
お互いに對する敵意が充滿して行き、ついには排日・排韓感情が噴出
する大問題にまでエスカレートして行くのです。

　カネッティの分析を応用すれば、こうした現象は次のように整理
できるでしょう。

　日本人の意圖的な歷史忘却政策が、韓國人に「死への恐怖」を呼び起
こし、それが韓國人に緊密な集団を形成して生き殘ろうとする衝動を
生み出し、兩者は敵意に滿ちた戰鬪隊形を作り出すのだ、と。しか
し、なぜ日本人の政策が、韓國人に「死への恐怖」を呼び起こすので
しょうか。

　それは、韓國人にとって戰爭體驗が現在においても生々しい「死」
の記憶とともにあるからではないでしょうか。かつては、日本人に
とっても、戰爭體驗は「死」とともにありました。しかし、戰後におけ
るアメリカ文化の大量流入とともに急激な經濟復興が進行する中で、
日本人は多くの肉親が戰死し、自らは食べる物もなく、ついには「一
億玉碎」を本氣で覺悟していた悲惨な過去の歷史に封印をし、「エコノ
ミック・アニマル」と非難されながらも一心不亂に働くことに集中する
中で、意識的にあるいは無意識的に、「死」をともなった戰爭體驗を忘

却して行きました。

一九五六年には、日本の経濟企畵廳が『経濟白書』において「もはや戰後ではない」と記述し、この言葉は流行語となりました。その根據は、一九五五年に一人当りのGNPが戰前の水準を超えたから、というのです。日本人にとって、一九五五年は高度経濟成長の始まりを告げる轉換点となりました。その後は、経濟成長がつねに政治の最重要課題として提出され、それが成功するたびに自民党政權が成長するという政治と経濟の癒着時代を迎え、一九七三年と七九年のオイルショック、そしてバブル経濟が崩壊した二〇〇八年のリーマン・ショックさえも何とか乗り切り、その方針に急ブレーキがかかったのは、二〇一一年の東日本大震災による福島第一原子力發電所事故の發生でした。一九五六年以來、日本人は實に五〇年以上にわたって、「死」をともなった戰争体驗を忘れ去って生きて來たのです。

「もはや戰後ではない」と宣言した一九五六年は、言うまでもなく、韓國戰争が終結した直後であり、韓國では戰争も「死」も目の前の現實として實在していました。この戰争に參加したアメリカ軍は、莫大な軍事物資の補給そして戰車や戰闘機の修理を日本から調達し、その特需によって日本の高度経濟成長の基礎が築かれました。日本では、この特需を「朝鮮特需」と呼んでお祭りムードにつつまれ、隣國の悲劇や「死」を見て見ぬふりをしたことは、日本の現代史における大きな汚点であります。

三十六年間の植民地支配の経驗、そして韓國戰争の悲劇を体驗した韓國人にとって、戰後の日本人が戰争の記憶を意識的に忘却しようとすることは、歴史の抹殺を意味するだけでなく、生々しい「死」をともなった戰争体驗自体が、あるいは戰争で亡くなった肉親の「死」自体が否定されることをも意味するでしょう。「死」の痛みを忘れることができない者にとって、「死」の痛みを忘れ去ろうとする者を許せるはず

はありません。ましてや、それが個人の問題ではなく、國家の政策と
して表面化したとすれば、なおさらです。

3

　韓日間のこうした歴史認識の齟齬と對立については、すでに著名
な研究者による分析が提出されています。たとえば、張寅性先生は、
近代朝鮮知識人の日本觀について、「近代朝鮮人にとって、日本は排
除しなければならない他者ではあったが、同時に自己の停滞性の変容
と自己生存にとって重要な意味を持つ存在でもあった。……近代日本
は惡のモデルであると同時に、善のモデルでもあったのである。」3)と
述べており、韓國人にとって日本が「惡のモデルであると同時に、善
のモデルでもあった」ことが指摘されています。またアンドレ・シュ
ミットは、「近代の民族に關する研究の多くが、民族主義の分裂的な
効果を強調する。これはしばしば、集団組織の前近代的形態と近代的
形態との「對立」として表現される。あるいは、より最近の術語を使う
と、それは「認識の暴力」と表現される。……けれども、民族の起源
を、それぞれ本質主義的カテゴリーである伝統と近代を用い、「伝統」
からの動き、および「近代」のそれへの動きとして描くことによって、
これらの接近方法は民族主義者の言説と民族主義以前の者の言説との
相互作用を無視しがちであり、それによって近代の民族の系譜を簡略
化しすぎている。」4)と指摘し、近代的な民族の成立を單純に「伝統」と

---

3) 張寅性「近代朝鮮の日本觀の構造と性格──自己・他者・狀況の關數的表象として
　　の日本觀」、宮嶋博史・金容德編『近代交流史と相互認識Ⅰ』慶應義塾大學出版
　　會、二〇〇一、一三五頁。
4) アンドレ・シュミット(糟谷憲一他譯)『帝國のはざまで』名古屋大學出版會、二〇〇

「近代」という概念だけで説明することに警告を發しています。

　張寅性とシュミットの研究が示唆するのは、韓日關係には對立するモデル、すなわち「惡」と「善」、あるいは「伝統」と「近代」というモデルが共存していること、しかしその單純なモデルに過度に依存することは歴史を見誤ることになる、という指摘です。この先行研究に學ぶならば、韓日間における歴史認識の對立を、單なる二項對立的な問題として處理するのではなく、對立を生み出している背景や直接的原因を明らかにすることこそが求められている、と言えるでしょう。

　では、それは何なのでしょうか。すでに述べてきたように、日本人の歴史認識には「死」をともなった悲惨な戰爭体験が喪失されており、韓國人の歴史認識には「死」をともなった悲惨な戰爭体験が生々しく生きているからだと、私は考えます。「死」をともなった悲惨な戰爭体験を喪失してしまった多くの日本人には、過酷な植民地支配を経験した韓民族の悲劇と苦難が伝わっていないのです。

　たとえば、朴殷植『朝鮮獨立運動之血史』のつぎのような言説を、どれほどの日本人が知っているでしょうか。

朝鮮民族の日本民族に對する輕蔑

朝鮮民族は、ながいあいだ日本人を「ウェノム、ウェノム(倭奴)」とよび、これを歴史的慣用語としてきた。朝鮮人は、日本人がふんどし一つの裸でいることや、淫賣の習慣や、男女間の風紀の紊亂などをあざわらっていた。そのうえ、大きいものでは國家、ちいさいものは個人財産にいたるまでみな狡猾に詐欺と暴力によって奪ったもので、わが民族にはそのようにされた経験が多い。

また、日本民族がまだ鳥獸のような野蠻な生活をしていた時代に、朝鮮民族が各種の文化をもたらして文明世界に教導したことは、歴史に記憶する

七、一五頁。

ところである。朝鮮民族がアジア第一の強大な漢民族とその文化を競い
あった時代に、日本はまだ世界にかえりみるものもいない絶海の野蛮民族
にすぎなかったこともまた、歴史的事實である。日本人は、唐に留學しよ
うとしても唐と直接交渉ができず、新羅の紹介と手引を必要とした。その
ため東三省には新羅院があり、新羅の外交官が日本の外交を兼攝してい
たのもまた、歴史的事實である。

さいきん朝鮮、日本兩國關係の狀況をみると、朝鮮民族はもとより、日本
がここ五十年來、西洋文化を輸入することにおいて一日の長があったと考
えている。しかし、日本はなおヨーロッパ諸民族には遠く及ばないと思っ
ていることもまた事實である。しかしもし朝鮮民族に、二十年のあいだ努
力を傾注する自由があれば、いまの日本文化の富強の程度には到達するこ
とができると確信していることもいうまでもない。文化を吸收し創造する
能力において、朝鮮民族は日本に較べてはるかにまさっていることも、ま
たわれわれが信じて疑わない点である。朝鮮では、日本人の機關誌と官吏
の口によって、つねに「日本は世界の一等國である」と自慢され、「日本人
は朝鮮民族に較べてはるかに優秀な指導者である」と自負のほどをひけら
かされているが、朝鮮民族はこのような境遇に對して、とりわけ抑えがた
い不快の感情をもっている。この侮辱に刃向かう切ない心が、「ウェノ
ム、ウェノム(倭奴)。お前たちは暴力で、汝の母なる國の人々を支配しよ
うとするのか。いつの日か、いつの日か、みていろ」といわせるのである。
私は、このようなことをみるにつけ、聞くにつけ、切齒扼腕の思い、いよ
いよ深く、いよいよ激しいものがあるのである。

朝鮮民族は日本民族に對し、その淺薄輕躁な民族性を輕蔑し、その將來
性の無さに對して憐憫の情をもってみている。たとえ、こんにちにおいて
こそ日本民族の抑壓を受けているとはいえ、自民族が日本より優秀である
ことを固く信じて疑わない。朝鮮民族が日本に對し恐れているのは、ただ
日本が武器を持っていることだけである。現在三十万の日本人が朝鮮の
全國各地に散在し、朝鮮人は、直接的な接觸のくり返しの中で、日本民
族の身の處しかたの無礼さを看破し、いよいよ輕蔑のおもいをつのらせて
いる5)。

　日本人に韓半島における植民地支配の苛烈さを説明する時、しば
しば「だけど、日本人が植民地支配をしてやったおかげで、韓國は近
代國家になることができたんじゃないか?」という反論が飛び出しま
す。こうした言説には、生々しい「死」をともなった戰爭体験は存在し
ていません。彼らにとっての近代化とは、道路ができた、橋ができ
た、流通網が整備された、小作農が解放された、という経濟學的・制
度論的な問題にすぎず、そこには人間の感情や生活様態に對する配慮
は欠如しています。

　また、尹東柱『空と風と星と詩』を、彼らは讀んだことがあるので
しょうか。

　　　　序詩
　死ぬ日まで天を仰ぎ
　一点の恥じ入ることもないことを、
　葉あいにおきる風にさえ
　私は思い煩った。
　星を歌う心で
　すべての絶え入るものをいとおしまねば
　そして私に与えられた道を
　歩いていかねば。

　今夜も星が　風にかすれて泣いている。

　　　　道
　失くしてしまったのです。
　何をどこで失くしたのかも知らないまま

---

5) 朴殷植(姜德相譯)『朝鮮獨立運動之血史Ⅰ』、平凡社、一九二〇、一二三ーー二
　五頁。

両手がポケットをまさぐり
道へと出向いていったのです。

石と石と石とが果てしなくつらなり
道は石垣をはさんで延びていきます。

垣根は鐵の扉を堅く閉ざし
道の上に長い影を垂らして

道は朝から夕暮れへと
夕暮れから明けがたへと通じています。

石垣を手さぐっては涙ぐみ
見上げれば空は氣恥ずかしいぐらい青いのです。
ひと株の草もないこの道を歩いていくのは
垣根の向こうに私が居殘っているためであり、

私が生きているのは、ただ、
失くしたものを 探さねばならないからです[6]。

　この詩には、數字では語ることのできない人間の透明な感情が表現されており、生と「死」が存在しています。日本人による多くの韓國批判の言說には、人間であれば誰しもが持っている人間的感情から目を背け、韓國人が「惡」であることを必死に証明しようとする心理的壓迫を感じることがあります。彼らは何に追い立てられているのでしょうか。
　私は廣島縣で生まれ、高校生まで廣島で過ごしました。ほとんど

---

6) 金時鐘譯『尹東柱詩集　空と風と星と詩』岩波文庫、2012、九頁および二九－三一頁。

の日本人が知りませんが、私たち廣島縣生まれの人間は、小學校から高校まで、廣島に原爆が投下された八月六日は夏休み中であっても登校日であり、小さい時から學校に行って原爆が投下された廣島の悲劇を教えられてきました。小學生がカラーフィルムに映し出された原爆投下直後の燒けただれた、あるいは燒け焦げた人間の姿を、また文字通り廢墟と化した廣島の無殘な街の風景を見ることは、苦痛以外の何物でもありませんでした。しかし、同時に、戰爭の悲慘さは衝擊的な現實として私たちの心に深く刻まれています。私たち廣島の人間にとって、戰爭の記憶は今だに「死」とともにあり、多くの日本人のように忘れ去ってしまうことのできない記憶です。それは、廣島から三日後に同じく原爆が投下された長崎、そして全島が戰場と化し縣民の四人に一人が亡くなった沖縄の人びとにとっても、忘れ去ることのできない記憶として存在しているはずです。

私たち廣島や長崎、沖縄の人間にとって、戰爭の記憶は生々しい「死」とともにあり、植民地支配や韓國戰爭による悲劇を經驗した隣國の人びとを、他人事として無視することはできません。

廣島で被爆した詩人の峠三吉は、韓國戰爭の時、アメリカ軍が中華人民共和國に對して原子爆彈の使用を考えているというニュースを聞き、原子爆彈を安易に使用しようとするアメリカに對して、次のような抗議の『原爆詩集』を書きました。

　一九四五年八月六日、廣島に、九日、長崎に投下された原子爆彈によって命を奪われた人、また現在にいたるまで死の恐怖と苦痛にさいなまれつつある人、そして生きている限り憂悶と悲しみを消すよしもない人、さらに全世界の原子爆彈を憎惡する人々に捧ぐ。

序

ちちをかえせ ははをかえせ
としよりをかえせ
こどもをかえせ

わたしをかえせ わたしにつながる
にんげんをかえせ

にんげんの にんげんのよのあるかぎり
くずれぬへいわを
へいわをかえせ

八月六日

あの閃光が忘れえようか
瞬時に街頭の三万は消え
壓しつぶされた暗闇の底で
五万の悲鳴は絶え

渦卷くきいろい煙がうすれると
ビルディングは裂け、橋は崩れ
滿員電車はそのまま焦げ
涯しない瓦礫と燃えさしの堆積であった廣島
やがてボロ切れのような皮膚を垂れた
両手を胸に
くずれた脳漿を踏み
燒け焦げた布を腰にまとって
泣きながら群れ歩いた裸体の行列

石地藏のように散亂した練兵場の屍体
つながれた筏へ這いより折り重った河岸の群も

灼けつく日ざしの下でしだいに屍体とかわり
夕空をつく火光の中に
下敷きのまま生きていた母や弟の町のあたりも
燒けうつり

兵器廠の床の糞尿のうえに
のがれ横たわった女學生らの
太鼓腹の、片眼つぶれの、半身あかむけの、丸坊主の
誰がたれとも分らぬ一群の上に朝日がさせば
すでに動くものもなく
異臭のよどんだなかで
金ダライにとぶ蠅の羽音だけ

三十万の全市をしめた
あの靜寂が忘れえようか
そのしずけさの中で
歸らなかった妻や子のしろい眼窩が
俺たちの心魂をたち割って
込めたねがいを
忘れえようか7)！

　「死」が生々しいものであるかぎり、戰爭が「死」をともなうもので
あるかぎり、人間はその記憶を忘れ去ることはできません。歷史敎科
書問題、竹島條例問題、明治日本の產業革命遺產問題が發生するの
は、「死」をともなった戰爭を忘れ去ろうとする日本人が、「死」をとも
なった戰爭を生きている韓國人の感情を逆なでしたために生まれた問
題と言えるでしょう。問題は、韓日間におけるナショナリズムの解釋

---

7) 峠三吉『原爆詩集』日本ブックエース、二〇一〇より。

の相違などではなく、生々しい「死」をともなった戦争の記憶を共有できるかどうかにあると思われます。どうすれば、お互いに相手を「悪」として抹殺したいという衝動から逃れられるでしょうか。

4

　繰り返される日本人の戦争忘却に起因する政治問題が發生するたびに、韓國人の日本人に對する遺恨がよみがえります。しかし、この負の連鎖はどこかで斷ち切らなければなりません。遺恨が遺恨のままで存續し續けることは、韓日關係にとって大きな損失であることは言うまでもないことです。では、事態を改善するために何が必要なのでしょうか。

　私たち日本人は、この韓日國交正常化五〇周年の記念すべき年に、二人の日本人の言葉を思い起こすべきでしょう。一人は一九八八年に「不戰兵士の會」を立ち上げた小島淸文。もう一人は、一九九四年にノーベル文學賞を受賞した大江健三郎です。

　一九四三年九月に慶応大學を繰り上げ卒業した小島淸文は、四四年五月に戰艦大和の暗号士としてレイテ沖海戰に参加し、九死に一生を得て歸還した後、同年一二月に再びフィリピン・ルソン島の戦争の最前線に送られます。アメリカ軍の迫撃砲が雨のように降り注ぐ中、すでに武器もなく、飢えと熱病に冒されながら、四十五名の小隊のうちわずかに生き殘った三名を引き連れて、小島はアメリカ軍に投降し、ハワイの捕虜收容所に收容されます。地獄のような戰争を生き延びた小島は、戦後母親の故郷であった島根縣にもどり、戦後の日本の民主化を地方から始めようと、一九四七年七月に『石見(いわみ)タイム

ズ』という地方新聞を創刊させます。小島は、その後六十五歳まで實業家として活躍した後、六十七歳になっていた一九八七年に、朝日新聞に自身の戦争体験を投稿して大きな反響を巻き起こし、翌年に同じ戦争の地獄を経験した十七人の旧軍人とともに「不戰兵士の會」を結成しました。

小島は、一九七九年に出版した『投降』という本の中で、次のように述べています。

今から三十四年前に、悲惨な戦爭があったことなど、もはや誰も忘れてしまった。いや、思い出すことさえ何か罪惡のような氣持ちでいる。

明日知れぬ命をかかえて、苦しみ、もがき、飢餓に責めさいなまれ、榮養失調で靑ぶくれて死んでいった、あなたたちの祖父や父や叔父たちのことなど、誰も忘れてしまったことだろう。

自分で考え、自分で自分の行動を決めることもできなかったこれらの人たちが、ジャングルの中で、南海の孤島で、どうすることもできず死んでいったいことも知らないであろう。そして捕虜になった日本人が戰々兢々として、どんな態度をとったかなどということは、なおさらわからないであろう。

日本人は戦後随分変わったという。しかし本当に変わったのであろうか？命令に忠實で、自己主張のできなかったかつての兵士たちと、今日のサラリーマンたちと、どこが違うであろうか。いつでも、誰かの命令や指示を待たなければ動けない日本人が、今日、本当にいなくなったであろうか。

戦爭中、日本人を、第一線の兵士たちを、死地に追い込んだ指導者をどうすることもできなかった國民が、今日はそれを自由に変え、本当に國民のための指導者にしているのだろうか。私たち日本人はかつて一握りの指導者たちの自己保身や思い上がりから筆舌につくしがたい大きな犠牲を拂った。特に彼らの終戰處理の不手際が數十万の南海の諸島の日本兵たちを飢餓と熱病の生き地獄に追いやったという事實は、三十有余年の歳月をもってしても決して忘れ去ることのできない痛恨事である。

しかし私たちは戦争の悲惨さを強調するだけであってはならない。私たち
が拂った犠牲や経験はただそれだけで事足りとするには余りに大きいので
ある。
……
さらにまた、日本人がかつて中國大陸や朝鮮、台湾の人たちに對して犯し
た罪、フィリピンやマレーの人々に對して犯した罪にどれだけ深く反省を
しているであろうか。
戦後これらの國々の人々に對して官僚的、法匪的發想しか持ち合わさず、
國籍が違うが故になんらの補償をも顧みない日本人の身勝手さと忘恩ぶり
に私は人間として恥ずかしい思いにかられている。行動をともなわない口
先ばかりの反省は、その名にも値しないであろう。愛に國境がないよう
に、人間の信義にも國境はないはずである[8]。

また、戦後の日本文學を代表する一人である大江健三郎は、一九
九四年一二月に開催されたノーベル賞受賞スピーチで、次のように
述べていました。

國家と人間をともに引き裂くほど強く、鋭いこのあいまいさ(ambiguity)
は、日本と日本人の上に、多様なかたちで表面化しています。日本の近代
化は、ひたすら西歐にならうという方向づけのものでした。しかし、日本
はアジアに位置しており、日本人は伝統的な文化を確固として守り續けも
しました。そのあいまいな進み行きは、アジアにおける侵略者の役割にか
れ自身を追い込みました。また、西歐に向けての全面的に開かれていたは
ずの近代の日本文化は、それでいて、西歐側にはいつまでも理解不能の、
またはすくなくとも理解を澁滯させる、暗部を残し續けました。さらにア
ジアにおいて、日本は政治的にのみならず、社會的、文化的にも孤立する
ことになったのでした。

8) 小島清文『投降──比島血戦とハワイ收容所』光人社NF文庫、一九七九、二〇一
二一頁。

日本近代の文學において、もっとも自覺的で、かつ誠實だった「戰後文學者」、つまりあの大戰直後の、破壞に傷つきつつも、新生への希求を抱いて現れた作家たちの努力は、西歐先進國のみならず、アフリカ、ラテン・アメリカとの深い溝を埋め、アジアにおいて日本の軍隊が犯した非人間的な行爲を痛苦とともに償い、その上での和解を、心貧しくもとめることでした。かれらの記憶されるべき表現の姿勢の、最後尾につらなることを、私は志願し續けてきたのです[9]。

小島が言うように、私たち日本人は「戰爭の悲慘さを強調するだけであってはならない。私たちが拂った犠牲や経驗はただそれだけで事足りとするには余りに大きい」のであり、大江が言うように、私たち日本人は「大戰直後の、破壞に傷つきつつも、新生への希求を抱いて現れた作家たちの努力は、西歐先進國のみならず、アフリカ、ラテン・アメリカとの深い溝を埋め、アジアにおいて日本の軍隊が犯した非人間的な好意を痛苦とともに償い、その上での和解を、心貧しくもとめること」を忘れてはならないはずです。戰爭體驗は、目的の良し惡しを論じる爲政者の立場から語られるものではなく、戰爭によって「死」を強要された死者の立場から語られなければなりません。

では、韓國人のみなさんには何が必要でしょうか。「戰爭の悲劇を意識的に忘れようとしているのは日本人であり、韓國人に責任はない。」とおっしゃるでしょうか。

カネッティは、『群衆と權力』を次のような言葉で締めくくっています。

眞に望ましいことは、生きのこる者(=權力者)自身をなくすことである。そして、そのためには、彼の行動がもっとも自然に見えるときでさえ、か

---

9) 大江健三郎『あいまいな日本の私』岩波文庫、一九九五、八－九頁。

れが何のために存在しているかを見ぬくことを、われわれは學ばなければ
ならない。かれの行爲のうちで、もっとも等閑に付された、したがって
もっとも危險な行爲は、命令を下すことである。……命令の体系はどこに
おいても認められている。それは恐らく軍隊においてもっとも明瞭であろ
うが、およそ文明生活において、さまざまの命令が及ばず、われわれのう
ちの誰をも補足しえないような領域というものは、ほとんど考えられな
い。命令につきものの死の脅威は權力の貨幣であり、この分野において
は、貨幣を次々と重ねて巨富を築きあげることはあまりにも容易である。
もしわれわれが權力というものを克服しようと望むならば、われわれは憚
ることなく命令を直視し、命令からその棘をぬきとる手段を見つけださね
ばならないのである10)。

　私は、韓國人のみなさんに必要なことは、「死」の痛みを忘れるこ
とができない韓國人であるからこそ、「死」の痛みを忘れ去ろうとする
日本人に對抗しようとして、緊密な集団を形成し、生き殘ろうとする
衝動に從って敵意に滿ちた戰闘隊形を作り出すことから自由になるこ
とだと考えます。「死」の痛みを知っている人間は、「死」の痛みを忘れ
た人間に對して、わざわざ集団を形成して戰闘する必要はありませ
ん。問題は、日本人の妄言に對して「集団」を形成して「戰闘隊形」に突
入する大衆心理が容易に形成されてしまうことではないでしょうか。
そうした一般人をすみやかに戰闘集団に変貌させることこそ、權力者
による「命令」だと、カネッティは警告しています。
　私たちに必要なことは、「憚ることなく命令を直視し、命令からそ
の棘をぬきとる手段を見つけだす」ことであるはずです。大切なの
は、群衆を形成して戰闘態勢に入ることではなく、群衆を形成しよう
とする「命令」を直視し、自分たちの行動の是非を冷静に考えることで

---

10)『群衆と權力』下、三一二─三一三頁。

はないでしょうか。それこそが、カネッティが『群衆と權力』で訴えたかったことであると思われます。

5

　以上のような考察を積み重ねた末に、私は以下の三つのことを提案したいと思います。

(ア)　日本人は、中國人や韓國・北朝鮮人を劣った民族とバカにすることで、自分の存在意義を確認してきました。そして、韓國人は、日本人が道德的に劣った民族であるとバカにすることで、自分の存在意義を確認してきました。しかし、相互にバカにし合うことで自らのアイデンティティを再確認していること自体、バカげたことではないでしょうか。

(イ)　お互いを尊敬できるような価値基準(互いに共有できる伝統的価値観や哲學的課題)を探求し、言語化することが求められていると思います。しかし、それは安易に西洋思想を輸入し、西洋的基準で優劣を競うこととは別問題であるはずです。

(ウ)　東アジア諸國が「西洋の衝撃」による強要された「近代化」過程の中で、私たちの先人たちが命をかけて格闘してきた東アジア近代化過程を再檢証することが、今こそ求められているように思います。継承すべき伝統と捨て去るべき伝統の腑分け作業を、二一世紀のグローバルな視点から遂行しなければならない。そうした地道な作業が、これからの韓日關係を改善し、お互いをもっと尊敬できる存在として認識できる出發点になるように思われます。

　コンピューターの發達により、私たちはつねに何かに煽動される危險性と隣合わせの時代に生きています。ということは、大衆心理に

踊らされない覺悟が必要な時代に生きているとも言えるでしょう。そのためには、あらゆる手段を使って迫り來る集団化と戰闘化の壓力にどこまでも抵抗する方法と手段が必要です。それはどこにあるのか。それをみなさんとともに考えていきたいと思います。

「토론문」

서 동 주(이화여대)

이 글은 오늘날 한국인의 배일감정이 과거에 비해 더욱 심화되는 상황에 대한 깊은 우려에 기반하고 있다. 하지만 이 글이 가진 진정한 의의는 '우려'의 감정을 '화해'가 필요하다는 당위적 명분으로 안이하게 해소하려 하지 않고, 오히려 왜 이런 상황이 역사적으로 반복되는가에 대한 심도 있는 분석을 시도하고 있다는 점에 있다. 이 글은 그 원인을 전쟁에 동반되는 죽음에 대한 한국인과 일본인의 태도 차이로부터 설명한다. 발표자는 한국인의 배일감정과 일본인의 배한감정의 충돌이 반복되는 이유를 다음과 같이 설명한다. 즉 일본인의 역사인식은 "전전 일본이 한국에 주었던 피해와 비극을 잊으려 하는 태도"에 입각해 있는데, 여기에 "한국의 미디어가 민감히 반응해 점차 전투부대가 형성되어 서로가 적의를 품고 대립을 거듭하는 가운데 배일과 배한감정이 분출한다"는 것이다.

발표자의 시선은 적대감이 만들어지는 현상에 머물지 않고 집단적 기억의 심층으로 파고 들어간다. 발표자는 1945년 이후로 현재까지 "한국인에게 있어서 전쟁체험이 생생한 '죽음'의 기억과 함께" 이어지고 있는 반면 "일본은 의식적으로 뿐만 아니라 무의식적으로도 죽음을 동반했던 전쟁체험을 망각하려 했다"는 점에 주목한다. 그런 까닭에 "식민지지배의 경험과 한국전쟁의 비극을 체험한 한국인에게 있어서 전후의 일본인이 전쟁의 기억을 의식적으로 망각하려는 것은 역사의 말살을 의미할 뿐만 아니라 생생한 죽음을 동반한 육친의 죽음 자체를 부정하는 것으로" 받아들여졌다는 것이다. 따라서 이런 대립의 악순환에서 벗어나기 위한 첫걸음은 전쟁과 죽음을 "위정자"의 관점이 아니라 "死者의 입장에서 말하는 것"이 된다.

논평자는 대중적 수준에서 벌어지는 비난과 갈등을 전쟁이 동반한 죽음과 비참함을 둘러싼 '기억의 차이'에서 주목하는 발표자의 논리에 깊은 공감을 느끼지 않을 수 없다. 근대 내셔널리즘에 대한 방대한 분석이 일깨워준 것처럼, 어떤 기억을 공유하는가 여부는 우리와 타자를 구분하는 중요한 기준으로 간주되었기 때문이다. 다만 발표자의 논지가 좀 더 설득력을 갖기 위해서는 적어도 다음과 같은 의문에 응답할 필요가 있을 것 같다. 그런 점을 감안하여 여기에서는 두 가지의 질문과 더불어 하나의 소략한 제안을 덧붙이는 방식으로 논평의 의무를 대신하고자 한다.

던지고 싶은 의문은 다음과 같다. 첫째, 전후 일본인은 전쟁과 죽음의 공통을 잊으려했고 한국인에게 죽음의 고통은 잊을 수 없는 것이라는 전제의 '사실성'을 둘러싼 의문이다. 일본은 전쟁이 동반하는 죽음을 망각하려 했다기보다, 그것을 식민지 지배라는 차원에서 베어내어 미국과의 전쟁이라는 맥락 속에서만 기억하려 하지지 않았는지? 그와 함께 식민지에서의 잔학행위보다는 미국과의 전쟁에서 있었던 희생과 피해에만 관심을 기울인 것은 아닌가? 아울러 한국에서 일제감정기와 한국전쟁이 죽음의 기억과 함께 현재 대중적으로 계승되고 있다고 판단하는 근거가 무엇인지 묻고 싶다. 적어도 논평자의 눈에는 한국사회에서 피식민과 전쟁의 기억은 시간의 흐름에 따라 희미해지고 먼 것처럼 느껴지고 있는 것처럼 보이기 때문이다. 뿐만 아니라 종종 그런 기억은 일본과 북한에 대한 적대적 감정을 환기시키는 역할을 하고 있다는 점에서 기억의 문제는 기억되고 있는가 여부에 국한되어서는 안 되며, 보다 신중하게 취급

될 필요가 있을 것 같다.

둘째, 그런 의미에서 "전쟁에 의한 죽음을 전쟁체험의 좋고 나쁨을 논하는 위정자의 입장이 아니라 사자의 입장에서 보는 것이 필요하다"는 제언의 유효성에 대해서도 의문을 던지지 않을 수 없다. 왜냐하면 야스쿠니의 지지자들이 보여주는 것처럼 일본에서 이른바 '우익'의 범주에 포함될 수 있는 사람들은 실제로 '死者'의 관점＝입장을 중시하고 있기 때문이다. 그들은 死者를 외부의 위협에 맞서 일본이라는 공동체의 존속을 위해 목숨을 바친 '숭고한' 존재로 기억한다. 한편 1960년대 미시마 유키오가 '전사자'들의 목소리를 재현하여 전쟁의 기억이 풍화되어 가는 상황에 비판적으로 개입하려 했던 것에서 알 수 있는 것처럼, 전사자는 전쟁을 기억하기 위한 유력한 매개다. 하지만 동시에 전사자는 배타적인 민족주의와도 언제든지 결합할 수 있음도 간과해서는 안 된다. 그것은 우익의 일부가 반미의 입장을 고수하고 있는 사례에서 확인할 수 있다. 그럼 점에서 전쟁과 죽음을 다만 '사자의 입장'에서 말하는 것이 지난 수십 년 간 지속된 한일 양국의 감정적 대립의 해소에 얼마나 기여할 수 있을지 의문이다.

이러한 의문 위에서 논평자는 귀환자 출신 작가였던 고바야시 마사루의 소설 <가교>를 다시 읽을 필요성을 강조해 두고 싶다. 제목에서 알 수 있듯이 이 소설은 지배자와 피지배자의 관계였던 일본과 한국이 화해의 가교를 놓기 위한 어떤 '전제'에 관해 다루고 있기 때문이다. 소설 <가교>의 주제는 거시적 관점에서 한일 양국 국민의 감정적 갈등을 분석한 이 글의 담대한 시도에 포함될 만한 문학적 사례가 될 수 있을 것이라는 기대를 표명하며 논평을 마치고자 한다.

토 론

서동주　안녕하세요. 서동주라고 합니다. 미리 준비한 서문이 자료집에 실려 있어서 시간관계사 읽도록 하도록 하겠습니다. 뒷부분에 약간 덧붙이는 말이 있는데요 그것을 제외하면 여기 제가 써놓은 것을 읽는 것으로 대신하도록 하겠습니다.

이글은 오늘날 한국인의 배일감정이 과거에 비해 더욱 심화되는 상황에 대한 깊은 우려에서 기반하고 있습니다. 하지만 이글이 가진 진정한 의의는 우려의 감정을 화해가 필요하다는 당위적 명분으로 안이하게 해소하려 하지 않고 오히려 왜 이런 상황이 역사적으로 반복되고 있는 가에 대한 심도 있는 분석을 시도하고 있다는 점에 있다고 생각을 합니다. 이 글은 그 원인을 전쟁에 동반되는 죽음에 대한 한국인과 일본인의 태도 차이로부터 설명을 합니다. 발표자는 한국인의 배일감정과 일본인의 배한감정의 충돌이 반복되는 이유를 다음과 같이 설명합니다. 즉 일본인의 역사인식은 전전 일본이 한국에 주었던 피해와 비극을 잊어버리려 하는 태도에 입각해 있는데 여기에 한국의 미디어가 민감히 반응해 점차 전투부대가 형성되어 서로가 적의를 품고 대립을 거듭하는 가운데 배일과 배한감정이 분출한다는 것이다.

발표자의 시선은 적대감이 만들어지는 현상에 머물러 있지 않고 집단적 기억의 심층으로 파고 들어갑니다. 발표자는

1945년 이후 현재까지 한국인에 있어서 전쟁체험이 생생한 죽음의 기억과 함께 이어지고 있는 반면 일본은 의식적으로 뿐만 아니라 무의식으로도 죽음을 동반한 전쟁체험을 망각하려 했다는 점에 주목합니다. 그런 까닭에 식민지 지배의 경험과 한국전쟁의 비극을 체험한 한국인에게 있어서 전후의 일본인이 전쟁의 기억을 의식적으로 망각하려는 것은 역사의 말살을 의미할 뿐만 아니라 생생한 죽음을 동반한 육친의 죽음 자체를 부정하는 것으로 받아들여졌다는 것입니다. 따라서 이런 대립의 악순환에서 벗어나기 위한 첫걸음은 전쟁과 죽음을 위정자의 관점이 아니라 사자의 입장에서 말하는 것이 된다고 설명하고 있습니다.

저는 대중적 수준에서 벌어지는 비난과 갈등을 전쟁이 동반한 죽음과 비참함을 둘러싼 기억의 차이에서 주목하는 발표자의 논리에 깊은 공감을 느꼈습니다. 잘 아시다시ㅂ피 근대 내셔널리즘에 대한 방대한 분석이 일깨워준 것처럼 어떤 기억을 공유하는가 여부는 우리와 타자를 구분하는 중요한 기준으로 간주되기 때문입니다. 다만 저는 논지가 더 오늘 발표자의 논지가 좀 더 설득력을 갖기 위해서는 적어도 다음과 같은 의문에 응답이 필요하지 않을까 생각을 했습니다.

그런 점에서 저의 두 가지 질문과 함께 소략한 제안을 하나 덧붙이는 것으로 저의 토론을 대신하고자 합니다. 첫 번째 의문은 다음과 같습니다. 전후 일본인은 전쟁과 죽음의 고통을 잊으려고 했고 한국인에게 죽음의 고통은 잊을 수 없는 것이라는 전제의 사실성에 대한 의문입니다. 일본은 전쟁이 동반하는 죽음을 망각하려 했다기보. 그것을 식민지 지배라는 차원에서 떼어내어 미국과의 전쟁이라는 맥락에서 기억하려

하지 않았는지 그런 생각이 들고요 그와 함께 식민지에서의 잔학행위보다는 미국과의 전쟁에서 있었던 희생과 피해에만 관심을 기울인 게 아닌가 그러니깐 전쟁에 대한 죽음의 기억을 잊으려고만 한 것이 아니고 다른 문맥에서 오히려 기억하려는 행위가 같이 있었던 것이 아닌가? 이런 생각이 듭니다. 아울러 한국에서 일제강점기와 한국전쟁이 죽음의 기억과 함께 현재 대중적으로 계승되고 있다고 보시는 근거는 무엇인지 역시 한국사회도 시간의 흐름에 따라서 기억의 풍화가 일어나고 있다고 생각이 듭니다. 그래서 그런 부분 선생님의 관점에서는 어떻게 보이는지 궁금증과 함께 여쭤보고 싶고요 뿐만 아니라 종종 그런 기억은 아시는 것처럼 일본과 북한에 대한 한국인들의 적대적 감정을 환기 시키는 역할을 하고 있다는 점에서 기억의 문제는 단순히 기억이 되고 있느냐 아니냐 여부의 국한 되는 것이 아니고 어떻게 어떤 맥락에서 그 기억이 활용되고 있느냐 문제랑 같이 생각할 필요가 있을 것 같습니다.

두 번째 질문은요. 그런 의미에서 전쟁에 의한 죽음을 전생체험의 좋고 나쁨을 논하는 위정자의 입장이 아니라 사자의 입장에서 보는 것이 필요하다는 일종의 제언의 대해서 여쭤보고 싶습니다. 왜냐하면 제가 생각하기에 적어도 일본의 야스쿠니의 지지자들에서 보는 것은 사자의 관점 입장을 중시하는 것으로 보기 때문입니다. 아시는 것처럼 그들은 일본의 전사자를 외부의 위협에 맞서 일본이라는 공동체의 존속을 위해 목숨을 바친 숭고한 존재로 기억하려고 합니다. 뿐만 아니라 죽음 전사자에 문제에 관해서는 1960년대 미시마 유키오라는 작가가 전사자들의 목소리를 재현하여 선생님이 지적하신 것처럼 전후 일본인들이 전쟁을 잊으려고 하는 것에 대해 비판적으로 문제제기 했던 것을 여러 생각해 볼 필요가 있을 것 같습니다. 동시에 이 전사자라는 것은 배타적인 민족주의 와도 언제든지 결합할 수 있음도 간과하면 안될 것 같습니다. 그것은 예를 들어 우익의 일부가 반미의 논리로써 그것을 활용하고 있음을 확인할 수 있습니다. 그런 점에서 그런 점에서 전쟁과 죽음을 다만 사자의 입장에서 말하는 것이 지난 수십년 간 지속된 한일 양국의 감정적 대립의 해소에 얼마나 유효하게 기여할 수 있을지 그니깐 기여가 못한다기보다는 이것을 기여할 수 있도록 만들려면 좀 더 논의가 필요한 것이 아닌가 이런 생각을 해봤습니다. 제가 이 논평문을 쓸 때는 여기 언급하지 않았는데 선생님이 오늘 분석에 중요한 게 카네키의 그 죽음에 대한 충동이라는 개념이, 분석 개념이 되고 있는데 근데 이 죽음의 충동이라는 카네키의 설명을 보게 되면 이것은 인간에게 있어 쉽게 변하지 않는 본성과 같은 것으로 언급되고 있는 것 같습니다. 간단히 이야기 하면 변하지 않은 본성이 죽음에 대한 충동인데 과연 이것을 극복하는 것이 어떻게 가능한가는 문제를 생각해 봐야하는데요. 물론 선생님 글에서는 말미에 명령을 지시하고 냉철하게 생각하는 것이 필요하다고 또 카네키의 얘기를 인용하고 계십니다. 그런데 제 개인적으로는 죽음에 대한 충동이 하나의 본성과 같은 것인데 그것을 명령에 대한 지시와 냉철한 사고로 넘는 이 결론 사이에는 비약이 있어 보입니다. 제가 카네키를 몰라서 아마 이런 비약이 느끼는 것 같습니다. 그래서 이 부분에 대해서 좀 더 지식을 주셨으면 하는 바램에서 제가 미리 공부했으면 좋았을텐데요. 앎이 짧아서 좀 감히 부탁을 드리고요.

마지막 단락 읽도록 하겠습니다. 그래서 저는 문학 전공자이고 해서요 오늘 화해가 주제이기 때문에 고바야시 마사루라는 소설가가 쓴 가교라는 소설이 있는데요. 제목에서 보이는 것처럼 한국인과 일본인이 전후에 어떻게 식민지에 대한 서로 다른 기억을 갖고 있는 두 한국인과 일본인이 어떻게 화해할 수 있을까? 그 사람들 사이에 가교가 놓아질 수 있을까 이런 문제를 사실은 정면으로 다루고 있는 소설입니다. 그래서 이 소설이 어쨌다 저랬다 제가 여기서 말씀드리는 것보다는 이후의 선생님이 이 논지를 심화시켜가는 과정에서 한 번 언급해 주시면 어떨까 이런 제안을 드리고요 이따 종합토론 때 시간이 되면 말씀드릴 기회를 가졌으면 합니다. 이상입니다.

이노우에 아츠시 서동주 선생님 정말 감사드립니다. 먼저 마지막으로 고바야시 마사루는 제가 읽어 본적이 없어서 선생님 말씀을 들어서 처음 알게 되었습니다. 제가 일본으로 돌아가게 되면 읽어보도록 하겠고요.

그 이외에 3가지 질문이 나왔는데요. 간단하게 답변을 드리겠습니다. 저는 이글을 쓸 때 머리 속에서 제가 그리고 있던 것은 일본의 최근에 우익들입니다. 이분들을 염두에 두고 글을 썼습니다. 그러니깐 그 사람들에게 전해지려고 메시지를 쓰려고 한 것인데요. 한국인들이 죽음을 잊지 못한다는 것을 너무 강조를 한 것 같습니다. 선생님 이야기를 듣고 그런 것을 느꼈습니다. 왜냐하면 두 번째 질문과도 관계가 되는데요. 전후 일본사람들 중에서 죽음이 다가올 때는 항상 야스쿠니 신사, 미시묘 유토도 나오지만은 일본인의 죽음만을 생각한다는 것입니다. 전쟁에서는 많은 아시아 사람을 죽였고, 또 살해를 했고 미국인들도 죽였고 이런 것들은 잊혀 졌고 일본인들만 죽었다는 것만 다루어졌다는 것입니다. 그러니깐 전후 일본에서도 죽음이 완전히 잊힌 것은 아닙니다. 하지만 전쟁이라는 것은 많은 상대국을 죽인 것이다. 그것을 그 사람들에게 알리고자 저는 이런 글을 쓴 것입니다. 근데 그 부분이 너무 한국인이 죽음의 기억을 지금도 너무 가지고 있다는 부분을 지나치게 강조를 하다보니깐 선생님께서 그 부분을 너무 강조하다 보면 일본이나 북한에 대한 적개심을 갖게 되는 것이 아니냐? 그런 지적을 듣고 아 그렇구나 라는 생각이 들었습니다. 아직 이 글은 미완성이기 때문에 좀 더 제가 깊이 생각해보도록 하겠습니다.

그리고 3번째 카네키 문제입니다. 굉장히 긴 글이고 요약하기가 어려운 글입니다. 왜 사람이 전쟁이 벌어지면 너무나도 쉽게 집단을 형성을 해서 상대방을 죽이고 마는가? 이것이 이 사람의 큰 테마입니다. 조용한 군중이 갑자기 전쟁이 나면 변모를 해가지고 많은 사람들을 죽이고 마는 것 왜냐하면 그 배경에는 권력에 대한 욕망이라는 것이 잠자고 있는 것입니다. 그리고 1960년대에 나와 있는데 이 책은 프랑스 철학자에게 큰 영향을 미쳤습니다. 푸코라든지 도라스라든지 이런 사람들에게 영향을 주었습니다. 그래서 이 사람이 말하고 있는 죽음의 충동이라고 하는 것은 사람이 집단을 형성을 할 때 그 배후에 있는 것이고 이것을 깨달음으로써, 알게 됨으로써 전투적인 집단을 형성하는 것에서 벗어날 수 있다는 것이 한가지입니다. 근데 그것만으로는 군중들이 계속해서 모이기 때문에 왜 그런 집단을 형성하는가 하면은 마음속에 있는 어떤 죽음에 대한 충동 또 이와 함께 집단을 형성해라 하는 권력자가 명령을 하는 것이다. 내면적인 것과 또 외부에서 들어오는 권력에 의해서 인간은 그런 무서운, 상대를 죽이고 하는 전투 집단을 만든다는 그런 분석을 줍니다. 내면적으로는 죽음에 대한 두려움이라는 것을 자각을 하는 것, 외면적으로는 권력자라고 하는 것이 명령을 내린다. 이 2가지를 자각을 하고 그것을 냉정하게 판단을 함으로써 사람은 가지고 있는 본능적인 부분을, 어떤 본능적인 부분을 좀더 평화적인 수단으로 만들 수 있도록 하는, 그렇게 만들 수 있다는 희망이 담겨져 있는 부분입니다. 굉장히 긴 분석인데 첫 부분과 끝밖에 제가 인용을 안 해서 설명이 좀 부족했던 것 같습니다. 그런 카네키의 책은 인간의 집단에 대한 희망을 말하는 책이고 인간의 본능이라는 게 죽음의 충동이 결코 사라지지 않는다고 말하는 책은 아니라고 생각합니다.

일본인의 혐한의식과 대중심리
'반일'의 메아리로 울리는 '혐한'

조 관 자(서울대 일본연구소)

1. 혐한론의 진화와 마주하며

SNS가 다양하게 진보한 오늘날, 인터넷 사용자의 저변과 행동양식은 복잡다단하게 변했다. 한국에서는 2012년부터 민주화의 역사를 냉소하는 우익적 성향의 '일베'(일간베스트 저장소)가 새롭게 부상했다. 일본에서도 '2채널'에서 출발한 '넷우익'과 그를 둘러싼 구도에 많은 변화가 생겼다. 2007년 '재특회'(재일특권을 용납하지 않는 시민모임)가 결성되어 2012년 이후 '혐한 광풍'을 일으켰다. 그런가 하면, 헤이트스피치를 저지하는 시위대(시바키타이)도 등장하고, 재특회를 비판하는 '신보수'도 등장했다. 일베의 영향력이 적어서 일베와 넷우익의 비교 연구는 기대하기 어렵다. 다만, 일본에서는 넷우익에 대한 사회학적 연구가 활발해서 한국에도 제법 소개되었고, 재특회에 대한 한국 내 연구도 축적되고 있다.[1]

---

1) 재특회에 대한 한국 내 비판적 연구 및, 일본 우익 내부의 비판에 대해서는 이승희 「재일코리안 문제를 둘러싼 일본 우익 내부의 균열 양상- 사피오(SAPIO)의 '재특회(在特會)' 기사에 대한 분석을 중심으로」, 동국대학교 일본학연구소, 『일본학』

　2000년대 초중반기의 문화연구자들은 '2채널' 오타쿠들의 혐한과 혐중 의식을 '우익'으로 규정하기보다 그 '유희적 성격'을 강조했다.[2] 2000년대 하반기에 재특회의 활동이 확산되자, 이를 취재한 언론인 야스다 고이치는 넷우익을 '워킹 푸어'(working poor)로 보고, 그들을 배태한 일본사회의 원인으로 이데올로기적 경직성과 사회적 양극화의 문제를 지적했다.[3] 야스다는 그들에게 비판적이지만 기성세대로서의 책임의식을 보여준다. 한국학 연구자인 오구라 기조도 소수파인 헤이트스피치와 다수파인 혐한파를 구별할 것을 제안했다. 그에 따르면, 혐한은 '한국에 대한 비판'만이 아니라, '전후일본 헤게모니에 대한 도전'이라는 논점을 갖는다.[4] 혐한론자들이 전후민주주의를 실천한 미디어, 교사와 지식인, 엘리트주의적 시민운동론에 모두 비판적이며 정치적인 대립각을 세우고 있음을 지적한 것이다. 반면, 2010년 이후 격화되고 있는 배외주의 문제를 직시한 사회학자 히구치 나오토는 재특회를 구성하는 자영업자와 고학력자들의 존재를 밝힌다.[5] 히구치는 동아시아의 지정학적 갈등 및 일

　　39권, 2014.

　2) '2채널'의 유희적 성격에 대해서는 김효진, 「기호(嗜好)로서의 혐한(嫌韓)과 혐중(嫌中) - 일본 넷우익(ネット右翼)과 내셔널리즘-」, 『일본학연구』33, 단국대학교 일본연구소, 2011.

　3) 야스다 고이치, 『거리로 나온 넷우익』(2013) (『ネットと愛國 在特會の「闇」を追いかけて』, 2012)은 야스다의 취재를 바탕으로 집필되었다. 넷우익이 사회적 약자로서 자신들의 문제 해결을 직시하지 않고, 재일조선인에게 배타적 태도를 취하면서 지배권력과 결합하는 문제 등을 제기한다. 야스다 고이치, 야마모토 이치로, 나카가와 준이치로 공저 『일본 넷우익의 모순』(ネット右翼の矛盾 憂國が招く「亡國」)도 넷우익의 애국심과 행동양식이 갖는 모순과 부정적 효과를 논박하고 있다.

　4) 오구라 기조, 『일본의 혐한파는 무엇을 주장하는가』, 서울대일본연구소 리딩재팬, 제이엔씨, 2015.

　5) 樋口直人, 『日本型排外主義: 在特會.外國人參政權.東アジア地政學』, 名古屋大學出版會, 2014. 한국어 번역판은 히구치 나오토 지음, 김영숙 옮김, 『폭주하는 일본의 극우주의: 재특회, 왜 재일 코리안을 배척하는가』, 미래를 소유한 사람들, 2015.

본의 역사수정주의 흐름을 타고 일본 사회에 배외주의 현상이 확대되고 있음을 알린다.

한국에 아직 소개되지 않았지만, 2012년 혐한 기류 속에서 넷우익 세대 평론가들의 활동이 활발하다. 후루야 쓰네히라(1982년생)와 모리 다카히사(1984년생)는 자신들의 인터넷 커뮤니티 경험을 바탕으로 넷우익 현상을 논한다. 재특회의 거리 데모와 달리 그들은 신보수계의 잡지에 투고하고 방송에 출현하는 방식으로 혐한 담론을 펼친다.6) 이들은 1964년생인 언론인 야스다 고이치와 1983년생인 정치학자 이와타 아쓰시와 함께 공저 『헤이트스피치와 넷우익: 첨예화하는 재특회』을 출판하기도 했다.7) 좌담 「헤이트스피치가 일본사회에 던진 것: 넷우익과 내셔널리즘」에서 이와타와 야스다는 내셔널리즘의 긍정성, 즉 '배외주의를 초극하는 일본'의 전통을 발견하고 '국가적 자부심'을 추구할 필요를 제기한다.8) 넷우익의 애국심을 살리고 극단적 배타성을 자제하자고 '계몽'한 것이다.

2채널 출신의 평론가들은 재특회의 '품위 없는' 운동방법을 비판하고

---

6) 古谷経衡의 저서로 『反日メディアの正体: 戦時体制(ガラパゴス)に殘る病理』(반일미디어의 정체: 전시체제(가라파고스)에 남는 병리, 2013), 『クールジャパンの嘘: アニメで中韓の「反日」は変わらない』(쿨재팬의 거짓말: 애니메이션으로 한중의 '반일'은 변하지 않는다, 2014), 『若者は本当に右傾化しているのか』(젊은이들은 정말로 우경화하고 있나, 2014), 『もう、無韓心でいい』(이제 무한심해도 좋다, 2014) 등이 있다. 고교를 중퇴한 森鷹久는 출판사에 근무하며 평론 「「ネトウヨ」を生み出した日本社會の現實」(넷우익을 탄생시킨 일본사회), 「韓國こそ世界一の賣春輸出大國だ」(한국이야말로 세계제일의 매춘수출대국), 「ネトウヨは危険でバカなのか」(「넷우익은 위험한 바보인가」)를 기고했다.

7) 安田浩一・古谷経衡・岩田溫・森鷹久 共著, 『ヘイトスピーチとネット右翼: 先鋭化する在特會』(헤이트스피치와 넷우익: 첨예화하는 재특회), オークラ出版, 2013.

8) 「大衆運動が先鋭化した「增惡の共同体」としてのネット右翼」(대중운동이 첨예화한 '증오의 공동체'로서의 넷우익)을 쓴 이와타(岩田溫)는 좌담회에서 <국체의 본의>에서 배외주의 초극 사상을 발견하려는 사토 마사루(佐藤優)를 참조하고 있다. 『ヘイトスピーチとネット右翼』, pp.201~202.

그들의 인종주의와 선을 그으면서, 스스로의 입장을 '신보수'로 논리화한다. 그러나 넷우익과 재특회, 신보수는 행동 양식이 다를 뿐, 인터넷에 유통되는 한국 관련 정보와 혐한의식을 공유한다. 그들 사이에 "방법론은 달라도 '사상적으로 동지'라는 일종의 친근감"조차 깔려 있다고 한다.[9] 넷우익과 신보수는 아직까지 제도권 언론 밖의 소수파로 짐작된다. 하지만, 기존 언론도 혐한 분위기의 조성과 무관하지 않으며, 혐한의식을 넷우익과 재특회의 문제만으로 다루기에는 사안이 너무 커졌다.

일본 정부가 조사한 일본인의 한국에 대한 친근감 조사를 보면, 2011년 62.2%에서 2012년 10월에 39.2%로 급감했다. 2014년 현재 "친근감을 느낀다" 31.5%, "친근감을 느끼지 않는다" 66.4%로 나타났다.[10] 혐한 현상은 2012년 8월 10일 이명박 대통령의 독도방문과 천황사죄 발언으로 격렬하게 증가했고, 박근혜 정권 하에서 더욱 강렬해졌다. 일본 언론들은 위안부 문제의 타결을 한일 외교의 전제 조건으로 내건 박근혜 대통령이 제3국 순방 중에 일본 비판을 반복한 것에 불쾌감을 드러낸다. 속칭 '고자질 외교'를 일삼는다는 것이다.[11] 2015년 10월 9일 현재, 인터넷 서점인 아마존의 한반도 관련 차트에서는 혐한론의 책자가 1위부터 10위 이상을 줄곧 달리고 있다. 그 중 6위만이 북한의 김정은 관련 책자다. 필자가 아마존의 헌책방에서 구입한 사쿠라이 마고토의『대혐한시대』는 2014년 9월에 출판한 지 20여일 만에 제6쇄를 찍은 것이다.[12] 재특회의 '문자 능력, 글쓰기 능력'을 무시한 사람들에게 과시라도 하듯이, 출판 후 1년 동안 아마존의 독자평 536건과 별표 4.5개를 얻고 있다.

---

9) 古谷経衡「嫌韓とネット右翼はいかに結びついたのか」,『ヘイトスピーチとネット右翼』, p.62.
10) 내각부, "外交に關する世論調査"(외교에 관한 여론조사). http://survey.gov-online.go.jp/index-gai.html (2016.01.20. 접근)
11) 일본어판 위키피디아에 '고자질 외교'(告げ口外交) 항목까지 올라와 있다. "2013년 한국대통령 박근혜가 행한, 일한 역사문제에 관한 외교정책"이라는 문구로 시작한다.
12) 櫻井誠,『大嫌韓時代』, SEIRINDO BOOKS, 2014.

그러나 과연, 한국은 '반일국가'이고, 일본은 '혐한국가'일까? 한일관계의 악화에도 불구하고, 일본정부 관광국이 발표한 한국의 일본방문자 수는 2014년 275만 명에서 2015년 400만 명으로 늘었다.[13] 반면 한국을 찾은 일본인은 2012년 352만 명에서 2014년 228만 명까지 격감했다.[14] 상반된 결과는 엔화의 하락과 원화의 상승에 가장 큰 원인이 있지만, 혐한의식의 확산도 무시할 수 없겠다. 신주꾸의 상업적 한류 붐도 끝났다. 그렇지만 한류가 증발한 것은 아니며, 한국의 대중문화는 인터넷을 통해 실시간으로 발신되고 있다.[15] 일본의 공중파와 케이블 방송에서 매일같이 한국 드라마를 방영하고, 일본 내 K팝의 인기도 건재하여 콘서트가 성황리에 열린다. 오랜 역사적 갈등과 경합 관계에도 불구하고, 안보동맹과 경제협력을 맺어온 한국과 일본은 이제 문화적으로도 서로의 일상을 공유하며 공생하고 있는 것이다.

그렇다면, 역사적 갈등의 반복 속에서도 긴밀하게 유대하며 생활 속의 공감대를 형성하고 있는 양국 사이에서 '반일'과 '혐한'이 전면 충돌한 까닭은 무엇인가? 냉전붕괴로 국제적 국지전이 빈발하는 가운데 고조된 일본의 안보적 위기의식, 일본의 경기침체와 한중의 부상에 따른 네오 내셔널리즘의 대두, 역사수정주의의 발로 등, 일본의 우경화 현상에 대해서는 언론에서도 자주 언급되어 왔다. 그러나 혐한 현상을 일본의

---

13) "訪日外客數", 日本政府觀光局(統計データ, 訪日外國人)
  http://www.jnto.go.jp/jpn/reference/tourism_data/pdf/2013_15_tourists.pdf
  (2016.01.20. 접근)

14) "2010年~2014年 各國·地域別日本人訪問者數", 日本政府觀光局(統計データ,
  出國日本人)
  http://www.jnto.go.jp/jpn/reference/tourism_data/pdf/20151207.pdf(2016.01.20.
  접근)

15) "K-POPブームの終焉と再生 定着した人氣と新たな波", (K-POP붐의 종언과 재생,
  정착한 인기와 새로운 물결)
  http://www.oricon.co.jp/special/47808/ (2016.01.20. 접근)

문제만으로 접근해서는 문제의 전체상이 보이지 않는다. 넷우익과 재특회가 부상하고, 혐한이 확대되는 현상은 일본 내부의 정치적 계기와 대중적 심리 현상만으로 설명되지 않는다. 그들의 활동 자체가 한국과 중국의 '반일' 움직임들과 호응하면서 변화하고 있기 때문이다. 본고는 한일의 상호작용 과정에서 '혐한'이 '반일'의 메아리로 울리는 현상을 짚어볼 것이다.

2. '넷우익'과 '신보수'는 어떻게 정치적으로 단련되었는가?

2000년대, 인터넷 이용자에 대한 관심이 한국과 일본에서 각기 다른 방향으로 나타났다. 그 발생적 차이를 함축적으로 보여주는 용어가 '네티즌'과 '넷우익'이다.[16] 각각 인터넷과 '시민', 그리고 '우익'의 결합에서 나온 두 개념은 서로 반대되는 정치적 함의를 갖는다. 실제로 정보인프라를 서둘러 구축했던 한국에서는 네티즌으로 불리는 집단이 2002년에 진보 성향의 노무현 정권의 탄생을 도왔다. 반면 일본에서는 넷우익으로 불리는 집단이 2006년 후반 고이즈미 수상의 후계 구도에서 만화 애호가로 알려진 아소 타로에 호응했다.[17]

'넷우익'의 진원지는 1999년에 개설된 '2채널'이다. 이들을 우익적 성

---

16) net+citizen의 신조어 netizen은 Michael Hauben. 1992. "THE NET AND NETIZENS: The Impact the Net has on People's Lives"에서 처음 제기된 후, 넷북 "Netizens: On the History and Impact of Usenet and the Internet"로 출판되었다. http://www.columbia.edu/~rh120/ch106.x01 (2015.10.05 접근)

17) 이들이 자민당의 대중적 이미지 선전에 정치적으로 이용되었다는 주장은 古谷経衡, 『ネット右翼の逆襲 「嫌韓」思想と新保守論』 제1장 정치가와 '넷우익'에서 제기되었다.

향으로 이끈 것은 역사수정주의와 스포츠 내셔널리즘에서 싹튼 '혐한'과 '혐중'의 감정이다.[18] 2005년 야마노 샤린의 『혐한류』는 제1화에서 "일한공동개최 월드컵의 뒷이야기 : 한국인에 의해 오염된 월드컵 축구의 역사"를 다룬다.[19] 이 만화책은 인터넷 공간에서 축적된 정보를 편집한 것으로 알려졌다. 2002년 한일 월드컵 공동개최 당시, 이들은 한국이 일본의 단독개최권을 빼앗고 심판을 매수해서 플레이 정신과 무관한 경기를 펼치며, 일본축구의 패배에 열광한다고 분노했다. '일한우호'만 앞세우는 일본의 기성 저널리즘과 미디어에 대한 불신도 키웠다. 2004년 여름 중국에서 열린 아시안컵 축구경기의 결승전에서 일본이 중국을 이겼지만, 중국 팬들이 일본 측에 야유를 보내고 쓰레기와 음식을 던진 사건이 인터넷 상에 퍼졌다. 한국과 중국의 축구팬들이 보인 '매너' 문제가 혐한과 혐중에 공통된 가십거리였던 것이다.

'붉은악마'의 응원 열기와 함께 국가적 축제를 치른 한국인들이 공동개최국인 일본을 배려하지 않았던 것은 사실이다. 일본에서 한국의 유희적 내셔널리즘을 부러워하며 시기하는 감정을 보인 것도 인지상정의 모습이다. 자본 및 국가, 정치와 결부된 스포츠의 유희적 공간이 배외주의석 내셔널리즘과 전혀 무관할 수 없다. 패배에 승복하는 스포츠 정신과 무관하게, 인터넷 공간에서 스포츠 내셔널리즘의 과잉 현상이 반복되었다.[20] 진짜 문제는 유희적 공간의 치기어린 잡음이 반일과 혐한의 '진지전'을 구축한 것처럼 정치적 문맥을 형성하며 확대되어온 현상에 있다.

일본의 인터넷 능력자들이 '넷우익'으로 불리게 된 것은 한국과 중국

---

18) 새역모의 역사수정주의 및 그 영향에 대해서는 이규수, 「일본 '재특회'(在特會)의 혐한 배외주의」, 동국대학교 일본학연구소, 『일본학』 38권 0호. 2014 pp.75~80.
19) 山野車輪, 『嫌韓流』, 晋遊舍, 2005.
20) 피겨스케이팅 경기 후에도 인터넷 공간에서는 아사다 마오에게 패배를 안긴 김연아를 비방했고, 한국에서는 소치 동계올림픽에서 김연아에게 패배를 안긴 러시아 선수를 비방했다.

에서 '반일데모'가 일어난 2005년 봄부터다. 전년 12월부터 고이즈미 수상의 야스쿠니 신사참배 문제로 일본 국내외의 여론이 긴장된 상황이었다.[21] 2004년 1월 1일 야스쿠니 신사를 참배했던 고이즈미 수상이 2005년에도 한중의 비판여론을 무시할 것인지가 문제였다. 2005년 새해 벽두의 신사 참배는 없었지만, 이즈음 인터넷에서 아사히와 NHK의 이른바 '좌익, 반일' 언론인의 블로그를 마비시키는 '넷우익의 습격'이 이미 시작되었다. 품위 없는 댓글의 쇄도와 집요한 접근은 그 해 봄에 더욱 격렬해졌다. 2월 22일, 시마네현의 '다케시마의 날' 제정 등으로 한국의 반일감정도 불거지면서, 3월말부터 한 달 동안, 동아시아와 미국에서 야스쿠니 신사참배, 역사교과서 왜곡, 일본의 유엔 안보리 상임이사국 진입 등에 반대하는 반일시위가 지속되었다.[22] 넷우익의 행동양식을 '민주주의의 적'으로 지적한 한 변호사의 블로그도 습격을 받았다.

5월 8일자 산케이신문의 한 칼럼에 블로그 습격을 주도한 "넷우익의 정체는 신보수여론"이라는 주장이 게재된다. 언론인에 대한 "조직화된 넷우익의 집단적 방해 행동"이라는 진단은 "시민운동 계열 특유의 모략사관"일 뿐, 넷우익 현상의 본질은 "지금까지 매스컴에서 묵살되어 왔던 신보수적 여론이 인터넷이란 매체를 얻고서 단숨에 무대 위로 분출한" 것이라는 주장이다.[23] 비록 짧은 단상에 불과했지만, 이 칼럼은 대중으로부터 기피되는

---

21) 2004년 12월 8일, 일본 기자 클럽의 강연에서 공명당의 간자키 다케노리(神崎武法) 대표는 총리의 야스쿠니 신사참배가 중일관계의 걸림돌이 되는 문제를 지적하고, 대안으로서 참배를 자숙하고, A급 전범의 분리 제사를 검토하며, 국립 추도시설을 건설하는 3가지를 제시한다. 『公明新聞』 2004.12.09.

22) 중국 밖에서도 뉴욕의 화교가 반일데모를 벌였다. 2004년 10월, 일본은 2005년부터 2년간 비상임이사국으로 선출되었다. 그런데 2005년 3월, 아난 유엔사무총장이 안보리 상임이사국을 6개국으로 늘이는 개혁안을 제출한 상황에서 유엔의 분담금을 2위로 지출했던 일본의 진출가능성이 거론되었기 때문이다. 「日本が常任理事國入りするためには何が必要?/早稲田塾講師·坂東太郎のよくわかる時事用語」, 2014.09.18. http://thepage.jp/detail/20140918-00000021-wordleaf(2015.12.30.검색)

23) 佐々木俊尚. 『斷』 「ネット右翼」は新保守世論』(産経新聞.2005.05.08).

'우익' 용어를 회피하고, '넷우익' 대신 '신보수'를 자각적으로 호명한다.

'넷우익'을 포함한 '신보수'는 패전국가의 규범을 준수하고자 했던 친미적 보수주의와 달리, 1990년대 후반부터 전후레짐의 탈각을 시도해 온 새로운 보수적 흐름을 총칭한다. 좌익이 붙인 꼬리표 '넷우익'이든, 자칭 '신보수'이든, 이들은 2005년 중국과 한국의 대규모적 반일시위와 맞물리면서 그 존재감을 인터넷 밖의 공론장에 드러내기 시작한 것이다. 자칭 '신보수'의 다양한 세력은 일본의 구조적 변화를 '우경화'로 비판하는 한국과 중국을 혐오한다. 그들은 아시아 외교를 중시한 일본정부의 '사죄' 표명을 '굴욕외교'로 비판하고, 한중의 태도를 일본의 주체성을 억압하는 '내정간섭'으로 간주한다.

그 활동양식도 다양하다. 익명으로 인터넷 여론을 형성하는 '넷우익'에 머무르지 않고, 거리에 나와 '행동하는 보수'도 있다. 인터넷의 안팎에서 자신들의 내러티브 전략을 펼치고 '신보수' 담론을 생성하는 자칭 '오피니언 리더'도 있다. 이들 사이의 경계가 단순하지 않다. 서로 겹치기도 하고 갈라지기도 한다. 그 구성도 주부와 직장인, 자영업자와 지식인, 청년층과 중장년층으로 다양하다. 그 중에서 개인과 단체의 이름을 내걸지 않고 인터넷에서 익명으로 활동하는 불특정 다수가 '넷우익'으로 지칭된다. 2012년부터 우후죽순처럼 '행동하는 보수'의 단체가 생겨났지만, 국민을 향한 계몽과 선전을 중시하는 신보수 세력은 익명으로 활동하지 않는다.

2000년대에 보수계열의 미디어가 다양하게 탄생했다. 만화가 고바야시 요시노리가 주도했던 계간지 『와시즘』(わしズム 2002-2012), 한국·중국 등을 반일국가로 간주한 월간지 『Will』(2005~) 등이 창간되었다. 도쿄대 교수 출신의 논객 니시베 스스무(西部邁)는 '진정보수'를 내걸며 1994년에 창간한 월간지 『발언자』(發言者)를 2005년부터 『표현자』(表現

http://image.blog.livedoor.jp/mumur/imgs/b/a/baa9f02c.jpg(2015.12.30.검색)

者)로 바꾸어 발간하는 한편, 2008년부터 토론 동영상을 발신하는 『니시베 스스무 세미나』(西部邁ゼミナール)도 운영한다. 텔레비전 프로그램 및 동영상을 제작, 발신하는 방송국 '일본문화채널사쿠라'(2004)도 설립되었다. 신보수계가 제작한 각종 콘텐츠의 동영상이 유트브와 니코니코(ニコニコ動畵) 등 인터넷 서버만이 아니라, 각 지역에서 민간사업자가 운영하는 독립방송국의 전파를 타고 있다.

한편, 2006년에 한국의 네티즌 문화가 일본에 수출되는 일도 있었다. 2006년 2월, 월간 <말>지를 계승하고 '모든 시민은 기자다'라는 표어를 내건 인터넷 신문 <오마이뉴스>가 소프트뱅크의 손정의를 투자자로 유치하며, '시민참여 저널리즘' 모델의 세계화를 선언했다.[24] 그 해 8월 28일 <오마이뉴스 재팬>이 창간되었다. 마이니치 신문기자 출신의 유명 방송인 도리고에 슌타로(鳥越俊太郎)가 편집장을 맡았다. 그는 "네거티브한 정보가 많고, 인간의 짐(負)을 배출하기 위한 쓰레기통"으로 기능하는 '2채널'과 달리, '일본사회를 올바르게 변화시키는 장'으로 만들겠다는 포부를 밝혔다.[25] 하지만 <오마이뉴스 재팬>은 인터넷의 아마추어인 '프로 저널리스트'들의 시행착오와 시민 참여의 저조 등으로 2009년 4월에 문을 닫았다. 한일의 갈등 상황에서 시민저널리즘을 표방한 <오마이뉴스 재팬>은 한국의 관광정보와 먹거리 정보 등 '친한'의 소비 콘텐츠를 다수 게재했다.[26] 한류에 편승한 안일한 우호 활동으로 저널리즘의 기능에 실패하면서 넷우익의 견제를 뛰어넘지 못한 것이다.

---

24) "오마이뉴스 모델, 세계에 수출되다: 소프트뱅크와 총 110억원 투자계약". 오마이뉴스 06.02.22. 월간 <말>은 1985년 6월 민주언론운동협의회의 기관지 형식으로 창간, 박종철고문사건을 기사화하여 1987년 6월 민주화운동을 촉발했다.
25) "오마이뉴스 재팬 오픈" 2006.08.28. http://www.hatena.co.kr/50 (2015.10.05 접근)
26) "鳥越俊太郎氏 編集長務めたオーマイニュースを語る"(2014.03.09.)에서 넷뉴스 편집자 나카가와 슌이치로(中川淳一郎)의 발언 참조.
    http://yukan-news.ameba.jp/20140309-90/ (2015년 10월 5일 접근).

인터넷의 습격대로 존재하던 넷우익은 2009년 9월 민주당 집권 하에서 정치적 오피니언 세력으로 성장했다. '동아시아 공동체'를 제창한 하토야마 정권 하에서 영주외국인의 지방참정권 문제가 부상하자, 재특회는 "국가주권을 이양할 것인가?"라고 반문하며 적극 반론에 나섰다.[27] 2010년 9월 중국의 어선과 일본의 해상보안청이 충돌하는 사건이 벌어지자, 중국의 티벳 문제에 주력했던 니시무라 슈헤이도 가두선전을 실천한다. 니시무라는 2007년부터 '말하는 운동'에서 '행동하는 운동'으로의 전환을 제기함으로써 '행동하는 보수' 계열의 거리운동을 촉발했다.[28] 중국과의 해상 충돌 이후, 오키나와 미군기지 이설 문제도 난관에 봉착한다. 2000년대에 '반미보수'의 활동이 두드러졌지만, 일본의 국익을 위한 신보수 세력의 현실적 판단은 일률적이지 않다. 미일동맹의 강화에서부터 핵무장을 포함한 자주방위론에 이르기까지 그 스펙트럼은 다양하다. '원전 재가동'과 '탈원전', 소비세 인상과 TPP가입 등의 문제로 갑론을박하는 토론 프로그램이 동영상으로 보급되고, 고바야시 요시노리도 만화 주제로 다양한 현실 문제를 다루었다. 이러한 과정을 거치며 인터넷 공간이 '정치화'하고, 거리에서의 운동도 확산된 것이다.

2012년 8월 이명박 대통령의 독도방문과 천황사죄 발언이 보도되자, 넷우익과 재특회는 명실상부한 거리의 정치적 대중운동 세력으로 발돋움한다. 그들은 민주당의 대아시아 강경노선을 촉구했고, 2012년 자민당의 재집권을 도왔으며, 2014년 도쿄도지사 선거에서 주목받았다. 다만,

---

27) 「左翼政権になって話し合いの余地はなくなった: 「在日特権を許さない市民の會」會長・櫻井誠氏インタビュー」(좌익정권이 되어 대화의 여지는 사라졌다: 재특회 회장 사쿠라이씨 인터뷰), 『週刊金曜日』 790号, 2010.03.12. pp.16~17.

28) "西村修平が語る日本イズム: 大和魂を飾りにするな！絶滅を免れた日本人の行動ブログ"(니시무라 슌페가 말하는 일본이즘: 야마토타마시를 장식으로 삼는가! 절멸을 면한 일본인의 행동 블로그)
http://nipponism.net/wordpress/?p=2734 (2015.12.30.검색)

넷우익의 전격적 지지를 얻었던, 자위대 출신의 다모가미 도시오(田母神
俊雄)의 득표율이 12.5%로 저조했던 만큼, 그 정치적 영향력을 과대평가
해서는 안 된다.

동아시아의 지정학적 정세가 변하면서 '신보수'가 다양하게 분열되고
내부적으로 '이합집산'을 거치는 모습도 발견된다. 반미를 비판하는 '친
미보수'의 목소리가 다시 커지고, '반미보수'의 활동이 수그러들었다.[29]
중국의 군사대국화를 우려한 아베 정권은 전후레짐의 탈각을 표방하면
서도 현실적 안보 이익을 추구하며 미일동맹을 강화했다. 그러자 '반미
보수'를 견지하는 고바야시 요시노리는 아베와 넷우익의 정치적 결탁을
비판한다.[30] 넷우익에게 역사수정주의를 주입한 장본인과 그 후예들이
첨예하게 대립각을 세우게 된 것이다. '반미'의 입장에서 이라크와 북한
에도 공감했던 '민족파 신우익'의 스즈키 구니오(鈴木邦男)의 경우에도
넷우익보다 리버럴 세력과 연대하는 모습을 보였다. 스즈키는 '무늬만
우익'이라는 비난을 사면서도 "우익은 애국자"라는 신념을 관철하다가,
2015년 8월에 '탈우익 선언'을 발표한다.[31]

보수, 신보수, 우익의 궁극적 목적은 국가 공동체의 수호에 있지만,
급변하는 현실에서 국익을 위한 그들의 선택이 갈리고 갈등도 격심해진
다. '일본형 배외주의'를 연구한 리버럴 지식인 히구치는 '보수' 용어가
배외주의 풍조를 은폐하는 문제를 지적하면서, '우익' 호칭을 사용한다.

---

29) 潮匡人, 『「反米論」は百害あって一利なし』(반미론은 백해 있고 일리 없다), PHP
   硏究所, 2012. 冷泉彰彦, 『「反米」日本の正体』(반미 일본의 정체), 文春新書, 2015.
30) 小林よしのり, 『新ゴーマニズム宣言SPECIAL 新戰爭論1』(신전쟁론, 幻冬舍, 2015)는
   미일동맹에 근거한 집단적 방위론에 반대한다. 이 만화책 띠의 선전 문구에는 "과
   도하게 우경화한 일본의 방향타를 일단 정중앙에 돌려놓자"고 썼다.
31) 스즈키는 혐한의 헤이트스피치와 넷우익을 비애국적 행위로 비판하여, 넷우익으로
   부터 '좌익'으로 비난받고, 2015년 8월 일수회의 고문을 사임했다. 「一水會「脫
   右翼宣言」と、これからのこと-鈴木邦男」(2015.08.05.)
   http://blogos.com/article/126630/(2015.10.30. 접근)

그러나 재특회와 몇몇 배외주의 단체가 전통적인 우익과 보수진영을 대변하는 것으로 간주할 수 없다. 오구라가 헤이트스피치와 험한의식을 구별하듯이, '신보수주의'가 모두 배외주의자로 행동하지도 않는다. 험한론에 '전후일본 헤게모니에 대한 도전'이라는 위상이 부여된 것은 전후 일본사회의 변혁 욕구가 험한론에 반영되었음을 나타낸다.

그렇다면, 새로운 사회적 변화의 주도권이 왜 '보수'에게서 나타나는가? 일본의 인터넷 환경에서 한국의 네티즌(인터넷 시민)과 달리, 넷우익(인터넷 우익) 또는 신보수로 불리는 세력이 성장한 이유는 무엇인가? 이른바 '진보'와 '보수'로 대비되는 성향이 각각 한일 사회의 구조적 전환기를 주도한 까닭은 아직 밝혀지지 않았다. 일본의 구조적 변화 현상을 단지 '보수화, 우경화', '역사적 반동'으로 규정하는 것은 한일의 발생적 차이를 구체적으로 해명하지 않는다. 냉전시대의 좌우 대립적 인식구도로는 한일의 역사적 변화의 차이 및 한일의 지정학적 갈등 구조를 드러내지 못하는 것이다. 따라서 '반일'과 '험한'의 구조적인 충돌을 분석하고 해소책을 모색하기 위해서도, 냉전 붕괴 후 세기 전환기에 나타난 일본의 정치의식 및 대중심리가 '보수, 우익' 성향으로 나타난 역사적 문맥을 살펴볼 필요가 있다.

3. 왜 네티즌이 아닌, 넷우익이 등장했는가?

일반적으로 시민은 자본주의의 이익을 옹호하는 경제활동의 주체, 민주주의를 실천하는 정치적 주체라는 양가적 의미를 갖는다. 후자의 경우, 자본의 이익과 국가 권력의 일체화를 주도했던 '부르주아'라는 계급적 의미보다는, 국가로부터 자율적인 '시민사회'와 '세계시민'을 구성하는 '시티즌'을 상정한다. 역사적 경험 속에서 시민사회가 사적 이익 집단에 머물고 있는지, 또는 국민국가의 배타적 경계까지 초월하는 공공적 가치

의 실현 주체인지는 끊임없는 논란거리다.[32] 이 양가성에 대한 용법과
평가는 각국의 정치적 상황과 시대정신의 변화에 따라 달라진다.

한국사회에서도 시민 개념은 일률적이지 않다. 4.19 직후에 '마르크
스·레닌주의' 또는 '마오이즘·주체사상'을 수용한 비합법 조직이 파생하
면서, 자유민주주의와 자본주의의 정치적 주체로 상정된 시민을 비판하
고 대안적인 주체 개념으로 민족, 민중을 제시했다. 그러나 반공을 국시
로 삼고 4.19를 '시민혁명'으로 기념하는 한국에서 시민은 '민주시민'이
라는 주체적 가능성을 함의한다. 일본에서도 시민은 이중적 함의를 갖는
다.[33] 시민사회를 사적 이해를 추구하는 개인들의 이익집단으로 본 헤
겔, 마르크스의 견해와 함께, 시민을 자유·평등·자립의 실천 주체로 제
시한 칸트나 윤리적 주체로 이념화한 베버의 견해가 모두 적용되고 있는
것이다.

다만 일본에서는 시민 개념에 대한 긍정과 부정의 낙차가 한국보다
격심하게 나타난다. 패전과 미국의 점령 하에서 전후 민주화를 시작했고,
좌익의 합법적 활동이 보장되었기 때문이다. 냉전시대에 일본의 대미종
속이라는 민족문제를 제시하거나 사회주의 혁명을 추구한 좌파는 시민
과 코스모폴리타니즘에 역사적 변혁의 주체성을 부여하지 않았다. 1950

---

32) 1990년대 칸트 연구에서도 국가로부터 자립적인 영역으로 이해되었던 '시민사회'
가 국가의 합법적 지배체제 내부에서 허락되었던 것에 주목한다. 西田雅弘,「カント
市民社會論における 「自由」「平等」「自立」-- 『理論と實踐に關する俗言』(1793
年) の 第二論文に基づいて」, 下關市立大學論集, 45卷116号. 2001. 09. '칸트 시
민사회론에서의 자유, 평등, 자립'을 논한 이 글에서는 칸트의 세계시민도 역시 국
민국가적 경계를 현실적으로 전제한 이상론이었다고 재해석한다.
33) 今井弘道編, 『「市民」の時代: 法と政治からの接近』, 札幌: 北海道大學図書刊行
會, 1998. 이 책의 제4장과 종장에서 일본사회 시민의 이중성에 대한 논의를 <관
료적 정치문화>와 <시민적 정치문화>, <이기적 경제적 시민>과 <유덕한 정치
적 주체>로 대비하여 논하고 있다. 한편, 일본의 시민사회를 사회단체(조직)과 이
익단체의 두 관점에서 총괄적, 실증적으로 연구한 저서로 츠지나카 유타카 편저,
정미애 옮김, 『現代日本의 시민사회·이익단체』, 도서출판 아르케, 2006.

년대 좌익과 1960년대 신좌익의 급진론자들은 '리버럴리스트와 시민'을 '보수, 우익, 반동'과 동의어로 취급했다. 전후 일본에서 새로운 국가 건설의 주체로 호명된 이름은 '애국적 국민, 해방된 민족', 또는 '혁명적 계급'이었다.[34] 1945년 12월 『세카이』(世界)의 창간 멤버인 '다이쇼 데모크라시' 세대들은 자유주의문화의 창달을 추구했지만, 혁명을 좇는 시대정신 속에서 '올드 리버럴리스트'로 야유되면서 지식 헤게모니에서 밀려났다.[35]

물론 전후 일본에서도 민주주의의 실천 주체인 시민이 전면적으로 부정된 적은 없다. '올드 리버럴리스트'를 대신하여 1946년 5월호 『세카이』에 「초국가주의의 논리와 심리」를 발표한 마루야마 마사오가 주목을 받았다. 공산당이 폭력혁명 노선을 포기하고 '전후부흥'이 선언된 후, 1960년 안보투쟁을 거치고, 1964년 도쿄올림픽에 이은 고도성장 경기 속에서 역사의 주체로 부각된 것은 시민과 민중이었다. 1965년 '베헤렌'(베트남에 평화를! 시민연합)의 결성은 50년대 좌익 및 60년대 신좌익 혁명노선과의 단절을 의미했다. 민중이 역사학의 변혁 주체로 상기되었다면, 시민은 현대의 역사적 조건에서 '혁명의 전위'를 대신하는 '투쟁의 주체'로 호출된 것이다.

1960년대 고도성장으로 도시인구가 급증하고 도시의 외연이 확장되면서 1968년 도시계획법이 제정된다. 1972년에 시작된 '일본열도개조론'도 도시정책을 골간으로 교통, 통신, 산업망을 확충하는 것이었다. 도시의 확장 속에서 1967년 미노베 료키치(美濃部亮吉)가 도쿄도지사로 당선되었다. 이를 계기로 공산당과 사회당이 석권한 혁신지자체가 1970년대까지 각 지역으로 확산된다. 강좌파 마르크스주의 역사학자 하니 고로

---

34) 전후일본의 좌익진영에서도 애국을 강조한 사실에 대해서는 小熊英二, 『<民主>と<愛國>――戰後日本のナショナリズムと公共性』, 新曜社, 2002.
35) 竹內洋, 『革新幻想の戰後史』, 中央公論新社, 2011, pp.78~83.

(羽仁五郎)는 신좌익 세대의 필독서였던 『도시의 논리』(1968)에서 현대의 '역사적 조건'에 부응하여 시민 주체의 자치체와 도시연합을 건설할 것을 제안한다. 도시개발의 공공성을 회복하고, 공해와 독점자본의 횡포를 극복할 것을 제시한 것이다.36) 마루야마의 제자인 마쓰시타 게이치(松下圭一)는 시민을 '사적, 공적인 자치활동을 영위하는 자발적 인간형'으로 제시했다.37) 그는 사회보장을 비롯한 공공정책의 입법화 등에서, '국가통치'가 아닌 '시민자치'로의 전환을 이끈 사회학자의 한 사람으로 평가된다.38)

그러나 고도성장이 주춤한 1970년대 말부터 지자체의 재정확보가 어려워지면서, 혁신적 지자체도 쇠퇴하기 시작했다. 도시의 소비사회에서 '시민정신'이 상실되는 구조적 문제도 제기되었다. 1985년, 후지타 쇼조(藤田省三)는 「안락으로의 전체주의: 충실을 돌이켜야」라는 글을 발표하여, 고도기술·경쟁사회에서 모든 불쾌감을 일소하려는 현대인이 '안락의 노예'가 되어, '생활양식의 전체주의'를 구조화하는 문제를 제기한다. 현대인이 '안락 상실'의 불안을 제거하기 위해 스스로 회사와 국가에 의존하는 귀속의식을 강박하며, "자기극복의 기쁨"이 아닌 "경쟁자로서 타인을 상처주는 기쁨"을 추구한다는 것이다.39) 바야흐로 프라자합의(1985)로 시작된 버블경기가 1991년까지 지속되는 가운데, 복지사회의 구조적 위기를 해소하려는 신자유주의도 모습을 드러냈다.

1980년대 신자유주의 조류를 영입한 나카소네 정권은 엔화의 금융자본 팽창에 힘입어 경제대국에서 정치대국으로의 도약까지 시도했다. 국

36) 羽仁五郎, 『都市の論理: 歷史的條件─現代の鬪爭』, 勁草書房, 1968.
37) 松下圭一, 「<市民>的人間型の現代的可能性」, 『思想』, 1966年6月号.
38) 松下圭一, 『シビル・ミニマムの思想』, 東京大學出版會, 1971, 松下圭一, 『市民自治の憲法理論』, 岩波書店, 1975. 「松下圭一さん死去 市民自治による政治の確立 目指す」, (朝日新聞デジタル, 2015年5月11日).
  http://www.asahi.com/articles/ASH5C5QRBH5CUCLV00V.html (2016.01.10. 접근)
39) 藤田省三, 『全体主義の時代経驗』, みすず書房, 1995, pp.5~14.

제적 공헌을 중시한 일본은 1991년 발발한 걸프전쟁에서 130억 달러 이상의 전쟁 비용도 지출했다.[40] 하지만 냉전붕괴 후 국제정세의 불안 속에서 일본은 정치대국으로 인정받기는커녕, 안보 위기와 '잃어버린 20년'의 저성장 문제에 직면하게 된다. 일본은 유엔에 협력하는 PKO법과 주변사태법을 제정했지만, 이것이 헌법 9조의 해석 공방으로 이어졌다. 결국, 거듭되는 논쟁으로 국제 현실에 부합한 국가 정체성의 확립이라는 과제가 부상하고 헌법 개정을 긍정하는 여론이 형성된 것이다.

1995년 전후 50년을 맞이하여 '전후레짐'으로부터 탈각하려는 역사수정주의가 싹튼다.[41] 1997년에 결성된 '새 역사교과서 만들기 시민모임'(새역모)은 지역사회의 '풀뿌리 보수운동'과 결합하여 '치유'의 내셔널리즘을 욕구한다.[42] '시민자치'의 단위에서 '강한 국가'를 욕구하고 농본주의적 이상을 실현하는 '풀뿌리 민족주의'가 대두한 것이다. 래디컬한 지식인들도 1990년대 중반부터 '시민 민주주의'의 이기성과 허구성을 비판하고, 자본주의 글로벌리즘을 극복하기 위한 일본의 독자성과 주체성을 환기시킨다.

'보수적 혁신'의 목소리를 내는 사에키 게이시와 니시베 스스무는 그 대표적 논객이다.[43] 사에키는 전후일본에서 시민 개념의 검증은 전후닌

---

40) 일본의 다문화공생 정책에 대해서는 近藤敦, 『多文化共生政策へのアプローチ』, 明石書店, 2011 참조. 국제정세인식, 안보위기감에 대해서는 "平成3年度 防衛白書"(防衛省). 특히, 걸프전쟁의 다국적군 지원에 대해서는 '제3절 제3세계지역의 동향' 중 '湾岸危機'를 참조.
http://www.clearing.mod.go.jp/hakusho_data/1991/w1991_01.html(2016.01.10. 접근)

41) 일교조(日敎組) 소속의 도쿄대학 교수였던 후지오카 노부카츠는 일본 스스로 국가적 의지와 결단을 실천할 수 없는 전후 상황을 비판하고, 새로운 사관의 정립을 주장했다. 藤岡信勝, 『汚辱の近現代史－いま、克服のとき』, 德間書店, 1996.

42) 小熊英二, 上野揚子, 『<癒し>のナショナリズム：草の根保守運動の實証研究』, 慶應義塾大學出版會, 2003.

43) 니시베의 대중사회 비판과 전통 회복론에 대해서는 장인성(2014) 참조. 사에키는

주주의의 성패를 가늠하는 것이라고 전제하면서, 시민의 부재와 민주주의의 실패를 주장한다.[44] 유럽의 개인(私)에게 내재되어 있는 국가의식(공공성)이 미국에 의존해 온 전후일본 사회에서는 육성되지 않았다는 것이다. 고바야시 요시노리(1966)도 만화 「탈정의론」에서 리버럴 좌파와 시민운동이 "운동을 지속하기 위한" 매너리즘에 빠졌음을 비판하고, "정의에서 벗어나라"고 외친다. 그 만화적 논법에서 시민은 더 이상 '안락의 기쁨'을 좇아 전체주의를 구축하는 '보수'가 아닌, 안락공동체를 저해하는 '진보'로 분류되었다.

후지타 쇼조는 신자유주의 경쟁사회로 내몰리게 된 생활인들의 불안감을 겨냥하면서 현대 생활인이 이기적 안락을 위해 전체주의를 구축할 가능성을 비판적으로 해부했다. 후지타의 '자본주의문명 비평'에서 제기되었던 문제는 1995년 이후 일본에서 그 실체를 드러내왔다. 넷우익과 신보수는 냉전붕괴 후 동아시아 지정학적 환경의 변화 속에서 '안락 공동체'를 추구하며 국가적 보호망에 더욱 충실하게 스스로를 귀속시킨 것이다. 국가를 새로운 가치회복의 주체로 부각시킨 '신보수'는 전후민주주의에 젖은 시민들의 '평화 치매'를 비판하고, '진보적 가치'에 종언을 고했다. 역사수정주의의 흐름이 '자학사관'과 개인주의를 비판하고, '안락 공동체'를 희구하는 생의 의지가 전통에 대한 열정과 애국심에 근거한 공공적 가치의 재건으로 나타난 것이다. 일본에서 전후 민주주의의 '허구성'과 '실패'를 극복하는 방향이 국가주의의 재구축으로 나타난 것이다. 그러나 과연 이것이 일본만의 현상이겠는가. 동아시아에서 내셔널리즘의 충돌은 어떻게 극복될 수 있겠는가. 일본의 우경화만이 갈등의 진원지라고 할 수 없을 것이다.

1994년 『아메리카니즘』의 종언』을 발표하고, 1997년에 시민 주체의 전후민주주의에 의문을 제기한 후, 2015년 최근에 출판한 『종속국가론』에서 미일동맹을 기저로 한 '집단적 자위권'의 제정을 비판한다.

44) 佐伯啓思, 『「市民」とは誰か : 戰後民主主義を問い直す』, PHP新書, 1997, pp.160~166.

4. '반한'에서 '혐한'으로

탈냉전 후 일본사회의 새로운 움직임은 '보수'와 '전통'에 입각하면서
도 좌파의 내셔널리즘을 흡수하는 방향으로 변화했다. 만일, 일본의 변
화를 '우경화'로 포착한다면, 그 안에 포섭된 진보담론의 '보수성' 또는
'우익적 가치'를 주시해야 마땅하다. 보수 대 진보, 좌파 대 우파의 경계
도 모호하다. 개혁은 지배체제의 보수를 위한 방법이기도 하다. 대립하
는 세력들은 서로 모방하고 교착, 협력하면서 자신들의 권력을 강화하고,
논리적 정당화를 시도하기도 한다.

전후 50년을 맞이하여 세대의 의식 변화도 수반된다. 자본주의 시장
에 진입한 중국의 부상이 예견되는 시대적 분위기에서, 전전의 기억과
책임의식을 갖지 않는 세대가 일본사회를 이끄는 중심으로 성장했다. 그
들은 전통적 보수의 가치로 재무장하고 '주체적 혁신'의 포스를 취한다.
그 모습은 신보수 계열의 잡지에서만이 아니라, 대중문화 장르에서도 확
인된다. 보수적인 정치단체뿐 아니라 서브컬처에서도 '헤이세이 유신'
(平成維新)이라는 록밴드가 탄생하고, '헤이세이 프로젝트'라는 제목으로
상상력을 펼친 전자음악, 만화 작품들이 온라인과 오프라인에서 생산된
다.[45] 1990년대 말부터 '상실' '우울' '정체'로 표현되던 일본사회를 타
개하려는 욕구가 대중의 일상과 청소년층의 자아의식에서 발로된 것이
다. 그들의 시대비판과 삶의 의욕, 열정에 대한 갈망이 일본의 독자적 시
간의식을 대변하는 '헤이세이'와 '유신' 용어로 표상된 것이다.

전통적으로 일본의 우익은 서구적 자본주의와 합리적 보수주의를 비
판하며, 국가적 전통과 애국심을 찬양해왔다. 2000년대 일본에서는 이러

---

45) 록 그룹 '平成(hei say)維新'은 2008년 결성하여, 2010년 말까지 활동. 헤이세이
    프로젝트는 2012년부터 꾸준히 작품을 발표하고 있다. 보컬과 연주, 스토리가 결합된
    CD, 만화, 소설 등을 동시 발매하고 있다. http://heisei-project.jp/(2015. 12. 20. 접근)

한 우익의 사상이 시민민주주의의 대안으로 부활하여, 과거 좌익의 체제
비판론을 흡수하고 풀뿌리 내셔널리즘에 통합시키려고 했다.46) 2002년
새역모 안에서 '친미보수'와 '반미보수'가 갈리면서, 친미보수와 리버럴
좌파가 모두 전후민주주의와 전후레짐을 옹호하는 '구세력'으로 간주되
었다. 그런가 하면, '반미보수'와 혁신좌파가 결합한 사례도 있다. 이라크
전쟁 당시에 인간방패로 참가하고 북한을 방문했던 스즈키 구니오는 전
공투의 반미 반전반핵 운동에 공명했던 자신의 과거를 회고했다.47) 만화
가 고바야시도 이라크전쟁에 협력하는 '친미보수'를 신랄하게 비판했
다.48) 중국이 부상한 2008년 무렵까지 좌파와 우파가 반미전선에서 공감
하고 공명하는 현상이 두드러졌던 것이다.

　혐한감정에서도 과거의 좌파와 현재의 우파가 '합작'하는 현상을 볼
수 있다. 넷우익 출신의 논객인 후루야 쓰네히라가 2013년 4월에 출판한
『넷우익의 습격: '혐한' 사상과 신보수론』을 보자. 이 책은 2012년 8월
한국 대통령의 행보에 대한 일본사회의 거센 혐한 물결에서 나온 '조건
반사적' 산물이다. 부제에서 밝혔듯이, 그는 '혐한'을 넷우익의 '사상'으
로 말한다. '혐한'이 인종차별주의가 아니며, "한국이 싫다는 가치관"이
라는 주장이다.49) '싫다'는 감정적, 즉자적 반응을 '사상'으로 승격시키
는 '지적 허세'를 비판하는 것은 그다지 중요치 않다. 오히려 현대인의
규범에서는 이성보다 감정이 '인간적인 것'으로 존중되고, 인권과 휴머
니즘이 그 어떤 규범보다 중시된다. 주목해야 할 사실은 후루야가 동시
대 한국과 일본의 갈등, 그리고 보수와 진보의 역사적 대립에서 '혐한'의

46) 우익사상의 부흥과 좌파와 우파의 내셔널리즘이 통합된 현상에 대해서는 조관자
　　(2014)참조.
47) 鈴木邦男, 『愛國と米國―日本人はアメリカを愛せるのか』, 平凡社, 2009, p.19.
48) 小林よしのり, 『アホ腰拔けビョーキの親米保守』, 飛鳥新社, 2003.
49) 古谷経衡. 『ネット右翼の逆襲 「嫌韓」思想と新保守論』(總和社,2013年4月), pp.190～
　　207.

논리를 포착하고 있는 지점일 것이다.

혐한이 '가치관'이라는 주장 속에는 냉전시대 좌파의 '반한' 태도와 논리가 담겨 있다. 냉전시대 일본의 보수는 한미일 안보동맹에 입각하여 '친한'을 실천했다. 후루야는 "전후일본의 보수는 아메리카의 아시아 침략에 합치하도록 '반공'노선을 냉전 하에서 오래도록 계승"했다고 서술한다.[50] 반면, 신보수의 혐한론은 과거 좌파의 '반한'을 계승함으로써 '혐한'의 논리화를 시도한다. 후루야가 인용한 일본공산당 의원의 국회발언 내용을 보자.

> 일한조약이 급격하게 체결된 이유는, 베트남 전쟁의 실패와 동남아시아 군사동맹의 교착상태에 부딪혀 급속히 붕괴되고 있는 아메리카의 아시아 침략체제를 재정비하고 나아가 그것을 강화하기 위한 것이 명백하다. (중략) (한국은) 아메리카에 지배되고 있는 괴뢰국가이다. (중략) 한국을 조선유일의 합법적 정부로 인정하는 것에 의해, 아메리카와 박 일파(박정희정권)의 이른바 무력북진을 지지하고, 여기에 동북아시아의 침략 거점을 만드는 것에 있다.
> (1965년 10월13일 중참의원 본회의, 일본공산당 가와카미 기이치 (川上貴一)의 질의)[51]

한일회담에 반대했던 당시 좌익은 일본, 한국, 대만, 필리핀의 개발독재 지도자를 '아메리카의 아시아침략의 앞잡이'로 인식했다. 과거 좌익의 한국에 대한 적개심이야말로 '혐한'의 원조라고 후루야는 밝히고 있는 것이다. 이처럼 전후레짐의 변화를 촉구하는 신보수는 과거 좌파가 그랬듯이, 아메리카가 동아시아의 역사를 주조해낸 것으로 역사를 해석한다. 그들은 미국의 아시아 지배전략과 그에 '종속'된 보수세력을 우익, 반동으로 취급했던 과거 좌파의 역사인식을 내면화했다. 좌파의 반미논리를 거꾸로 포섭해낸 '혐한=신보수'의 내러티브 전략은 한미일 반공안

---

50) 古谷経衡 위의 책, p.203.
51) 古谷経衡 위의 책, p.205.

보동맹의 유효성을 부정하고, 나아가 포스트 전후체제에서 일본의 독자적 행보를 확보하려는 것으로 보인다.

혐한=신보수론은 동아시아 전후질서의 책임을 미국과 친미보수 세력에 전가한 점에서 '좌우합작'을 이루어낸다. 하지만, 과거 좌파의 아시아 연대의식은 사라졌다. 2002년 월드컵 한일공동개최 이후 '혐한'이 '반일'과 호응하면서 성장했기 때문이다. 반일도 혐한도 서로를 '상식과 모랄'의 결여 집단, 소통 불가한 무뢰한으로 취급하지만, 서로를 미워하는 에너지는 같은 주파수에서 방출된다. 그들 모두가 정보에 대한 비판적 사유과정을 거치기보다, 국가·국민·민족이라는 방패 뒤에 숨어 자신들의 이기심과 편파성을 숭고한 애국심으로 포장한다. 반한과 혐한, 그리고 반일의 정점에 선 사람들은 '한일협정의 무효화'를 주장한다. 재특회와 넷우익은 한일회담 반대운동 이후 좌파가 제기해온 '한일협정체제의 무효화'라는 문제의식을 더욱 확대시켜 국교의 단절까지 주장한다. 2012년부터 재특회와 '행동하는 보수'계열은 한일국교의 단절을 외치며 거리 데모를 펼치고 있다.[52]

5. '반일'과 '혐한'의 메아리, 역사인식의 풍화를 넘어서

인터넷으로 실시간 연결된 환경 속에서 '반일'과 '혐한'은 서로 동떨

---

52) 2012년 8월 이후, 매년 6월 전국 도시에서 '일한국교 단절 국민대행진'이 벌어지고, '일한단교 공투위원회'까지 조직되었다. 2015년 10월 6일 현재, 포털사이트 야후재팬에서 '일한국교단절'을 검색한 결과, 동영상만 25,600건이 올라와 있다. 혐한은 한층 진화한 증오감과 과대망상적인 현실인식을 보여주고 있다. 혐한 데모에 참가하는 일본인들은 대부분 식민지지배의 원죄 의식을 갖지 않는 청장년층이다.

어진 현상이 아니다. 혐한은 반일의 메아리이고, 반일도 혐한의 메아리다. 양자의 대립이 역사인식 논쟁을 통해 뿌리를 내리고 영토분쟁에서 더욱 불거진 것은 말할 나위도 없다. 게다가 2000년대에 인터넷 포털 사이트인 네이버의 한일번역 게시판과 중앙일보의 일본어판 웹 등을 매개로 반일과 혐한의 대립은 점증했다. 정황과 맥락을 상실한 채 편집된 정보들이 떠돌다가 타자를 증오하고 배제하기 위한 근거로 제시된다. 부분적이고 편협한 사실을 끌어내 상대에 대한 혐오의 감정을 싣고 있기 때문에, '없는 사실'을 날조하지 않았더라도 '있는 사실'을 편파적으로 인용하고 자의적으로 와전시킨 사례가 늘었다.

동아시아의 근현대사에서 지배와 저항의 수단으로 전쟁과 폭력을 정당화한 역사가 있다. 하지만, 과거의 폭력문제가 역사적 성찰과 미래의 화해를 위한 공동의 극복 과제로 제기된 적은 없다. 민족적, 이념적, 정파적 대립구도가 반복되면서 어느 쪽도 상대방의 폭력만을 심판하고, 정치적으로 공격한다. 이로써 과거의 폭력 문제가 현재적 대립을 지속시키는 기제로 작용한다. 전후 일본의 경우, 일본공산당과 재일조선인 좌파 조직이 미국의 한국전쟁 참전을 동아시아 민족에 대한 식민지 침략전쟁으로 간주하고, 비합법적인 무장투생 노선을 전개했다. 이것은 1955년 일본공산당의 '좌경화' 비판과 조총련의 합법주의 노선 채택으로 역사 속에 묻혀진다. 그리고 1960년대 공산당의 합법노선을 비판한 신좌익이 또 다시 무장봉기와 세계혁명을 추구한 결과, '공산주의자동맹적군파'의 북한 망명, '일본적군'의 아랍 망명과 테러 가담, '연합적군'의 아사마산장 사건이 벌어졌다. 1970년대 이후 경제적 풍요 속에서 이들의 폭력은 냉소적인 트라우마로 각인되고, 문학적 표상으로만 전해졌다.

냉전시대 좌파 젊은이들의 폭력적 혁명 충동이 탈냉전 시대에는 우파 젊은이들의 배외주의 폭력으로 나타난다. 일본사회의 변화 욕구를 한국과 중국에서 '우경화'로 비판하자, 재특회와 같은 조직이 출현했다. 한일

관계에서 역사인식 논쟁과 피해자에 대한 국가적 사죄와 보상 문제가 논란이 되자, 일본 패전 직후와 한국전쟁 시기에 일어났던 재일조선인의 폭력 문제도 슬금슬금 터져나왔다. 특히 2002년 일본인 납치 피해자 문제가 불거지면서, 그들은 역사적 가해자의 입장에서 벗어난 듯이 재일조선인의 폭력 문제만을 상기시킨다.

『혐한류』의 제3화에서는 전후 직후에 "일부 재일조선인이 '전승국민'을 자처하며 일본인들에게 약탈과 폭행"을 행사했다고 쓴다.[53] 게다가 한국전쟁 당시 일본공산당 산하 '조국방위대'의 활동으로 다수의 체포자가 발생했다. 일련의 역사적 정황은 일본인의 공포의식과 재일조선인에 대한 폭력적 이미지를 조장했다.[54] 반면, "많은 조선인은 일본인과 마찬가지로 회사원이나 공무원으로서 또는 자영업 등을 운영하며 패전 후의 혼란기를 나름 살아갔단다."라는 우호적 표현도 있다.[55] 당시 일본인의 생활도 곤궁했다. 그렇다 해도 대부분 재일조선인들이 농업, 광업, 공업의 3D 노동에 종사하고 노점상과 행상을 주업으로 삼았다. 그러한 정황이 마치 사무직 회사원을 연상케 하는 현대어로 포장된 것이다.[56] 넷우익 세대가 역사적 상상력과 리얼리티를 결여한 탓이다. 그렇다면 '일부 재일조선인'을 폭도로 내몰고, '많은 재일조선인'을 일본의 선량한 이웃으로 묘사하는 그 서술의 엇박자는 무엇을 의미할까?

혐한론에서 일본의 국가적 '동화'와 '포섭'의 논리를 찾는 것은 너무 진지한 접근법이다. 배외주의, 인종주의적 발언의 발화자는 유년기에 '착한 일본인' 교육을 받고 버블 성장기를 보내다가 성년을 맞이한 세대다.

---

53) 山野車輪, 『マンガ 嫌韓流』 제3장 이외에도, 『マンガ 嫌韓流4』가 재일코리안 문제를 다루며 일본인의 편견에 기초한 배외주의 풍조를 확산시키고 있다.

54) 조국방위대 등, 1950년대 전반기 재일조선인 운동에 대해서는 조관자, 「재일조선인운동과 지식의 정치성, 1945~1960」, 『일본사상』 제22권(2012.6.)

55) 山野車輪, 『マンガ 嫌韓流』, p.82.

56) 水野直樹, 文京洙, 『在日朝鮮人 歴史と現在, 岩波新書, 2015. p.30.

이들은 탈냉전기의 세계사적 변동을 목격했지만, 역사의 소용돌이와 폭력적 사태의 발생에 대한 현실적 이해를 결여한 채, 윤리적 결벽증을 보이기도 한다. 전후민주주의 교육을 통해 대다수 일본인도 식민지배를 죄악으로 인식하고, 전쟁 폭력에 대한 트라우마를 갖고 있다. 과거의 상처를 치유하고 자긍심을 회복하고 싶어 한다. 하지만, 동아시아의 갈등구조는 그것을 허락하지 않는다. 한국에서 일본인의 망언에 반발하며 일본의 국가적 범죄와 '식민지배의 원죄의식'을 확인시킬수록, 역사적 굴레로부터의 도피의식과 '혐한'의 증오의식도 커진다. 원죄의식으로부터 탈피하기 위해 이들은 '반일'에 과잉 반응하면서 혐한 감정을 분출시킨다. 한국의 도덕적 당당함만큼이나 과감한 일본폄하에 억눌린 그들의 윤리감과 자존감이 거꾸로 '파렴치한' 한국(재일)에 대한 분노로 폭발한다.

안타까운 것은 1950년대 조선인에 관한 폭력적 이미지가 혐한론에서 재인용되면서 배외주의 폭력으로 재생산되고 있는 현실이다. 혐한론자들은 재일조선인을 '범죄민족'으로 규탄하며, '조선진주군을 용납하지 않은 시민 모임'이라는 황당한 조직까지 만들어냈다. 그들은 일본을 침탈한 '조선진주군'이란 허상을 증명하기 위해 무장한 일본 경찰관의 사진까지 게시한다.[57] 자민족중심주의를 더욱 강고하게 키운 반일과 혐한의 담론, 그 집단적 기억 속에서 역사적 성찰을 위한 보편적 과제들이 풍화되어 간다.

다민족 제국이었던 일본의 패전 직후 일부 재일조선인과 재일중국인은 정치적 해방감에서만이 아니라 점령권력의 물자배급을 선취하기 위

---

57) 야스다(2012, 216~218)는 '조선진주군'의 증거로 넷우익이 게시한 사진 속 인물들이 당시 해산명령이 내려진 '재일본조선인연맹'을 수색하기 위해 출두한 일본의 무장경찰관이라고 밝힌다. 조선진주군의 기록은 山野車輪, 『マンガ 嫌韓流4』(2009), 野村旗守『嫌韓流の眞實！ザ・在日特權』(2006), 『マンガ嫌韓流の眞實!』(2007) 등에서 적고 있다. '조선진주군을 용납하지 않은 시민 모임'의 동영상은 유튜브에서도 검색된다.

해 '전승국민'을 자처했고, 일부 일본인과 함께 암시장을 형성하여 이익을 독점했다. 그러나 전후 혼란기의 시장 교란과 폭력적 사태를 단순히 재일조선인이나 재일중국인의 인종적 문제로 접근하는 것은 부당하다. 다민족 제국일본의 패전 직후에 나타난 민족적 갈등과 여성과 약자에 대한 폭력, 전승국(해방인민)의 지위를 활용한 폭리 추구와 보상심리, 국가권력의 재편을 둘러싼 좌우의 폭력적 대립 등은 거시적인 역사적 문맥에서 고찰할 필요가 있다. 소련의 멸망과 체제변동 과정에서도 다민족이 분열하고, 경제적 혼란이 발생했다. 아랍의 혼란도 단순히 서구제국과 아랍민족의 대립만이 아니라, 아랍 내부의 종교와 민족 분쟁, 국가권력의 해체와 분열 및 통합과정에서 나타나는 폭력적 문제를 보여준다. 중동아시아, 아프리카에서는 지금도 내전과 약탈의 와중에서 살 길을 찾아 나선 난민들이 고통스런 삶을 살아가고 있다.

한반도와 중국대륙이 내전의 소용돌이를 겪을 때, 일본은 혼란을 최소한으로 통제하고, 1955년 시점에서 '전후부흥'을 선언할 수 있었다. 냉전시대 좌파와 마찬가지로, 반미보수와 넷우익은 지정학적 맥락에서 미국의 패권을 비판하면서도 미일동맹의 이익을 취한다. '영미제국의 아시아 침략사'에 저항한 '일본의 아시아 해방사관'이라는 역사인식의 수정은 동아시아 좌파의 반제민족해방사관을 모방한다. 그러면서도 그들은 '좌우합작'의 면모를 인정하지 않으며, 오히려 미국의 '승리사관'과 좌파의 '자학사관'을 문제 삼고서 동시에 배제시킬 뿐이다. 넷우익과 신보수도 좌파와 마찬가지로 '전후일본 헤게모니'에 도전하여 전후레짐의 탈각을 촉구할 때에는 '대미 의존성' 문제를 제기한다. 미국에 대해서 식민지 무의식을 가지는 동시에 아시아 유일의 독립국으로 근대화에 성공했다는 자긍사관에 빠지는 자기분열적 모순을 보이는 것이다. 그들 자신은 일본의 전후체제를 규정하고 영토분쟁의 소지를 만든 책임을 미국에게 전가하면서, 식민지 근대화의 성과를 무시한 한국의 민족사관을 비판하고 '한일협정의 무효화'와 국교 단절까지 주장하는 것이다.

　동아시아의 지정학적 판세에 대한 사고를 정지시키고, 아무리 단순하게 생각해보아도 '가지 않은 길'을 '되돌아 갈 도리'는 없다. '함께 걸어온 길'에서 등을 돌리고 갈라서도 갈등은 해소되지 않는다. 3차원 세계에서 시간을 되돌릴 수 없듯이, 과거 역사에서 풀지 못한 '정답'이 오늘과 내일의 해결책이 될 수 없다. 오늘을 사는 사람들에게 문제는 더욱 복잡다변하게 펼쳐지고 있다. 오늘의 갈등을 최소화하기 위해서, 과거의 이념적 블랙홀로 끌어들이는 사상적 경직성과 역사인식의 자기중심성을 벗어나야 한다. 상대방에게만 책임을 전가하며 감정적 대립에 빠져드는 폐쇄적 회로를 벗어나 문제를 새롭게 바라보아야 한다. 새로운 해답을 찾고 공유하는 작업은 결코 간단치 않다. 그러나 책임의 소재를 '오늘, 너와 나'가 주고받는 '동시대 우리의 상호작용'에서 찾는다면, 해결의 실마리는 생각보다 쉽게 잡힐 것이다.

「토론문」趙寬子「ネット右翼と在特会'そして嫌韓─反日と嫌韓のこだま」へのコメント

가나즈 히데미(金津日出美, 고려대)

　周知のとおり、2010年を前後する時期から、殊に2012年の第2次安倍政權成立以後の日本社會ではいわゆる「右傾化」といわれる状況が深刻になってきている。無論、それは安倍政權自体の「ネトウヨ」的性向[1]のみによるものだけではなく、90年代以降の長期不況の連續に加えての東日本大震災、福島原發事故による大打撃とその余波、中國の急速な浮上による相對的地位の低下による危機意識の高まり、民主党政權の失敗による代案的期待への行き場のない心性などなど、國內外の状況が複雑に絡み合った結果として想起しているといえよう。また、現今の「右傾化」状況を「反知性主義の跋扈」として論じる識者も少なくない。[2]ともあれ、國交樹立以來「最惡」の日韓關係といわれる現状

---

1) 笠井潔·白井聰『日本劣化論』ちくま新書、2012年。
2) 同上、内田樹編『日本の反知性主義』晶文社、2015年、『現代思想 特集「反知性主義と向き合う」』青土社、2015年2月号など。無論、ここでいうそもそもリチャード・ホーフスタッターのいうところの 「反知性主義」(Richard Hofstadter, "ANTI-INTELLECTUALISM IN AMERICAN LIFE", 1963、田村哲男譯『アメリカの知性主義』みすず書房、2003)とは次元を異にするものであるという指摘もある。

を考えるにあたっても、こうした状況を切開する作業は極めて重要か
つ喫緊の課題であるということは言うを俟たない。この点に關して
「嫌韓は反日の反射板」と談ずる發表者が提起する、

> もはや日本との葛藤を增幅させ、敵對的關係へと飛躍するより、既存の原
> 則を讓步しつつ、互いに合理的に妥協可能な新たな原則を模索すべきであ
> る。中國と日本のあいだでの二者擇一といった發想は地域秩序の相關性
> を無視し、葛藤を招きよぶ近視眼的志向方式である。これ以上、兩國の
> 國民世論を極端な状況に追い込み、政治的妥協の出口さえ元から封鎖す
> る事態を招來してはならないだろう。韓國と日本を兩ながらに眺めうる研
> 究者が、「嫌韓」と「反日」の對立前線で自己の道德的批判能力を誇示しつ
> つ、確固不動の原則論にこだわる姿勢はあるべきものではない。日本社會
> の変化を熟考し、葛藤を乗り越えていく地平を積極的模索する姿勢が必
> 要であろう。

という問題意識について討論者も大いに贊同する。ただし、この
場合、兩者は同一線上に配列される對称的な存在ではないことにも留
意したい。というのは、「嫌韓」と「反日」との間には、いわゆる「被害当
事者[3]」が不可視化される方式が異なっているからである。ともにナ
ショナリズムを前提にしてはいるものの、「嫌韓」は日本帝國主義の
行った「罪」を無化することで「当事者」を不可視化することはいうまで
もないが、「反日」もまた「世襲的犠牲者」として「被害当事者」を囲い込

---

3) 林志弦「「世襲的犠牲者」意識と脱植民地主義の歴史學」三谷博・金泰昌編『東
アジア歴史對話—國境と世代を超えて』 東京大學出版會、2007年。林志弦のいう
「世襲的犠牲者意識」 とは、「日本左派知識人たちのその善意が、韓半島の民族
主義右派あるいは民族的左派知識人たちの世襲的犠牲者意識と結合される時、そ
れは韓半島で作動する民族主義の言説的ヘゲモニーを強化する結果を生み出」し
(177頁)、「植民地主義的罪意識に盛られた善意が、韓半島の民族主義を強化」
する作用を有しているものである(178頁)。

んでしまうといったように、その方式においても繼續するコロニアリズム、すなわち、淸算されていない過去が現在に引き續いている現象の問題と切り離せないという問題が横たわっている。つまり、そこには日本による戰爭責任ならぬ、植民地責任の不在といった、その非對稱性を生起させる根源への視座を喪失してはならないということは強調しておきたい。

さて、昨今の日本の社會狀況を切開するにおいて發表者が設定したキー槪念は「左右合作」である。それは日本の左派と右派、そして、日本における「嫌韓」と韓國における「反日」といった一見、それぞれの極に置かれる主張・思考を、自民族中心主義、ナショナリズムの堅固さといった側面において通底している狀況を捉えた槪念である。そして、昨今の日本社會の狀況は單なる復古的な「右傾化」ではなく、それらが「相互作用」しながら機能している結果であるという。この点については、註に揭げた林志弦の指摘も存在し、また、90年代後半以降の日本で占領期や50~60年代の左派のナショナリズムを批判する諸硏究などで指摘されていることであり、同樣に考えている。もちろん、それらを2000年代以降の問題、そしてネット社會いう新たな媒体・空間を念頭に入れて議論する点に本硏究の獨自性があると評價したい。インターネット空間という、それまで情報收集にある種の境界線が存在した空間に、その境界を瞬時に飛び越え、そしてそれを多數の發話者が「変形」させて流通・擴大させていく新たな空間の登場が生起した時代における「合作」狀況を捉えるという視点は、一國內に充足させて議論を構成することでは把握しきれない問題領域を露わにするといえよう。つまり、「だれでも'自由に'瞬時に世界の情報に接し、發しうる空間」の登場が生みだすナショナリズムの相互作用を切開する、これがまさにわれわれが向かわねばならない思想課題であるというのである。

以上のように、本發表の意義をまとめた上で、いくつか質問を行

いたい。

　まずは、ネット右翼的言說に對して、誤謬を正すという方法の非有效性についてである。たしかに發表者のいうように、ネット右翼的言說は事の「事實性」や「正確性」を主題化しているわけではないがゆえに、歷史的「事實」をめぐる爭いは徒勞に終わることが少なくない。つまり、「聞く耳を持たない」といえる。だからといって、それぞれに對する眞摯な反駁が有效ではないというのは言い過ぎの感があるのではないだろうか。たとえば、かつて「新しい歷史教科書」が登場した際の「戰術」として採られた方法(無論、それが100％正しいとはいえないものの)、「教科書のでたらめさ」をあげつらうことで採擇率を抑える效果があったことは否定できない。問題はその反駁にあるのではなく、なぜそれが問題視されるのかといった、その事態を生起させている問題への視座を伴いながらなされねばならない点が往々にして後景に退いてしまうことにあるのではなかろうか。つまり、近年の歷史學をはじめとする人文學が「事實性」や「正確性」が'客觀性'の名の下に神話化されている事態を批判してきたように、「客觀性をめぐる鬪爭」がはらむ欲望への批判的視座が必要なのであって、眞摯な反駁行爲そのものの必要性は否定されざるものではないと考える。この点についての發表者の意見を伺いたい。

　もう一つは、2015年初夏から9月にかけての安保法制反對運動の動向をどのように捉えているかについてである。韓國でも報道されているように、今夏の日本は安倍政權が成立させた安全保障法制に對する大きな反對運動が巻き起こった。國會を埋め盡くした10數万にわたる人びとの波は60年安保鬪爭以來の出來事であった。また、その運動は、從來の旣成組織動員型運動というよりは、市井の人びとがそれぞれに集まった性格が強く、この間の政治や社會狀況に對しての意見發露の場を求めてきた人びとの集合體とみるべきものである。そして、

直接的契機は小林節らの法學者らの國會での「違憲」陳述にあるもの
の、米軍基地辺野古移設問題をはじめとする沖縄に對する政府の理不
盡さ、野党共鬪の成功などともつながっている。たとえば、SEALsの
主張も運動が進展するなかで沖縄や在日問題などに射程が廣がって
いったこともある。無論、この運動は必ずしも平和憲法改憲阻止だけ
ではなく、改憲容認派も含まれて展開された「大同団結」的色彩は强
く、また、運動が抱え込んでいる一國主義、ナショナリズムなども否
定できない。しかし、「嫌韓」デモへのカウンターなどの存在も含め
て、漸くにして日本社會においてもある種の可能性の兆しが見えてい
ることの事實である。そしてこうした動きにはインターネットという
媒体が大きく作用していることも否定できない。たしかに運動論的に
は脆弱性も指摘できようが、それが有している可能性、開放性は今後
の日本社會の行方を見る上で重要であると思われるが、發表者のご意
見を伺いたい。

토 론

가나즈 히데미   안녕하세요. 고려대 가나즈 히데미라고 합니다. 제가 몸이 안 좋아서 토론문을 일본어만 보냈는데 오늘 좀 한국어 판을 가져오라고 해서 가져왔으니깐 그것을 참조 하시면서 들으시면 고맙겠습니다. 예 일단 시간관계상 제가 잘 못하는 한국어로 하는 것보다 잘하시는 통역자 선생님들이 계시니깐 일단 저는 코멘트는 일본어로 하겠습니다. 토론문을 기본적으로 읽어가면서 진행하도록 하겠습니다만 도중에 약간 보충 해가지고 말씀드리도록 하겠습니다.

조관자 선생님의 넷우익과 재특회에 대한 발표를 들었습니다. 여러분들 아시다시피 몇 년 전부터 일본에서 서점이나 이런 곳을 가보면 아주 놀랄만한 상황이 펼쳐집니다. 물론 혐한 뿐 만 아니라 혐중이란 것도 있겠고요. 이것이 서점에서 가장 잘 팔리는 책들이 되어가고 있는데 최근에는 좀 줄어들었다고 하지만 아직까지도 그런 책들이 많이 출판되고 있는 상황이 펼쳐지고 있습니다. 정말 중요한 문제이고, 어떻게든지 대처를 해야 하는 그런 과제라고도 생각을 합니다.

반면 그것이 오늘 조관자 선생님의 말씀도 그렇지만은 그 사람들이 의식적으로 한다 라기보다는요. 그냥 보통 일반사람들이 사실 거기에 포함되어 있는 것이 얘기가 됩니다. 오늘 집에 있는 것을 몇 권 가지고 왔는데 여자와 애국이라는 책인데요. 헤이트 스피치 등과 관련해서 썼던 여자가 쓴 책입니다. 그에 대한 비판은, 비판의 책으로 부인은 애국자라는 책도 있습니다. 일반 주부가 애국활동에 빠지는 것인데 헤이트 스피치 헤이트 프라임이라는 것을 한 이후에 집에 돌아와서 그냥 일상적으로 슈퍼에 가서 장을 보고 집에서 저녁식사를 만들고 아이들한테 저녁을 먹이고 하는 그런 일반적인 사람들도 바로 포함이 되어 있다는 그러한 것입니다.

정말 여러 가지 문제가 있고 우리가 깊이 생각을 해야 하는 그런 문제라면 생각을 하게 됩니다. 그래서 오늘 발표하신 내용에 대해서 코멘트를 하도록 하겠습니다. 에 그럼 주지하는 바와 같이 2010년을 전후하여 특히 2012년 제 2차 아베정권, 지금 3차인지 4차인지는 모르겠는데 아무튼 제 2차 아베정권 이후 일본사회에서는 이른바 우경화라고 하는 상황이 심각해지고 있습니다. 조관자 선생님의 발표에서는 단순히 우경화라고 보는 것이 아니라 그것을 더 깊이 파헤쳐야 한다고 하셨는데요. 아마 일반적으로 그렇게 이야기 한 것 같습니다. 아베정권 자체의 우익적인 성향 이것은 사회, 여기에만 원인이 있는 것이 아니라 90년대 이후 경기침체가 장기화 되면서 동일본 대지진, 후쿠시마 원전사고 이러한 것으로 인한 타격과 여파 중국의 급속한 부상에 의한 상대적인 지위 저하에 대한 위기의식의 고조, 55년 체제, 자민당 장기정권이 90년도에 끝나게 되는데 그러다가 민주당 정권이 성립을 하게 됩니다. 그런데 그것이 바로 또 실패를 하게 되는 근데 그에 대해서 대안적인 기대감이 사실 전제를 했었는데 사실 민주당 정권이 실패로 인해서 방향성을 상실한 그러한 마음이 존재가 되었던 것입니다. 그러한 국내 상황에 복잡하게 얽힌 결과로서 벌어진 일이 아닌가 생각이 듭니다. 그리고 또 우경화 상황을 우경화가 아니라 반지성주의의 발호다. 라고 논하는 그러한 경향도 있습니다. 대표적인 사람은 우키나 타두루시 라든지 이러한 분들이 계십니다. 이러한 논자들도 적지 않은 상황입니다. 그렇지만 반지성주의자라는 것은 제가 각주에 쓴 것처럼 본래의 지성주의라는 것이 엘리트적인 엘리트주의에 대한 비판적인 얼터니티브적인 그런 비판적인 성향을 가지고 있었는데 현재 일본에서 사용하고 있는 반지성주의라는 것은 아무래도 그런 것이 아니라 지식이 없다. 지식을 넣을 생각이 없다라는 그런 형태로 의미가 되는 그런 경향도 있는 것 같습니다. 어쨌든 국교수립이후, 한국과 일본이 1965년 국교를 수립하게 되는데요. 최악의 한일관계라고 불리는 현 상황을 생각해볼 때 특히 이러한 일본의 이와 같은 상황을 파헤치는 작업은 대단히 중요하고 또 긴급한 과제라는 점은 말할 나위가 없다 생각합니다. 이에 대해서 조관자 선생님은 혐한은 반일의 반사판이라고 말씀을 하셨는데 우리는 문제의식 요 밑에 부분에 대해서 생각을 해 볼 텐데요. 선생님께서 말씀하신 부분에 대해서는 저도 기본적으로 크게 동감을 하는데요. 하지만 이 부분에서 한 가지 말씀드리고 싶은 것은 혐한, 반일 이 양자는 동일선상에 있는 대칭적인 존재인가 하는 문제, 이 문제에 유의해야할 필요가 있습니다. 왜냐하면 역사문제에 관련해서 말씀을 드리면 혐한 반일 이 사이에 이른바 피해 당사자가 불가시화 되는 그러한 방식이 서로 간에 다르다, 차이가 있다고 저 자신은 생각을 하고 있기 때문입니다. 또 내셔널리즘을 전제로 하고 있지만 혐한이라고 하는 것은 일본제국주의가 혐한주의를 무화함으로써, 없앰으로써 당시자를 불가시화하는 것, 그리고 또 거짓이란 말로 그것을 버리고 있다는 것은 더 이상 거론할 필요가 없는 일입니다. 하지만 반일이라는 것도 또한 임지현 선생님의 말인데요. 세습의 희생자로서 피해 당사자를 둘러싸고 있는 것입니다. 이런 식으로 그 방식에 있어서 그 차이가 존재한다는 점에 있어서 계속되는, 지금도 이어지고 있는 식민주의(colonialism)문제 , 또 청산되지 않은 과거와 같은 문제가 서로 분리가 되지 않는다는 것 그러한 문제점이 있다는 것입니다. 여기에 현 전쟁책임이 아닌 식민지 책임의 부재라고 하는 문제가 비대칭성을 야기 시키는 근원에 대한 시점을 상실시키면 안 된다는 점을 저는 강조를 하고 싶습니다.

작금의 일본 사회생활을 파악하는데 있어서 발표자가 설정한 핵심 개념은 좌우합작입니다. 이것은 일본의 좌파와 우파, 그리고 일본에서 협한과 한국에서 반일 이것은 이견 각각 양극의 외적으로도 각 끝에 존재하는 듯한 주장 사고인데요. 이것을 자민족중심주의 내셔널리즘의 견고함 이러한 측면에서 각각의 상황을 인식한 개념입니다. 또 이것이 상호작용을 통해서 기능을 하고 있는 그러한 부분을 캐치를 한 개념의 모습입니다. 최근의 일본사회에서의 상황은 단순히 독보적인 것이 아니라 상호작용을 하면서 만들어 낸 결과라는 것입니다. 이러한 점에 대해서는 임재영 선생님의 지적도 있었고 그리고 결과에서 오구마 에이지 씨에 대한 이야기가 나왔는데요. 90년대 후반 이후에 일본의 점령기에서 또 90년대 후반 좌파 내셔널리즘, 이러한 것들을 비판하는 여러 가지 연구들에서 지적이 되고 있기도 합니다. 저는 이에 대해서도 기본적으로 같은 의견입니다. 물론 하지만 한편으로는 현재 일본 사회 안에서 좌파라든지 좌익이라고 불리는 그런 논의들 안에서 전쟁 전후로의 회귀, 군국주의의 부활, 우경화 이런 형태로 비판들이 존재하고 있습니다. 하지만 오늘 말씀하신 것들은 저로서는 대단히 동감을 하는 바입니다. 이러한 흐름을 봤을 때 오늘 해주신 말씀은 2000년대 이후의 문제 특히 인터넷 사회라고 하는 새로운 매체, 새로운 공간을 염두 해두고 거기에 연결을 시켜나간다. 라는 논의의 측면에서 봤을 때 굉장히 독창성이 있는 그런 발표라고 생각합니다. 인터넷 공간이라는 지금까지 정보조직의 일종의 경제적인 존재였던 공간은 반일 문제라든지 그런 것들이 존재했던 것이 이것이 순식간에 그 경계를 뛰어넘고 다수의 발화자들이 이것을 변형을 시켜서 유통·확대시켜 나가는 그러한 새로운 공간으로 등장을 하게 되는 이러한 시대에서의 합작상황이라는 것을 과연 어떻게 인식해야 하는가? 라는 것을 하나의 문제의식으로 가지고 있다라는 것입니다. 이러한 문제의식은 굉장히 무의미하다고 생각합니다. 왜냐하면 이것은 한 나라 안에서 논의를 구성하는 방식이 아닌, 한 나라 안에서 논의를 구하는 것으로는 파악을 할 수 없는 그러한 문제영역을 드러내고 있다고 생각하기 때문입니다. 이번 발표의 의의를 정리를 해보고 한두 가지 정도 질문을 드려보도록 하겠습니다.

첫 번째로는 이것은 본론의 내용과는, 흐름과는 좀 다른 보충적인 부분이라고 할 수 있겠는데요? 일본 넷우익 담론에 대해서 오류를 바로잡는 방법의 비유효성에 대해서입니다. 사실 발표자가 말씀하신 것처럼 넷우익적인 언설은 사안의 사실성 정확성을 주제화 한 것이 아니기 때문에 역사적인 사실을 둘러싼 다툼은 헛수고로 끝나는 경우가 적지 않습니다. 즉, 들으려고 하지 않는 것, 들을 생각도 없다는 것입니다. 그런 상황이 지금 인건데 일정정도 지적하신 바가 맞다고 생각합니다. 하지만 그렇다고 해서 각각에 대한 진지한 반격이 유효하지 않다는 것은 좀 지나친 감이 있지 않나 싶습니다. 예를 들어서 과거에, 지금도 그렇지만 새로운 역사 교과서가 등장했을 때 하나의 전술로서 취했던 방법이 있습니다. 그것이 교과서의 엉터리, 엉터리교과서 너무 틀린 것이 많다. 이런 점을 지적하고 대함으로써 채택율을 억제하는 그러한 효과가 있었습니다. 그러한 부분은 부정할 수가 없다고 봅니다. 따라서 문제는 그 반박에 유효성, 비유효성의 문제가 아니라 왜 그것이 문제시 되는가? 또는 왜 그런 사태가 일어나게 됐는가? 무엇이 원인이었는가에 대한 그러한 시각을 가지고 논의가 되어야 한다는 점입니다. 이러한 것이 종종, 이것이 뒤로 밀려나고 있다는 그러한 문제입니다. 사실이라던지 정확성이라던지 이러한 것을 제시 한다는 것의 의미 보다는 그 사실 객관성 이러한 부분만이 혼자 그냥 다니고 있는 혼자 그냥 앞으로 나가고 있는 느낌이 듭니다. 최근의 역사학을 비롯한 인문학이 사실성 정확성이 객관적 화에 대해서 신화화 되고 있는 사태를 비판하고 있는 것처럼 객관성을 둘러싼 투쟁이 내포한 욕망에 대한 비판적인 시자가 필요한 것이고, 진지한 반박행위 자체의 필요성, 이것은 부정될 수 없는 것이라고 생각합니다. 이러한 점에 대해서 선생님의 의견을 듣고자 합니다.
또 한 가지는 오늘 테마와도 관련이 되는 것인 건데요? 선린의 길입니다. 선린의 길에 대해서 그것을 어떻게 선린의 길을 광역해해 나갈 수 있을 것인가에 대한 부분인데요? 그와 관련해서 여기서 오늘 말씀에서는 나오지 않은 건데요? 올해 일본

사회의 상황에 대해서 좀 언급을 하고 마치도록 하겠습니다. 한국에서도 아마 보도가 되었을 텐데요? 2015년 초여름부터 9월까지 물론 지금도, 안보법제가 통과가 되었지만 그에 대한 반대 운동이 계속해서 이어지고 있는 상황입니다. 이것을 어떻게 생각하는가에 대한 겁니다. 도시를 가득매운 몇 만 명, 또 발표에 따르면 주변지역을 합치면 3000만 명 왔다 라는 이야기도 있는데, 그러한 현상을 비롯해서 많은 사람들이 자신의 목소리를 내고 있습니다. 이것은 어떤 논자에 따르면 60년 안보투쟁 이후에 처음 있는 일이다. 라고 보통 이야기를 하고 있습니다. 또 그 성격은 어떤 것인가를 생각을 해보면 기존의 기성운동 동원형의 운동이라기보다는 시민들, 시민의 관한 어떤 이야기도 나왔던 것으로 알고 있는데요. 그냥 거리에 있는 사람들 일반적으로 생활하는 그런 사람들이 서로 모인 이러한 성격이 강하다는 것입니다. 고등학생·대학생, 또 교사고요. 또 오늘 냉소에 대한 시실드에 대한 기카다씨의 논의도 있었는데 또 한편으로는 그러한 자리에 모인 젊은이들도 굉장히 많습니다. 그동안의 징치와 지금까지 좀처럼 자신의 목소리를 내지 못했던 그런 구조가 그동안 일본사회에 있었는데 그에 대해서 어떠한 자신의 의견을 분출하는 장을 찾아왔던, 원해왔던 그런 사람들의 집합체의 성격이라고 보는 것도 가능하지 않을까 싶습니다. 물론 그 직접적인 계기는 고바야시 다카시 선생님 등의 국회에서의 진술도 있었지만 미군 기지 이전문제 라던지 오키나와에서의 공산당과 사민당의 공동투쟁 이런 것들과도 서로 연결되어 있는 부분이 있다고 생각을 합니다. 또 예를 들면 SEALDs (Students Emergency Action for Liberal Democracy- s)라고 대학생들이 운동을 하는 것인데 이 SEALDs가 대학생들 사이에 주입되고 있습니다. 이러한 운동을 추진하고 있는 가운데서 오키나와라든지 재일동포까지 이런 것은 점점 범위가 확대가 되어 가고 있는 이런 점도 지적을 해볼 수 가 있겠습니다. 물론 이 운동은 평화헌법 개헌 저지파 뿐만 아니라 개헌 용인파들도 포함이 되어 있어서 어떤 대동단결 적인 색채가 강합니다. 그리고 운동에까지 보이는 일국주의, 내셔널리즘적인 요소도 100% 부정할 수는 없는 것입니다. 하지만 혐한 시위에 대한 상대진영의 존재 등과 함께 드디어 일본사회에서도 일종의 가능성이라는 조짐이 보이고 있다는 것 이것도 사실이라고 저는 생각을 합니다. 이러한 움직임은 오늘 넷우익을 중심으로 해서 그것과 관련된 인터넷 사회, 인터넷이라는 매체에 대한 이야기가 주로 이루어졌었는데 이러한 움직임에 있어서도 사실 인터넷이라고 하는 매체가 크게 작용을 하고 있다. 라는 것도 지적을 할 수 있겠다고 생각을 합니다. 사실 이와 같은 운동은 운동론적으로 봤을 때에는 취약점도 물론 지적을 할 수 있을 것입니다. 하지만 그것이 가지고 있는 가능성 혹은 해방성, 개방성 그러한 것의 조짐, 가능성이 앞으로 일본 사회의 향방을 점치는데 있어서 굉장히 중요하다고 생각을 하는데요. 올해 2015년에 상황에 대해서 조관자 선생님께서는 또 어떻게 생각을 하시는지 의견을 듣고자 합니다. 네 이상입니다.

조관자 저는 먼저 그 어떤 혐한과 반일에서 비대칭성에 대해서 말씀을 드리겠습니다. 그 당연히 역사적 어떤 현상이 똑같이 비교될 수 있는 현상은 전 없다고 생각합니다. 예를 들면 반일운동에서 일본의 혐한세력이 유튜브로 올린 것이 뭐냐면 일본의 일장기를 태우는 60대 이상의 할아버지 집단이었습니다. 그러니깐 반일운동의 행동대원들을 60대 이상의 노인들입니다. 그분들은 식민지 지배에 대한 어떤 정당한 문제제기를 하고 있는 것이죠. 그리고 일본에서의 혐한의 주체들은 기껏해야 40대까지 인 거거든요. 그니깐 젊은 층이에요 이들은 식민지 지배에 대한 기억도 갖고 있지도 않고 전쟁 책임도 없다고 본인들이 생각하고 있죠. 그니깐 이 자체가 저는 비대칭적이라고 보고 있기 때문에 그니깐 같은 식민지배에 대한 반성의 책임과 그리고 이들이 어떤 이제까지의 전후민주주의의 일본에 대한 어떤 문제제기를 같은 거울이 될 수 없다고 봅니다. 근데 이 각각의 문제제기를 지금 우리시대에 어떻게 극복해 나가느냐가 중요하다고 생각합니다. 그랬을 때 이것이 비대칭적인 문제만 강조해서는 해결되지 않기 때문에 오히려 저는 당사자의 문제를 강조할 때는 당사자들의 문제는 당사자들끼리 해결해야지라는 그런 냉소적인 태도도 나올 수 있다고 봅니다. 그리고 또 한편은 당사자의 문제들을 너무 국가가 책임을 다하려고 하니깐 오히려 국가관계가 너 악화되는 이러한 문제도 동시에 재기 됩니다. 그니깐 이러한 극단적인 문제를 어떻게 지혜롭게 극복하느냐 할 때는 너도 반성하고 나도 반성하자는 그러한 태도가 가장 필요하지 않는가라는 것이 저의 논지에 골자입니다.

그리고 두 번째는요. 역사적 사실이 지금 대립하고 있거든요. 저는 물론 사실을 밝히는 게 가장 중요한 과제라고 생각합니다. 근데 제가 어떤 문맥에서 사실을 따지는 것만이 다는 아니라고 문제제기 했던 것은 예를 들면 강제연행설이 재일연구자인 박경식의 강제연행설이 일본의 혐한파들에서 굉장히 비판받고 있거든요. 그니깐 예를 들면 재일교포들 중에서 90대의 어머니는 1920년대에 일본으로 건너왔는데 강제연행 되어서 왔다고 이야기를 해요. 그러면 그 손자 되는 친구가 할머니 1920년대는 강제연행이 없었어요. 강제연행은 39년 이후의 전시동원령을 말합니다. 이렇게 대답을 하거든요? 그니깐 중요한 것은 사실을 밝히는 것도 중요합니다. 사실을 밝히는 것도 중요한데 강제연행이 당시에 틀렸다고 해서 식민지 시절에 그들이 일본에 온 역사적 사실이 부정되는 것이 아닌 것처럼 어떤 사실 개개가 중요한 것이 아니라 이 역사를 어떤 측면에서 같이 반성해야하느냐 그러한 사고의 관점이 더 중요하다는 것을 말씀 드리고 싶었던 것이고 말씀하신대로 사실을 정확성에 밝히는 것은 대단히 중요한 문제라고 생각합니다.

그리고 세 번째가 어떤 인터넷 공간이, sns가 어떤 새로운 역사를 바꿀 수 있는 어떤 새로운 힘이 될 수 있다, 긍정적인 기능을 한다는 것 저도 물론 당연히 공감을 합니다. 그런데 그것 말고 안보법제가 만약에 통과됐을 때 그러면 우리 한국과 일본의 역사인식내지는 서로의 선린의 길을 찾는 과정에서 이 법제가 통과되었을 때 우리는 어떻게 대응할 것인가 이런 문제는 꼭 논의해야 할 문제라서 종합토론시간에 한번 논의를 해봤으면 하는 것이 저의 문제제기입니다.

종합토론

사회 - 손승철 토론에 앞서 제가 진행자로서 부탁 말씀을 따로 드리고
자 합니다. 아마 이번 주 초에 이기원 선생님이 아마 발표자·
토론자 선생님들께 메일을 다 보낸 것으로 알고 있습니다. 오
늘 종합토론의 형식에 대해서 또 주제에 대해서 간단하게 안
내메일을 드렸습니다. 그 이유는 우리 오늘 대 주제가 한일양
국인의 상호인식과 선린의 길입니다. 그래서 이 대주제에 걸
맞은 뭔가 좀 결론을 도출을 해보고 싶다 이런 생각을 했습니
다. 쉬운 일은 아니겠지만 결국 한일양국이 함께 공존공생을
해가야 하는데 어떤 방법이 현실적으로 가장 좋을지 거기에
게 대해서 발표자 토론자 그리고 참석하신 선생님들의 말씀
을 듣고자 하는 의미에서 그렇게 메일을 보냈습니다. 그래서
그 짐을 감안하셔서 종합토론을 진행을 해주셨으면 합니다.
그래서 토론 사항은 일단 오늘 우리가 오전에 두 개의 발표가
있었고 오후에 2가지 발표가 있었습니다. 그런데 오전의 발표
는 주로 현재 한국인의 일본, 또 일본인의 한국에 대한 상호
감정 중에서 문제가 되고 있는 소위 배일, 혐한 이 의식이 역
사적으로 어떤 배경을 갖고 있나 그런 것들은 좀 살펴보고자
하는 의도에서 오전시간에는 주로 역사적으로 상호인식이 어
떤 과정을 통해서 어떻게 형성되었는가 하는 것을 다뤄봤고
오후에는 현재 진행되고 있는 배일, 또 혐한 의식이 어떠한
내용과 상황에서 전개가 되고 있는지에 대해서 말씀을 들어

봤습니다. 그런 것들을 전부 포괄적으로 생각을 하시면서 토론의 초점을 우선 3가지 정도로 한 번 염두에 두어 말씀해주시면 좋겠다고, 이렇게 생각하고 있습니다. 첫 번째는 현재 한일 양국정부의 상대방에 대한 정책, 다시 말해서 대일정책, 또 대한정책을 어떻게 평가할 것인가 지난주에 모처럼 한일 정상회담이 5년 만에 이뤄졌습니다만 그런 것도 포함해서 상호간의 정책에 대한 평가, 그 다음에 두 번째는 한일 양국의 아까도 발표가 됐습니다만 반일 혐한 여론이 어느 정도로 심각하고 그러한 여론이 악화되고 있는 근본적인 원인은 어디에 있는가? 그런 관점 그다음에 이제 3번째로 가능할지 모르겠지만 악화되고 있는 양국의 여론과 감정을 어떻게 호전시켜서 앞으로 한일 양국이 선린우호의 길을 모색해 갈 수 있는가? 이런 것들을 염두에 두시면서 종합토론을 해주셨으면 하는 부탁말씀을 올리고자 합니다. 그래서 종합토론이라는 것보다는 그 일정표에는 영어로 round table이라고 되어 있습니다. 그래서 자유롭게 돌아가면서 한 말씀씩을 우선 하고 거기서 뭔가 문제제기가 된다든지 공통점이 나오면 그것을 가지고 한 번 더 토론하고 그 정도면 두 시간의 시간이 가지 않을까 이렇게 생각을 해 봅니다. 그래서 우선 먼저 한 5분 정도씩 해서 돌아가면서 한 말씀씩 쭉 해주시면 좋겠습니다. 그래서 너무 발표내용가지고 하는 것보다는 우리가 현재의 문제, 그리고 앞으로의 문제에 초점을 맞춰서 말씀을 주셨으면 좋겠다. 이런 생각을 했습니다.

여기 앉아계신 분들 중에서 다른 분들은 발표, 토론을 통해서 소개가 됐습니다만 아까 없어계시다가 지금 나와 계십니다. 강원대학교의 일본학과의 재직하고 계신 나기아라 교수님이십니다.

그러면 이제 말씀의 순서는 이쪽 연민수 선생님부터 한 말씀 돌아가면서 듣는 것으로 해보겠습니다.

연민수 사회자로써 사회의 임무만 끝나고 한마디 받아서 참 한일관계 어렵다 어렵다 하지만 아무튼 양국은 떼려야 뗄 수 없는 사이고 지리적으로 이사를 가지 않는 한은 우호관계를 맺고 같이 갈 수 밖에 없는 아주 특수한 관계에 있습니다. 또 한국과 일본만큼 특수한 역사관계를 맺고 있는 나라도 아마 참 세계사적으로도 흔치않은 근데 양국이 일으키는 인식의 온도 차는 너무도 심하다는 것은 누구나 다 인식하는데 그 연원은 어디에 있나? 한국 사람들한테는 기본적으로 선입관, 고정관념이라고 할까? 역사적으로 우리가 역사적으로 우위였다는 평가를 많이 가져요 근데 그게 정치 군사적인 것보다는 문화적으로 문화의식, 선진화된 한반도가 일본에게 많은 것을 주었다. 이런 인식이 전근대의 팽배했고 현재에도 어떤 교육을 통해서 교과서적으로 그렇게 나타나는 현상이고 또 그에 반해서 일본한테는 침략의 행위를 많이 받았다는 어떤 피해의식 이런 것이 중첩되면서 일본에 대한, 뭐 일본의 개개인에게는 그런 것이 없지만 일본이란 국가, 집단에 대한 인식은 전체적으로 부정적으로 인식되고 있는 부분이 상당히 많습니다. 근데 그 자체가 어떻게 보면 왜곡되고 굴절된 부분도 상당히 많다고 생각이 드는데 반면에 일본을 우리가 아는 것 같지만 일본을 너무 몰라요 이건 일본과의 관계를 고대로부터 2000년의 역사를 가지고 있는데 특히 조선시대 이후에 우리 측 사료도 많이 나와 있고 그런데 그 이전에 고대사, 고려시대 이쪽을 보면 대부분 한일관계 기록들은 일본 측 문헌에 기초할 수밖에 없어요. 한국의 기록이 극히 단편적으로 밖에 기록이 되어 있지 않기 때문에 일본인의 한국에 대한 인식을 읽을 수 있는 데에는 아주 유용하게 사용할 수 있겠지마는 그 자체가 일방적인 일본 측의 인식이기 때문에 일본 측의 인식에 의해서 또 일본사람들이 한국에 대한 인식을 그 사료에 의해 고정화된, 잘못된 인식이 상당히 많아요. 예를 들면 일본의 고대 사서인 일본서기를 비롯해서 그 이후의 일본의 정사, 또 그 정사를 이어받은 그 이후의 기록들을 보면 세끼 슈이치 선생님도 지적을 했지만은 일본서기에 나오는 신공황후의 삼한 정벌, 신라 정벌 문제라든가 고대 한반도를 일본이 지배, 혹은 조공을 받았다라고 하는 그런 기록들이 일본사서에 뭐 거의 아주 적나라하게 기록되어 있고 한국 기록에는 없죠. 그런 기록들이. 근데 일본 측의 인식이 사실이냐? 인식과 사실의 관계는 상당히 괴리가 있죠. 근데 한국의 기록이 없으니깐 일본 측의 일방적인 인식이 일본서기의 인식이 속일본기와 정사에 그대로 반영이 되요. 그리고 그런 것이 또 왜 한반도 지배설이 왜 나왔냐? 그 근거도 파고들면 이야기가 길어지는데 근본적인 문제는 통일신라와 일본과의 관계 속에서 나타나는 현상인데 일본 같은 경우는 고대의 야마토 정권 중심으로 한 통일 국가 일주 형성에 대해서 한 왕권이 중심으로 해서 세웠는데 한반도 같은 고구려, 백제, 신라, 가야는 나중에 신라가 통일이 됩니다만 다국을 상대로 한반도를 상대를 하다 보니깐 이거 상당히 개개인의 국가에 느끼는 게 좀 달라요. 신라에 대한 적대적, 백제, 가야에 대해서는 호의적이고 이런 일본의 호의적인 백제, 가야를 멸망시켰다는 신라에 대한 어떤 감정, 이런 것이 복합 돼서 고대 한반도에 대한 인식이 나타나는데 이런 한반도 지배설 조공설 문제도 신라를 밑으로 보는 그런 중화의 이념 뭐 대불일려라든가 이런 게 나옵니다만 일본판 중화의식이 싹터요. 근데 반면에 신라도 마찬가지에요. 신라도 일본의 문화에 대한 인식이 일본이 그렇게 신라를 일본의 하위로 보는 인식이 신라도 동등하게 보고 있었다. 라는 것이죠. 그러니깐 지배층간의 인식은 상당히 자국을 중심으로 상당히 가는 중화사상의 충돌이라고도 생각이 드는데 그럼에도 불구하고 계속 교류를 해요. 상당히 활발하게 교류를 하고, 교류를 해서 교역, 활발하고 그러면서 표면적으로는 충돌도 하면서 나타나는데 오늘날 현상하고도 유사한 점이 많습니다.

아무튼 고대 형성된 일본인들의 한국관이 역시 시대를 통해서 근대에서 폭발적으로 한반도 지배, 식민지 지배에 관련해서 그런 고대의 잘못된 인식이 교육의 현장에까지 가서 일본인들의 대부분 역사인식이 고대의 것이 이어지는 지금도 연구자들도 사실 일본서기 사관에서 벗어나지 못하는 경우가 상당히 많습니다. 그래서 이러한 것을 난시간에 해결할 수 있는 문제도 아니고 사료 속에 나타난 인식을 우리가 어떻게 객관적으로 끄집어내느냐하는 것은 연구자의 몫인데 그래서 그러한 역사 갈등의 문제를 연구자들 간의 끊임없는 교류를 통해서 해결할 수 밖에 없지 않고, 또 역시 사료가 없으니까 한국 측에는 한계가 있고, 일본 측에서는 사료비판을 통해서 그러한 논리를 지적을 합니다만 역시 일본이 해 놓은 논리 구조가 쉽게 변하지 않고 있다는 것은 현상입니다. 참 어려운 문제인데 정부가 할 수 있는 문제도 아니고 정부의 어떤 지원이나 한일 역사공동 연구회에서도 두 번 논의를 했습니다만

사람은 만나서 대화를 해야 뭔가 문제점을 발견하고 해결의
방안을 모색할 수 있다고 보는데 어렵습니다. 그럼에도 불구
하고 지속적으로 노력하지 않으면 곤란하지 않느냐? 일단 이
런 소감을 말씀 드렸습니다.

손승철 역사 이야기로부터 시작되니깐 역사이야기를 좀 더 해야 할
것 같네요. 그러니깐 일본서기가 몇 년에 편찬되었지요?

연민수 720년이요, 720년인데 초모조부터 편찬이 시작이 되었어요.
그러니깐 680년부터 편찬을 한 40년간 자료를 수집을 해서
최종편찬은 720년에 편찬을 했죠.

손승철 근데 대략 1400~1500년쯤 되었는데 그동안 일본 자체 내에
서 일본서기에 대한 비판은 없었나요?

연민수 왜요? 근데 지금 문제는 한반도 지배설, 임나일본부 문제라던
가는 이런 것은 학자레벨 사이에서 인정하는 사람은 없죠. 다
만 그 당시의 일본서기의 사관이 전혀 우리의 생각같이 저항
된 것은 아니고 기본적으로 자국사라니깐 대외관계 사료로써
중시를 하죠.
기본적인 지배설은 부정이 됐고 인정은 안하지만 저술은 일
본 우익의 상하관계 조공관계를 당시 국제관계 속에서 한반
도 삼국의 경쟁 속에서 백제가 일본의 군사적인 요청을 하기
위해서 조공을 바쳤다. 뭐 이정도 내에서는 이야기를 하죠.
그리고 통일신라 같은 경우도 지배층 의식 속에는 일본이 신
라를 하위를 두는 그니깐 대보 일본 최초의 율령 최고의 일력

으로 편찬이 되는데 대보위율령지에 이렇게 쓰여 있어요. 당나라는 이웃나라고, 인국이고 신라는 번국이다. 그러한 규정을 해놓습니다. 그것을 번국사관이라고 얘기를 합니다만 그렇게 못을 박아 놓고 신라 사절들이 일본에 와가지고 외교의례에 속상해서 뭐라고 하냐면 너희들은 신공황후 때부터 신공황후라는 것은 뭐 전설 속의 가공의 인물이라고 보시면 되는데 신공황후 때부터 조공해왔으니 그 뿐만 아니라 신라사절의 입을 통해서도 또 신라 사절이 그런 이야기를 해요. 신라사절들이 그런 신공황후 이야기를 꺼낸다는 것은 아주 조작이죠. 일본 측 사료에서 추적하는 것은 자기네의 어떤 기록에 의해서 전승에 의해서 이야기를 하지만 그런 곳곳에 조작된 기록들이 상당히 많이 나오고 있지만은 어떤 사료 자체의 신라를 굉장히 의식해서 썼다는 것은 틀림없어요. 신라를 경쟁상대국, 한반도의 새로운 통일국가로서 주인공으로서 등장한 신라에 대한 경계의식, 신라에 대한 경쟁의식 이런 것이 허락이 되면서 신라보다 우위에선 한 일본국가의 통일국가의 친황 등 일련국가 수립을 염원했던 의식이 지배층에서 상당히 강합니다. 그런 것이 신라를 하위로 두는 의식을 만들게 한 것이 아니냐. 그런데 실제 객관적으로 당시 양국관계에 그랬느냐? 그건 별개의 문제에요.

신라가 일본을 그렇게 봤느냐? 일본을 조공국으로, 신라가 일본을 상위자로서 조공을 당나라와 마찬가지로 상위에 두고 조공을 바치는 의식을 가졌냐? 그건 아니거든요? 그건 또 별개의 문제, 상대가 인정을 하건 안하건 그런 의식을 일본 지배층을 가지고 있었다. 라는 것이죠. 그런 게 있습니다.

손승철 아까 우리 세끼 선생님도 발표한 가운데서 부분적으로 그런 말씀이 있었는데 역사적으로 고대나 중세에서 일본이 한반도 국가를 그렇게 대등하게 보지 않고 번국이나 이렇게 보는 이유가 있습니까?

세끼 슈이치 좀 전에 말씀드린 것과도 겹치는 부분이 있을 거라고 생각합니다. 우선 양국가간의 관계를 맺는다. 라는 것은 서로 인식들 그러니깐 협상을 할 만한 상대라고 인식을 하고 있었던 것 같습니다. 하지만 같은 고대라면 일본, 그니깐 왕과 백제·신라, 일본과 백제·신라 이런 식의 국가들 그런 어떤 규정들은 조공국이라고는 얘기는 하지만 어쨌든 국가로 인정하고 있었다는 것이고요 일본에 있어서 에미시 하야토가 이룬 것은 국가가 아니라 이민족 조차도 동등한 입장으로도 봤는데 그것보다는 위에 있었다는 것 국격을 갖춘 나라라고 보고 있었다라는 국내적으로 또 정치적으로도 그렇고 그러한 어떤 입장은 있었다고 생각을 하고요. 그것은 어떤 형태로든 이용을 하고 있었다라고 보고 있습니다. 고대도 마찬가지고 중세도 마찬가지입니다. 중세의 경우에는 사절이 실제로 일본의 온 기회는 지극히 적었습니다만 그래도 그 안에서 어떠한 형태로든 인정을 하려고 했습니다. 그런데 상대가 협상테이블에 앉을 수 있는 사절이 찾아 올 수 있는 그러한 상대, 그러한 높은 문화를 가지고 있는 일부로 헤안쿄나 이런 데 와가지고 왔었다. 라는 것을 인식하고 있었다. 라는 것이 베이스에 있다고 생각을 합니다. 하지만 고대로부터 당으로부터 오는 사절은 확실히 명확하게 문화적으로 우위에 있는 사절이 오는 것이었는데요. 그러한 경우에는 그렇게 보자면 신라나 경우

에는 그렇지 않다고 볼 수도 있겠죠. 그래서 경쟁의식이 거기
에서 생기는 것이 아닌가라고 생각을 하게 됩니다. 좀 전에
조선·고려문화, 조선·고려왕조의 문화를 동경하면서 또 한편
으로 멸시하는 그런 마음을 가지고 있었다라는 것 상대에 대
해서 높이 평가를 하지만 또 한편으로는 내가 아래로 치지 않
으면 나에게 불리한 것이고 그래서 경쟁상대인 것이죠. 그래
서 그 뭔가 좀 비슷하기 때문에 혹은 문화 수준에 있어서 위
에 있었건 밑에 있었건 여하튼 경쟁하는 상대에 있었던 것이
사실이고요. 그것이 오늘날에까지 이어져오고 있는 것이 어
떤 면이 있다고 생각합니다. 그래서 일본과 한국 사이에 특히
나 축구라든가 야구라든가 이것은 상호라기보다는 한국 사람
들이 굉장히 열심히 해서 일본사람들은 펼칠 수 없는 그런 기
량을 펼칠 수 있고 펼치고 있고 스포츠에서도 그렇고 정치에
서도 아마 그런 부분이 있는데 오늘도 마지막 부분에 일본 측
혐한에도 어떠한 그런 면이 있을지도 모르겠다는 것 그러니
깐 무시할 수 없는 것들 그렇게 싫으면 그냥 무시하고 관여하
지 않으면 되는데 그것이 아니라는 것은 어느 성노 상대를 인
정을 하고 뭔가 우리보다 우월하다는 입장이면 안 되겠다. 라
는 그런 입장에 있는 것이죠. 일본 측에서 보자면 한반도의
있는 각 국 나라들, 지금 현재 한국에 대한 입장이 아닌가라
고 생각이 듭니다.

손승철 중국에 대해서 견당사나 견수사를 보내고 그 이후에 중세가
되면 일본에서 신국사상이 팽창화 되면서 일본이라는 나라가
폐쇄적으로 되는 것이 아닌가. 그러면서 일본이 자기 착각
을 해가는 것이 아닌가 이런 생각도 해보는데 중세의 신국 사

상이라는 것이 어떤 겁니까?

세끼 슈이치 여러 가지 조건에 따라 발생한다고 볼 수 있는데요. 한
가지는 실제로 무역이라든지 상인이 와서 교류가 이뤄지게
되는데 다른 나라를 보는 그런 사례가 적어지게 되는 것입니
다. 일본 안에서 천한 것이라는 관념이 있는데 그것과 접하면
안 된다. 그 대표적인 것이 이국사람입니다. 외국 사람이 그
천한 것, 더러운 것을 가져온다. 그러한 인식이 있었고요. 그
리고 또 대국 일본 천황이라는 그런 위치는 일본에서 굉장히
독특한 것인데 천황을 계승하는 하나의 방법으로써 천황사를
계승하는 하나의 방법으로써 천황은 신의 자손이기 때문에
그렇다. 라는 논리가 있고, 또 그것이 체계화 되는 과정에서
일본은 특별하다는 의식이 생기게 됩니다. 그래서 이것이 논
리적으로 작용을 하게 되는 것이죠. 그래서 중세에는 일본의
신도 그러니깐 신도는 종교라고 부를 수 없는 것인데 여러 가
지 불교라든지 도교의 논리를 빌려와가지고 일본 나름대로
독자적인 그런 천황, 그니깐 신의 세계에서 천황으로 이어지
는 논리를 구성하게 됩니다. 그런 논리구성과 그것이 또 보급
되는 측면이 있었던 것입니다. 그 안에서 특별하게 신국사상
이라는 것이 나오게 된 것입니다. 사실 일본은 중세에는 어떤
시기 이후에 일관되게 뭐 만세일개라고 불리는 것인데 그런
의식도 정착이 되었고 그것이 한반도에서는 국가왕조로 바뀌
게 되고 중국도 왕조가 바뀌는데 중국에서 가장 먼 일본인데
그러한 천황의 세계가 계속 이어지고 있는 것입니다. 거기에
서 바로 신국사상이라는 논리가 형성되는 것입니다. 성숙된
논리로서 존재를 하는 것이고 이러한 어떤 상황에서 나올까

라는 것은 또 다른 문제가 됩니다. 다른 단적인 것은 바로 몽고 공격입니다. 원고인데요. 일본이 위기에 빠졌을 때 위기의 빠지지만 하지만 일본은 안전하다. 어딘가에서 그러한 그것을 보여주고 싶은 것이죠. 그러한 점에서 이러한 신국사상이라고 하는 것이 나온 것입니다. 특히 몽고 습격 때에는 그것을 선전하는 선전자들이 있는데 그런 사람들이 그것을 믿게 하고 그것을 통해서 이국, 외국으로부터의 습격에 대해서 우리는 살아날 수 있다. 그러한 마음을 갖도록 하는 그러한 논리가 바로 신국사상이라는 것입니다. 또 외교를 할 때 전형적인 것은 도요토미 히데요시 신국사상을 가지고 오는데요. 아까도 협상장에서 일본이 우월한 자리에 있고 싶다. 그렇다면 국가의 성립이 대단히 오래되고, 또 정통한 것, 정당한 것이어야 합니다. 조선에서는 단군신화가 있고, 단군설이 있는데 그것에 일본판이라는 것도 있고요. 그러한 일본판을 이야기하자면 협성을 우위로 가지고 갈 수가 없는 것입니다. 그래서 일본은 그것을 어디에 의존을 하느냐 천황, 천황은 논리 지우는 바로 신국사상이라는 것입니나.

손승철 그래서 제가 궁금했던 것은 고대 시대에는 예를 들면 한반도에 백제를 비롯해서 신라, 통일 신라, 발해 이렇게 해서 어쨌거나 상대방을 번국으로 봤지만 상호간의 그러나 교류는 활발했다. 근데 그것이 중세에 들어서면서 일본의 신국사상이 팽창을 하게 되면서 일본이 폐쇄적으로 되면서 교류가 단절된 것이 아니냐? 그러니깐 고려 시대가 되면 일본하고의 왕래가 거의 단절된 상태가 되고 있잖아요? 그러면서 사실은 상당히 서로에 대한 오해의 또는 잘못된 인식의 골이 깊어진 것이 아닌가 이렇게 생각이 되고 그러면서 만난 것이 몽골의 일본 침략이 되겠지요. 그런 상황에서 굴절된 상호인식이 더 깊어 지지 않았나 이런 생각을 하고 그 다음에 한일 관계를 보면 왜구를 통해서 또 잘못된 인식이 증폭이 되고 이렇게 진행이 됐습니다. 그러면서 아까 제가 발표했습니다만 조선시대 들 어와서 사절 교환이 이루어지게 되면서 교린이라고 하는 한 일관계의 새로운 틀을 만들어가기 시작한 것이 아닌가 이렇 게 생각이 되거든요? 근데 그것이 임진왜란에 의해서 또 깨지 게 되는 겁니다. 그래서 지금 제가 왜 이렇게 진행을 하냐면 김문자 선생님이 임진왜란 전공을 하시니깐 그 시기에 그러 니깐 근세쯤 오게 되면 또 어떻게 굴절된 상호인식 아까 고대 부터 흘러내려오고 있는 그 편견들이 어떻게 증폭되는지 거 기에 대해서 말씀을 해주시면 도움이 될 것 같습니다.

김문자 저는 그 부분도 중요하다고 생각이 들었지만 아까 종합토론 중에 못했던 부분을 조금 말씀을 드리고 싶었던 것이 있었고 요. 그다음에 이제 종합토론 중에 한 3가지 정도를 말씀을 해 주면 좋겠다라고 한 문제제기 중에서도 같이 한번 종합을 해 서 말씀 드리고 싶습니다.

먼저 새끼 선생님이 일본 중세시기에 국가관에 대해서 언급 한 부분에 제가 조금 의문이 들었던 부분이 있었기 때문에 먼 저 질문을 하고요.

먼저 뭐냐면 세끼 선생님은 중세 일본의 국가상에 대해서 말 씀하실 때 고대덕 선생의 번벌체제론을 이야기 했었고 다카 야라 선생의 중세의 복관시대에 대해서 이런 말씀을 하셨는 데요. 그게 왜 제가 궁금했냐면 그런 중세시대에 국가를 어떻게 봤느냐에 따라서 조선과의 한국이 조선인식을 어떻게 했느냐 달랐을 거라는 생각에 질문을 드리는 건데요. 그렇게 되면 아까 말씀하셨던 조선 멸시관이라던가 조선 문화에 대한 동경, 이런 것이 국가상이랑 연관되어서 변동되기 때문에 그런 부분은 사실 세끼 선생님이 소개를 했지만 본인의 의견을 말씀 안하셨기 때문에 그 부분이 좀 궁금했고 그렇다면 현재 일본 연구자들이 중세의 일본의 국가상에 관해서는 어떻게 주로 이야기 되고 있느냐? 그런 부분이 좀 궁금했습니다. 그런 부분을 말씀해 주시면 좋겠고요.

그 다음에 제가 도요토미 히데요시 시기를 전공을 하고 있는데 항상 이야기가 나오는 것이 임진왜란 이야기가 나와요. 제가 임진왜란을 설명할 때 임진왜란이 전쟁을 일으켰던 원인이 뭐냐라는 이야기를 수업시간이 많이 하는데 저는 일본 가서 놀랐던 것이 뭐냐면 임진왜란에 대한 원인설이 아직도 밝혀지지 않고 있고 지금까지 연구하시는 분이 계시고요 특히 정유재란의 경우에는 더욱더 오리무중으로 원인이 알려져 있지 않은데 저희 한국에서도 거의 다 관백의 정명가도로 해서 이런 식으로 해서 이야기를 많이 하고 있습니다. 그런데 임진왜란 이야기를 할 때 저희가 당시 동아시아 정세를 거의 한국 사람들 연구자 외의 사람들은 거의 잘 무지하거든요. 그런 부분에 대해서는 수업시간에도 이야기 하지만 그런 동아시아 정세라든지 일반적인 전체적인 세계사적인 흐름상에 부분과 관련된 그런 간단한 서적도 잘 없는 상황이에요. 거기에 대해서 저도 책임감을 느끼지만 사실 그런 것 일반적인 것이지만 모르는 것이 너무 모르는 것이 많다는 그런 부분도 제가 한국 쪽에서는 일본과의 관계에 있어서 뭔가 하나의 조그마한 원인이 된다는 것인 것 같아요. 예를 들면 통신사의 경우도 학교 다닐 때도 그렇고 애들도 그렇고 거의 다 문화사절로 알고 있거든요 문화사절로 물론 틀린 것은 아니지만 사실은 가장 큰 목적이 정치·외교적인 사절이었는데 그럼에도 불구하고 일반학생들은 조선의 문물을, 우수한 문물을 일본에 전하기 위한 어떻게 보면 문화사절이었다. 이렇게 거의 알려지고 있는데 좀 다른 그럼에도 불구하고 일본에서는 조공사절로 보고 있단 말이죠. 조공사절로 보는 원인에 대한 이야기도 알려지지 않는 그런 점 그런 가장 조선시대 때에 그나마 교린이라고 하는 체제 속에서 일본이랑 가장 관계가 좋았다고 하는 시기에도 불구하고 그런 부분에 대한 정확한 사실을 모르는 부분 이런 것들 때문에 사실은 한일관계에 대한 부정적인 것들이 계속 반복되는 것이 아닌가 그런 생각을 가지고 있습니다. 또 이야기가 좀 다르게 나갔지만 또 하나는 뭐냐면 임진왜란 이야기 하면 반드시 이야기 하는 것이 피로인 이야기를 합니다. 피로인 이야기가 나올 때 대부분이 가장 많이 이야기 나오는 것이 도공이야기가 나오는데 물론 도공이 피로인으로 간 대표적인 사람인데 저는 일본사를 전공했기 때문에 도공이 일본에서 어떻게 살아남았고 그 사람들에 대한 배려 차원이 어떠했느냐? 시마즈가 어떻게 사람들을 배려했고 그 사람들을 도공으로써 키우기 위해서 시스템도 만들었고 그 대우했던 그런 부분을 조금 더 설명을 하고 그 자체로서의 일본 도공들을 배려하고 일본 측의 노력들이, 이런 부분들이 사실은 거의 알려지지 않고 있는 부분이기 때문에 일본에 대해서 판단하는 부분이 부정적으로 가는 그런 부분도 있습니다. 그래서 저는 사실은 큰 제목은 선린우호를 어떻게 해야 할 것인가에 대해서 그런 이야기를 말씀을 하셨는데 그런 부분을 저희가 조금 더 강조를 해야 하지 않을까 얘기가 좀 다른 부분으로 흘러나갔습니다만 그런 이야기를 좀 해야 하는 것이 아닌가 가르치는 사람 입장에서는 그런 이야기를 강조하고 싶다. 이런 이야기를 하고 싶습니다. 그리고 또 다른 이야기인데요. 또 세끼 선생님에게 다시 질문하고 싶은데 여기 지금 보시면 대마도의 귀속문제가 조금 나오면서 영토의식과 관련해서 국가상을 근거 부분 언급을 하셨는데요? 제가 보니깐 여기 대마도가 경상도에 속해있다는 대마도 속주 의식과 대마도 변병의식 같은 것이 계속 중세에서 나오고 조선인에게 나오는데요? 여기에 대해서 송인경의 보고에 대해서 세종의 반응이 구체적으로 어땠는지 그 부분이 조금 알고 싶고 세종에 대해서 반응한 것이 제가 볼 때 송인경이 세종에 대해서 일본에 이런 인식 때문에 사실은 대마 속주 의식이라던가 대마 번방 의식에 대해서 어떻게 보면 결론적인 부분을 이야기 했음에도 불구하고 그 이후에도 고려시기 조선시기에도 계속 이런 의견이 나오는 이유에 배경이라던가 그린 것을 혹시 알고 계시면 답변을 부탁드리겠습니다.

손승철 여러 가지 말씀을 하셨는데 뭐 답변 하실 수 있는 것만 답변을 하시면 됩니다.

세끼 슈이치 예, 감사합니다. 몇 가지 답변을 드리겠는데요. 처음에 중세 일본의 국가상에 대해서 말씀을 하셨고 또한 첫 번째 두 번째가 관계가 되는 부분인데요. 같이 연결해서 말씀 드리도록 하겠습니다. 결국 중세 국가라는 것은 강력한 중앙집권 국가는 아니었다. 그래서 국민국가로 이미지화되는 것은 또는 일본 고대, 근세의 막번체제와도 같고요 또 전통적인 한국의 국가와도 다릅니다. 이것을 대 전제로 해 갈 것이고 사실 국가라고 파악할 것이냐 어떨 것이냐 무엇을 기준으로 하는 가에 따라서 그러한 파악 방법도 달라질 것입니다. 무국가론처럼 중앙집권 국가를 축으로 평가를 하게 되면 그 국가가 미치는 범위가 굉장히 좁습니다. 중세 국가 같은 경우에는 마을 촌락, 촌락 사람들이 범죄인들을 잡아가지고 처형까지 해버리는 거기에는 국가 권력이 관여를 하지 않는 이런 일들이 벌어집니다. 그런 시대였기 때문에 거기에서 국가를 어떻게 파악할까 하는 것은 현대에 국가를 보는 기준도 중요하지만 중세에 속한 그 파악방법을 생각해봐야 한다는 것입니다. 지금 현재 상황을 보면 그 부분에 대해서는 어떤 확정된 논의는 없습니다. 하지만 그 안에서 유일하게 정리가 된 상태로 제기가 된 것은 지금으로부터 50년 전에 新田의 권문체제론인데 이 사람은 교토대학 오사카 대학의 선생님이셨는데 간사이 권에서는 아주 절대적으로 해박한 분이십니다. 그러한 측면에서 이 사람이 어떠한 일면을 파악하고 있지만 제가 그림에서 보여드린 것처럼 그것 뿐촛인 것이고 헤이안 시대 말부터 카마쿠라 시대까지 그것을 과연 국가라고 부를 수 있을 것인가 그것에 대해서는 별 이견이 없을 것입니다. 그런 상황이기 때문에 국가란 무엇인가 그것은 중세 사람들은 굉장히 어려운 문제이고 저도 권문체제론에 대해서는 확정적으로는 사용을 합니다. 그러나 그것만으로는 무로마치 막부시대를 설명할 수 없습니다. 하지만 또한 대안이 없기 때문에 항상 중세 일본 국가에 분권제라든지, 권력이 분산되어 있다. 라든지 사람이

약하다. 라든지 지금은 그 정도를 강조하는, 그 정도의 설명밖에 할 수 없는 상황입니다. 그래서 첫 번째 두 번째에 관해서는 답변을 드린 것 같고요.

그리고 마지막 세 번째 부분에 대해서 조금 덧붙여서 말씀해 드리겠습니다. 대마도의 귀속문제에 관한 것인데 대마도가 사실 경상도에 속하는 것으로, 그리고 한편으로 조선에서 해상에 있어서 지적해 주신 것처럼 조선의 문명이나 동번이나 이라는 것은 중세에도 계속해서 이어지고 있는 관계라는 것입니다. 적어도 조선과의 협상, 그니깐 대마도는 조선과의 협상이 없으면 이루어지지가 않는 곳이었습니다. 그 부분은 가능한 한 자신들이 무릎을 꿇고 하는 것에 대해서 전혀 거부감이 없었습니다. 하지만 어떤 의식이 있는 것은 확신합니다. 질문하신 부분 송희경 부분에 대해서 답을 아까 드렸는데 세종실록을 보는 한 굳이 그 사실을 가지고 뭐 대마도를 경상도에 귀속시켜라 하는 행동을 조선 측은 하지 않았습니다. 경상도에 속한다는 것은 기해동정 때에 세종이 쓰시마를 정당화하기 위한 논리로 시용을 한 것이고 물론 그것만 하나만 보면 그게 혼자서 이렇게 다니는 것이지만은 송희경이 오기 전까지 대마도에 주류파는 아닌 사람들을 보낸 사람이 그것을 받아들이는 그런 발언이 있었던 것이고 그에 따라서 조선 측에서는 적극적으로 대마도를 귀속시키려고 하는 의지를 보여서 협상을 했던 것이 아니라 우연히 대마도에서 온 사람이 귀속을 시키겠다고 용인을 한 바람에 그렇게 한다고 했던 것입니다. 그니깐 소다 사이만타로의 반발을 들으면서 그것에 대해서 안하겠다고 한 것이고 아시카가 요시무치와 만나게 되는데 그 사람한테는 그에 대해서 아무런 이야기도 하지 않습니다. 그니깐 조선 측에 입장에서도 바로 그런 인식이었던 것입니다. 그니깐 대마도의 입장을 경상도의 일부로 보겠다. 라는 그러한 입장이 생기게 되면 어딘가에서 그게 이어지게 되고 손 선생님이 말씀하신 것처럼 왜란 이후의 조선왕조, 조선왕조 후기에 만들어진 팔도지도를 보면 대마도가 들어있습니다. 그러니깐 대마도가 이 팔도지도에 그려져 있다는 것은 그런 희망도 포함을 해서 거기에 그렸다는 것입니다. 그니깐 국가의 영역이라는 것은 반드시 실효지배를 하는 것뿐만이 아니라 희망을 포함을 해서 넓게 파악을 하는 것이라는 그런 측면이 있습니다. 그러한 의지가, 의사가 보여 진 것이 아닌가 싶습니다.

그리고 한 가지, 두 가지 더 말씀을 드리겠는데요. 왜란 원인에 대해서는 몇 가지 원인들을 생각해 볼 수 있을 것 같은데 일본의 연구자분들도 적어도 자신들이 하고 있는 부분들에 대해서는, 얘기하고 있는 부분들에 대해서는 맞다고 생각을 할 것입니다. 외부에서 보면 여러 가지 논의가 있고 결정이 안 되어 있는 것처럼 보일 수도 있겠지만 처음에 있는 임진왜란 같은 경우에는 다이묘한테 군역을 계속 해 줘야한다든지 동아시아의 상황에 따른 어떠한 도전이라든지 그러한 학설들은 어떠한 설득력이 있습니다. 따라서 하나로 집중시키는 것은 어려운 부분이 있습니다. 정유왜란은 선생님 말씀이 굉장히 통설에 가깝다고 생각을 합니다. 네 그것은 일본과 명의 협상의 파탄이라는 것이 큰 원인이었다고 생각이 되는데 그러한 것이 계기가 되지 않았나 싶습니다. 또 조선통신사 같은 경우에는 기본적으로 그 이전에 손 선생님께서 회답사겸쇄환사 이야기가 있었는데 정치협상을 위해서 온 것이고 근세 에

도시대에 영향을 미치지만 그것은 어디까지나 결과론입니다. 그니깐 정치적인 목적이 있었던 것으로 저는 생각을 합니다. 마지막으로 한마디만 더 드리면 아까 손 선생님께서 말씀하신 고려시대 일본과의 관계인데요. 고려에서 사절이 오고 그런 경우는 굉장히 적었습니다. 다자이후에 오게 되는데요. 대마도를 통해 고려와 교류는 있었습니다. 그것은 신라시대만큼 그렇게 대규모는 아니었고, 신라시대만큼 고려도 적극적으로 하지 않은 측면도 있습니다. 근데 고려물건들은 하지만 왔었고, 고려의 그러한 청자가 높은 평가를 받았습니다. 그런데 외교사절을 교토에서 받아들이지 않고 있다는 것에 의미가 있는 것이고 이것은 신국사관, 혹은 더럽다는 의식 때문에 거부를 한 것입니다. 조선왕조시대 때 일본에서 많은 사람들이 가는 것과는 많은 차이가 있는데 고려시대 때 교류는 역시 일정정도 평가를 할 만한 부분이 있다고 생각을 합니다. 그 부분을 좀 더 말씀으르 드리고 싶습니다.

손승철 네. 고맙습니다. 지금 역사이야기를 쭉 하고 있는데 아까 제가 발표했을 때 민족문제를 세키네 선생님께서 말씀하셨습니다. 한국민족과 일본민족 식민지 시대의 내선일체라고 하는 논리도 있었습니다만 그 민족 문제는 어떻게 보시나요. 세키네 선생님 혹시 한국민족 일본민족

세키네 히데유키 네. 아까 제가 토론한 부분에서도 말씀을 드렸습니다만 일본민족이 뭔가에 대한 주제는 그 100년 이상 계속 논의해왔던 것인데 거기서 접근하는 방법이 문헌사학이나 고고학, 인류학이 다 다양한 방법이 있지만 연구 분야에 따라 방

법이 다르다고 하는 것이 문제인데 과거의 한 실제 사례가 있다면 모두가 일치돼야겠지만 합의가 안 되는 것이 사실입니다. 제가 2000년인가 일본에서 일본인의 기원에 대한 학제적인 연구라고 하는 100명 정도의 연구자가 동원된 프로젝트가 있었는데 거기 연구 책임자를 인터뷰 했던 적이 있었습니다. 어떤 말을 했냐면 물론 100명 정도 사람이 모이면 모이기는 모이는데 서로 대화를 안 한다고 합니다. 그런 학문분야마다의 지금까지 구축해왔던 패러다임이 있기 때문에 그것을 지키려고 하는 것이 있기 때문에 서로 학문 간의 벽을 넘어서 대화하게 되면 기존의 연구업적이 완전히 무릎 꿇게 될까봐 뭐 이런 걱정 때문에 그런지, 그래도 전혀 안하는 것보다 낫지 않겠냐? 그런 것을 그분이 말씀 하셨습니다. 그래서 그 부분에 대해서는 앞으로도 충분히 밝혀져 있지 않은 부분도 있고 앞으로의 과제로 남아 있는 것이 아닌가. 제 개인적으로는 이제 고대 한반도에 일본에 도래인이 많은 사람이 이주해왔던 것으로 좀 지지하고 싶은데 그렇게 지지하지 않는 분도 많기 때문에 앞으로의 과제로 삼고 싶습니다.

손승철 그래서 들으니깐 한국사람 일본사람 DNA를 분석했는데 한국사람 DNA와 유사한 것이 몽골인이래요. 몽골인과 한국인의 DNA는 99.9%가 같다는데요. 그리고 그 다음에 가까운 것이 일본인이라고 그런 이야기를 들었는데 그 점은 어떻게 생각하세요.

세키네 히데유키 아무래도 그 알타이 민족이니깐 중앙아시아에서 한반도를 통해서 일본 쪽으로 이동하는 경로가 있고 일본 열도에서는 약간 남방계 가까운 선주민이 있었기 때문에 그런 혼혈이라고 하는 기본적인 틀이 있는데 이것은 지금부터 100년 전에 1910년에 도리도조가 처음으로 어느 정도의 정립된 학술을 발표한 것이거든요? 비슷한 학설이 계속해서 반복해서 나옵니다. 제가 보기엔 한 3년 전에도 그 시즈오카에 있는 유전자 인류학에 있는 사이토 나리라고 하는 연구자가 10명 이상의 공동연구로 해서 유전자 통해서 똑같은 결과를 내더라고요. 그래서 그 도래인의 문제는 북방계와 남방계가 혼혈이 되면서 일본 사람이 형성이 되었다는 것은 뭐 그렇기 때문에 몽골사람들과 항상 가까운 것이 아니겠습니까?

손승철 일본 천황계에 모계가 백제계라는 이야기를 하는데, 천황 스스로도 그런 말을 했잖아요? 근데 그 부분에 대해서 일본 사람들은 어떻게 생각을 합니까?

세키네 히데유키 보도는 크게 안했다고 일본에서는 살짝 했다고 하는데 지는 그때 한국에 있있기 때문에.

연민수 아니 그 이야기는 지금부터 지금 천황의 2002년도인가? 십 몇 년 이상 되었을 겁니다. 그 이야기가 뭔 이야기인가 하면은 속일본기에 기록이 나와요 속일본기에 그 칸무천황, 그니깐 헤이안으로 천도한 칸무천황의 자기 모친이 백제 무령왕릉계통이다. 그것은 일본서기에도 나오는 기록이거든요? 무령왕의 아들이 순타태자가 있는데 일본에 와서 정착을 해요 거기서 후손을 계속 퍼트리는데 그런 근거를 들면서 칸무천황이 이야기를 하는데 그 사료를 가지고 그때 지금 아키데 천황이 그 이야기를 한 건데 모계전체가 일본 천황가를 구성한 것이 아니라 그 시기 한때 그런 것이 있었다. 그러니깐 칸무 천황의 모친도 어떻게 보면 6세기 초에 건너온 백제의 후손이 쭉 이어지면서 그런데 또 혈통이 그동안에 백제 사람하고만 섞인 것은 아니죠. 일본사람하고 섞이고, 계보를 따져보니깐 그런데 거의 백제계의 피가 희박한 기록으로만 남는건데, 그것을 가지고 한국 언론에서는 일본 천황가가 백제계이다. 이런 식으로 대대적인 보도를 한다는 것 그것도 말이 안 되는 이야기죠.

손숭철 그런 것을 좀 선전을 해가지고 가까워질 수 있는 기회가, 뭐 민족의 문제인데 우리 나가하라 교수님 같은 경우에는 언어를 전공하십니다. 그래서 이제 언어와 관련 되서 말씀 있으시면 한 말씀 청해 듣겠습니다. 뭐 다른 이야기도 좋고요.

나가하라 나리카츠 네 그렇게 자세한 이야기는 저는 잘 모르겠습니다만 우선 저의 전문분야가 한국어와 일본어의 비교언어학, 혹은 일본 교육학이기 때문에 사실 여기에서 말씀을 드릴 수 있는 것은 그렇게 많지 않습니다. 하지만 일본어, 한국어 모두 잘 하시는 분이 많기 때문에 그런 분들도 아마 이미 느끼고 계실 것이라 생각이 듭니다만 여러 가지 한자어라든가 이런 것들을 보게 되면 완전히 똑같은, 그런 비슷한 발음도 있고, 한자 그 자체도, 물론 한자가 중국에서 건너왔기 때문에 같은 단어를 사용하고 있는 경우도 있고 또 일본에서 만들어진 단어가 한국에 들어온 경우도 있고, 또 그 반대의 경우도 있고요. 그래서 뭐 한마디로 다 이야기 할 수 없겠지만 그런 언어

적인 관점에서 보자면 원래 몽골어도 마찬가지인데요. 알타
이어 계통이고 그래서 일본어 한국어 몽골어, 그다음에 터키
어 다 어순이 같은 어순입니다. 그러한 의미에서 보자면 좀
더 거슬러 올라가서 생각을 하면 뭔가 곧, 중국어는 전혀 다
릅니다. 전혀 다른 계통인데요. 그런 것들을 생각을 해보면
무언가 좀 이전의 유전학적인 관점에서도 그랬지만 공통점이
상당히 많이 있지 않겠는가라는 점을 항상 느끼고 있습니다.

손승철 감사합니다. 이렇게 해서 대략 역사적인 이야기들을 진행을
했습니다. 이제 현실로 돌아와서 아까 우리 이노우에 선생님
께서는 배일감정, 대중심리를 말씀하시면서 전쟁과 죽음 이
런 문제를 했습니다. 아주 깊은 상처가 되겠지요. 그런데 사
실은 20세기에만 국한된 것이 아니라 한일관계사를 다시 돌
이켜 보면 조선 초기에는 왜구가 있었고요 그 다음에 중기에
임진왜란이 있었습니다. 그런데 사료에 세종 때, 왜구 직후에
삼강행실도라는 책이 나왔고, 임진왜란 직후의 광해군 때에
속삼강행실도라는 책이 나와 있습니다. 아시겠지만 근데 거
기에 이제 왜구에 의해서 또는 일본군에 의해서 전쟁이죠. 비
참하게 죽어간 사람들의 그림 삽화도 있고, 내용도 있습니다.
그래서 이제 그 한이 씻어지지가 않는 것 같아요. 그러니깐
조선 전기의 것이 조선 중기의 임진왜이 반복으로, 임진왜란
이 다시 20세기에 와서 또 반복되고, 그래서 이 죽음과 감정
의 문제는, 전쟁과 죽음의 문제 이런 것들은 아주 심각한 건
데, 거기에서 선생님 아까 좀 관련되어서 또 추가로 하실 말
씀 있으시면 좀 부탁을 드리겠습니다.

이노우에 아츠시 전쟁의 이야기부터 시작을 하자면 아까 좀 전에도 말씀을 드렸습니다만 일본 사람들 특히 아베정권이 들어선 이후의 죽음에 대한, 야스쿠나 신사도 마찬가지고 일본인들의 죽은 사람들에 대한 관심이 높아지고는 있습니다. 하지만 역시 외국인에 대한 죽음이라는 부분에 있어서는 아베정부는 전혀 관심이 없습니다. 그런 타자의 아픔이라든가 타자를 죽였다라던가 타자가 죽었다라던가에 대한 관심이라든가 이런 것들이 아베정부의 전혀 없고, 그래서 너무 안쪽만 들여다본다고 할까요? 너무 자기 중심적이라고나 할까요. 그렇게 그런 성격이 강한 부분에서 우려를 금치 못하겠습니다. 손 선생님 아까 테마에 대해서 계속 이야기 하는 것이 좋을까요?

우선은 아까 양국가간의 전쟁을 어떻게 평가할 것인가에 대해서 잠깐 말씀을 해주셨는데요? 아베총리가 역시 일본의 근대를 미화하고 사죄 같은 것을 전혀 생각하지 않고 있고 굉장히 우익적인 정치가가 정치를 움직이고 있으며, 거기에 대해 박근혜대통령이 여성이기 때문에 그런 것도 있겠지만 위안부 문제를 제대로 해결을 하고 싶다고 이야기를 하고, 그래서 두 정상이 대립하고 있다는 것이 이미 뭐 3년 가까이 계속되고 있는 현실입니다. 바로 그제 정상회담을 했는데요. 이 두 정상을 보면서 제가 걱정을 하는 것은 역시 아베총리가 한국은 필요 없다고 생각하고 있는 것이 아닌가라는 생각이 듭니다. 박근혜대통령도 사실 일본을 상대를 안 하고 있다는 그런 생각이 듭니다. 일본은 지금 현재 아베정부만큼 친미적인 정부가 없었다고 그렇게 이야기를 하고 있고요. 미국, 또 중국 쪽에도 굉장히 관심을 가지고 있고, 그래서 한국에 대한 관심이 아주 낮아져 있는 상태입니다. 박근혜대통령도 중국에 대해서 강한 관심을 표명하고 있고, 물론 미국에 대해서도 마찬가지입니다만 일본에 대한 관심이 아주 크게 저하되어 있는 상태입니다. 이런 서로 간에 서로를 필요로 하지 않는 정치가가 국가를 운영하고 있는 것이고 그것의 영향이라는 것은 우리들 한일 간의 관계에 대해서 연구하고 있는 사람들에게는 굉장히 큰 영향을 미치고 있고 앞으로도 그렇게 되지 않겠느냐 라고 생각을 합니다.

그 다음에 두 번째 왜 이렇게까지 악화되었는가라는 부분에 대해서 그 원인에 대해서 말씀을 드리면 저는 사실 여러분과 다른 관점을 가지고 있는데요. 역시 일본·한국 모두 빈곤의 문제가 있습니다. 전 세계적인 문제이기도 한데요. 일본은 외부에서 보면 굉장히 풍요롭고 아름다운 깨끗한 나라라고 보이겠습니다만 사실은 올해 초에 정부가 발표한 통계에 따르면 지금 현재 어린이들 초등학생 6명 중의 한 명이 빈곤층입니다. 부모의 연 수입이 2000만 원 이하인, 200만 엔 이하인 아이들을 빈곤층이라고 하는데 6명 중 한 명이 빈곤층인 것입니다. 이것이 이혼을 한 경우도 있겠고, 부모가 실업을 한 경우도 있겠습니다만 이 어린 6명 중에 한 명이 빈곤층이라는 것, 그리고 또 그제 정부 발표에 따르면 일본인 노동자 전체의 남녀 모두 젊은 사람, 나이 많은 사람 다 합쳐서 일본인의 노동자, 근로자의 40%가 비정규직자라는 것입니다. 계약직이라던가, 물론 한국에도 비슷한 사한이 있는데요. 그래서 외부에서 보는 것과는 전혀 다른 상황 일본 사회의 빈곤층이 확대되고 있다는 사실, 일자리가 없고, 또 급여가 일해도 너무 낮다는 사람들의 불만이 내셔널리즘 보수주의가 되고 또는 한국이나 중국에 대해서 나쁜 이야기를 하고 그 사람들에게 그 책임을 전가하고 있는 것이 아닌가 생각이 들고 물론 한국에서도 대졸자의 취직률이 아주 낮고 또 빈곤문제가 마찬가지로 존재하고 있다고 보고 있습니다. 그리고 또 여론이라든가 국민감정을 어떻게 하면 완화시킬 수 있을 것인가 하는 부분에 대해서는 말씀을 드리면서 제가 3가지쯤 생각을 했습니다.

우선 오늘 엘리어스 카네티의 책에 대해서 여러분께 소개를 드렸는데요 상대를 비난함으로써 군중이 만들어지고 이것이 굉장히 전투적인 자세로 성향을 띄게 된다는 것이 엘리어스 카네티의 이야기입니다. 지금 현재는 사실 군중이라고 해도 이게 실제적으로 물리적으로 모이는 것이 아니고 네트워크 상에서 몇 만 명, 몇 십 만 명이 네트워크 상에서 군중을 이루게 되는 것이고 그런 군중으로써 상대방을 비난하는 그런 현상이 일어나고 있는데요. 그러한 상대를 비난함으로써 군중화 되어버리는 것에 대해서 우리가 주의를 기울어야하는 것입니다. 그러한 것에 쉽게 선동당할 수 있게 되는데 사실은 이것을 굉장히 자제를 할 필요가 있다는 것입니다. 그리고 어떻게 완화시킬 수 있을 것인가라는 부분에서 좀 더 적극적인 말씀을 드리면 역시 동아시아에서 뭔가 공통된 노력들 뭔가 하고자하는 노력들이 필요하지 않나 생각이듭니다. 이렇게 이만큼이나 정치적인 비판을 반복을 하고 있고 특히나 젊은 사람들 경우에는 젊은이들이 한·중·일 사이에서 서로 간에 젊은 사람들이 서로 간에 도와주고 도움을 받으면서 프로젝트를 하는 것 그러한 연대감을 만들어 낼 수 있는 어떤 프로젝트가 필요하지 않나 생각이 듭니다. 왜냐하면 저희들, 제가 있는 시마네 현립 대학은 시골에 있는데 동북아시아의 관련된 학과가 있어서 제1외국어가 영어고요, 제2외국어를 전 학생들이 한, 중 러시아 중에서 하나를 선택을 해야 합니다. 필수로 선택을 해야 합니다. 제 2외국어를요. 거기에서 한국 학생들이 그리고 각각 자기가 전공한 제2외국어에 따라서 몇 달씩 그렇게 연수를 하고 그 나라에 대해서 배우게 되는데요. 지금까지는 한류가 붐이었을 때는 100명 정도 한국에 갔었는데요. 작년에는 한국에 온 사람들이 10명이 되었습니다. 중국도 마찬가지로 100명이 넘은 적도 있었습니다만 중국도 작년에 제가 놀랐는데 10명도 안 갔던 것입니다. 학생들이 역시 굉장히 민감하기 때문에 뭐 중국어나 한국어를 배울 수 있다는 기회가 있음에도 불구하고 뭔가 좀 위험하지 않겠느냐라는 생각을 하기 때문에 안 가게 되는 것입니다. 이러한 젊은 사람들이 계속해서 교류하는 기회가 줄어들게 되면 아무래도 서로를 폄하하는 그런 경향이 확대될 것이고, 젊은 사람들이 공통적으로 같이 뭔가를 할 수 있는 일본인뿐만 아니라 한국인뿐만 아니라, 중국인뿐만 아니라, 3개국의 젊은이들이 공통적으로 함께 할 수 있는 뭔가 연대감을 느낄 수 있는 그러한 프로젝트가 필요하지 않겠는가라고 생각이 듭니다. 그랬을 때 예를 들면 빈곤문제에 대해서 젊은이들이 같이 생각한다고 했을 때 이러한 문제가 너무 크기 때문에 해결할 수 없는 문제이겠습니다만 예를 들면 농촌의 재생, 시네마현이 농촌이기 때문에 더 그렇습니다만 농촌재생, 일본의 농촌이 계속해서 인구가 줄어들고 있고 또 빈곤의 온상이 되고 있는 것입니다. 한국도 마찬가지로 제가 울산에 있었는데 울산 교외도 역시 아주 가난한 농촌이 아주 많이 있습니다. 거기에 물론 어린이들이 또 있고요. 그러한 농촌을 어떻게 재생을 시킬 것인가 활성화 시킬 것인가라는 프로젝트에 젊은 사람들이 공통적으로 뭔가 하려고 하고 같이 지혜를 짜내고 한국의 농촌을 살리겠다는 노력을 공동으로 할 수 있다면 뭔가 국민감정도 완화되어 가지 않겠는가라는 생각이 듭니다. 맨 처음에 이상우 이사장님께서 이야기 하셨습니다만 국가 간에 이렇게 대립이 격화된 상태에서 무엇보다 중요한 것은 시민의 교류이고 젊은이들끼리의 교류가 아니겠는가 생각 듭니다. 이상입니다.

손승철 여러 가지 말씀을 포괄적으로 말씀을 해주셨습니다. 이노우에 선생님의 말씀을 받아서 우리 서교수님 아까 토론 하셨는데 혹시...

가나즈 히데미 죄송합니다. 제가 일찍 나가야 하거든요 그러니깐 이노우에 선생님 말씀고도 관련이 있으니깐

죄송해요. 죄송합니다. 학교일이 조금 남아있어서 학교로 돌아가야 합니다. 그래서 먼저 말씀을 드릴 수 있는 기회를 얻고자 합니다. 우선 라운드 테이블에 3개 중에서 한 개는 두고 두 번째 것과 세 번째 것과 관련해서 우선 상상력이라는 관점에서 말씀을 드리고 싶습니다. 저는 사실은 역사, 근대사를 전공을 하고 있는데요. 역사학이라는 것은 기원적으로는 상상력을 어떻게 발휘할 것인가? 과거에 대한, 타자에 대한, 이른바 지나가버린 것에 대해서 현 시점에서 어떻게 생각할 것인가? 라는 것을 생각하는 학문입니다. 그래서 어떤 식으로 상상력을 발휘해서 만들어 낼 것인가, 조성해 나갈 것인가? 라는 것들이 굉장히 중요한 학문적인 의의가 있는 측면이 있

습니다. 그렇기 때문에 오늘 두 번째 것과 세 번째 것과 관련해서도 상상력의 문제로써, 관점에서 조금 코멘트를 하고자 합니다. 우선 두 번째 문제 어디까지, 얼마만큼 심각해지고 있고 그 근본적인 원인이라든가 이런 부분에 관련해서인데요. 물론 좀 전에 이노우에 선생님께서 말씀하신 것처럼 경제적인 빈곤의 문제라든가 이런 것들도 굉장히 큰 원인의 하나라고 생각합니다. 다만 일본에서의 혐한의 심각성이라는 것은 한편으로는 이전과 비교하자면 조금은 종식되어가고 있는 느낌도 있지 않겠는가라는 것을 한편으로는 느끼고 있는 부분입니다. 예를 들면 책 같은 경우에도 출판업계의 편집자 레벨에서 그것을 반대하고 저항하고 그런 책을 출판하지 않겠다. 라고 하는 움직임이 있기도 하고요. 그리고 또 카운터라던가 이런데서 혹은 길을 걷고 있는 사람들이 현관에서, 또 그런 부분에서 이야기를 하고 있는 사람들이 또 나타나고 있다. 라는 것 물론 그것을 멈추고 있는 분위기가 되고 있다. 라는 점을 그렇게까지 말할 수 없는 부분들이 있긴 하지만 역시 낙관적으로도 막연하게 낙관직이라고 할 수 없는 부분도 있고 그렇습니다. 저는 혐한론이라는 책을 읽으면서 몇 가지의 의문, 그 사람들의 의견을 받아들인다 하더라도 뭔가 조금 이상하다라는 것이 몇 가지 있는데 아까 조관자 선생님 말씀에서 보면 30대보다 더 젊은 사람들이 많다라던가 이 사람들이 말하는 부분에서 예를 들면 교사가 일본의 전쟁책임이라든가 이런 부분들을, 그 반성을 강요당했다. 라는 이야기가 있는데 일본은 나쁘다. 나쁘다. 이렇게 말하는 것들요. 다만 선생님들께서도 잘 알고 계시듯이 일본의 역사교육이라는 것 근대사의 교육이라는 것은 거의 안하고 있다. 라는 비판이 계속 있어왔습니다. 그래서 지금 현재 30대가 예를 들면 중학교라던가, 고등학교 다닐 때를 생각하면은 1980년대라든가 90년대 정도일 텐데요 요컨대 그 시점에서 일본의 근대사는 시간이 없어서 안 한다 그런 분위기였고 그 사실 자체를 모르고 있었다. 라고 흔히들 평가를 하고 있습니다. 근데 저는 40대 후반이기 때문이기 때문에 70년대쯤에 역사교육을 받았는데 그 때의 기억으로 보자면 그다지 교육이 없었다라는 것들이 물론 기억에 있는 것입니다. 반대로 이야기하면 혐한론을 읽으면서 의문으로 생각하는 것이 언제 어디서 그런 얘기를 했던가 라는 것입니다. 그것이 소박한 저의 기분, 작은 의문이라고 할 수 있겠습니다. 다만 80년대 후반부터 90년대에는 분명히 일본에서 피해자 의식뿐만 아니라 가해자 의식이라는 것들도 있었고 가해자 의식에 대한 논의가 시작되었던 지점이었고요. 분명히 교육현장에서 그러한 이야기들이 있었다고 생각이 들고 특히 더 잘해야 한다는 그런 이야기들이 교사로부터 있었을 것이라고 생각이 듭니다. 그렇다면 오늘 좌우합작이라는 이야기도 있었는데 그런 상호작용이 있었을 것이라는 느낌을 받게 되고요. 다만 문제는 이 사람들의 논의라는 것이 예를 들면 거기에서 강요된 혹은 무섭다 라던가 그렇기 때문에 거기에서 반전해서 자신들은 피해자다라고 이야기하는, 다시 말해서 강요되어서 반성하라고 강요된 피해자라고 하는 갑자기 반전이 일어나게 되는 것이죠. 그래서 그러면은 거기서 왜 피해라고 해야 할까요. 그런 죽임을 당한사람들, 살해당한 사람들에 대한 상상력이 결여되었고 그냥 단지 단순히 감정만이 반전되어버리는가 거기에서 어떤 일정한 어떤 결여라는 것이 존재하고 있다라고 생각을 합니다. 그리고 두 번째에 상

상력에 결여라고 하는 관점에서 보자면 예를 들면 반일과 관
련된 논의들을 이 사람들하고 해보면 여기에도 역시 상상력
의 결여가 보이는데요. 왜? 상상력의 결여라는 것이 반복적으
로 일어나고 있는가 하면은 이러한 것에 대해서 상상력을 발
휘하려고 하지 않는다라는 것 거기서 바로 반전되어 버린다
라는 것, 그래서 계속적으로 왜 우리가 계속 비난받아야 하는
가? 우리 책임이 아니지 않는가? 라는 결론으로 빠져버리게
되는 것이죠. 그렇기 때문에 여기에 두 가지 점에 상상력의
결여가 존재하는 것이다. 라고 생각합니다. 그렇게 되면 좀
전에 말씀이 있었습니다만 여러 가지 관점, 레벨에서의 대화
의 장이 필요하다고 생각합니다. 이것은 단순히 일본만의 문
제가 아니라 저는 최근에, 뭐 최근 수년간 계속 해오고 있습
니다만 츠쿠바 대학의 학생들하고 같이 위안부 문제에 대해
서 논의하고 나눔의 집이라든가 방문을 하기 위해서 찾곤 합
니다. 그런데 저희 학생들하고 같이 교류의 장을 통해서 토론
을 하는 시간을 가지거나 혹은 어떤 때에는 같이 가서 츠쿠바
대학 학생들이 한국말 못하기 때문에 통역을 겸해서 인터뷰
를 할 때, 인터뷰 하는 자리에 같이 동석하곤 하는데 츠쿠바
대학 학생들이 뭐라고 하는 가 하면은 예를 들면 우리 학생들
하고 이야기를 하면은 우리학생들은 나눔의 집에 대해서 알
고 있지만 간 적이 없고 할머니 이야기를 들은 적이 없다라는
것에 대해서 전 깜짝 놀라게 됩니다. 더 알고 있어야만 하는
데, 사실은 한국 학생들은 정보는 알고 있고 교육을 받고 있
고 신문에 나와 있지만 구체적으로는 잘 모른다. 하지만 고대
학생들이(일본학생이) 관심을 가지고 여기까지 와서 이야기를
하려고 하는 사람들이 있다는 것에 우선 깜짝 놀라게 되는 것

이죠. 그렇게 요컨대 각각의 가지고 있는 지식을 가지고 대화를 하는 속에서 얼굴이 보이는 어떤 대화를 하는 가운데 왜 거기에 대해서 관심을 가지고 있는지, 어떻게 생각하는지 라든가, 이런 식으로 조금씩 그냥 단순히 한국인, 단순히 일본인이 아니고 개개의 사람에 대해서 관심을 가지고 대화를 나누는 속에서 새로운 대화가 생기고 또 거기에서 새로운 상상력이 생겨나는 것이라고 생각을 합니다. 그렇기 때문에 이것이 아마 제가 가지고 있는 세 번째 테마에 관련된 방향성, 다양한 레벨에서의 국가라는 부분들 물론 이것은 이제 가지고 가야 하는 부분이기도 합니다만 자기가 없지 않은 형태로 그냥 만남의 장을 많이 설정하고자 하는 그런 설정이 필요하지 않겠는가라고 생각을 합니다. 죄송합니다. 말이 길어졌습니다.

손승철 네 감사합니다. 아마 학교에 급히 가셔야 할 일이 있으신 것 같은데 일단 해방시켜 드리겠습니다. 아까 이 발표 중에 우리 조관자 선생님께서 비대칭적이라는 말을 하셨거든요? 그게 더 문제의 심각성을 드러내는 것이 아니냐? 그런 생각을 저도 하면서 조 선생님 말씀을 더 해주시죠.

조관자 서동주 선생님이 먼저 하시죠.

서동주 네 먼저 하겠습니다. 그 하나는요 이노우에 선생님이 한국과 일본이 지금 처해있는 사회경제적 유사성에서 무엇이 같이 가능한지를 생각해보는 것도 하나의 방법이다. 라는 것으로 이해했는데 저 이거 굉장히 중요한 점이라고 생각하거든요. 그니깐 역사인식에서 어떻게 공통되는 부분을 찾아 낼 것이냐? 라는 쉽지 않은 이 과제를 해결해 가는 것이 자칫 한국사회와 일본사회가 공통적으로 안고 있는 문제를 어떻게 같이 머리를 맞대고 해결할 수 있는가? 이것을 대신할 수 있는 문제는 아닌 것 같습니다. 그래서 그러한 사회경제적 유사성에서 한일관계를 생각하는 시점이 저는 그만큼 한국사회가 일반사회와 유사하게 되었다는 현실이니깐요. 그건 중요한 코멘트가 아닌가 생각해서 개인적으로 강조하고 싶고요.

두 번째는 인터넷에 관한 것인데 저는 넷 우익을 이해할 때 인터넷이 도대체 어떠한 시스템인가를 이해할 필요성이 있다고 생각이 듭니다. 이 말씀을 드리는 것은 대부분의 사람들은 인터넷의 능동적인 발신자로 참여하기보다는 자신이 원하는 정보를 얻으러 들어가거든요. 그러니깐 좀 더 이야기 하자면 능동과 수동 사이의 어떤 중간 지점 하지만 수동적인 것에 가까운 쪽에 대부분의 사용자들은 있는 것이고요. 미찬넬을 참가하는 사람들도 정확히 말하면 그 대다수가 정보를 만들어내는 사람이 아니고 기존의 정보에 자기의 욕망을 거기에 표시하는 사람들이라고 보는 것이 저는 실상 맞지 않나 이렇게 생각이 듭니다. 그런데 인터넷을 통하여 만들어지는 커뮤니티의 특징이 뭐냐면 실제 사람을 보는 것이 아니고 자기하고 취향이나 욕망이 비슷한 사람을 보면 모이는 것이거든요. 근데 이게 왜 우리 실제 사람을 만나서 모이는 것과 다른 것이 뭐냐면 아시는 것처럼 사람을 만나서 이야기하면 취향과 사상이 같을지는 모르지만 입맛이 다르다든지, 외모가 맘에 안 든다라든지, 목소리가 거슬린다라는 그 사람이 가지고 있는 고유한 속성이 거부감을 일으켜서 안 될 수가 있거든요. 근데 인터넷이라는 공간은 그런 것들을 전부 배재한 상태에서 오직 취향하고 관점의 유사성만 맞으면 얼마든지 결집이 가능한 공간이 됩니다. 근데 이것은 다른 것으로 이야기하면요 지금 일본에서도 젊은 사람들이 실제로 연애 안하고 인터넷에서 연애를 게임으로 한다고 하잖아요. 근데 이것을 예를 들면 비평가들이 어떻게 분석 하냐면 당연히 연애를 하면 아까 말씀드린 것처럼 맘에 안 드는 부분도 이해해야 하고 포용해야 되는 것이고 잘 안되면 실연의 아픔이 오잖아요. 근데 인터넷에서 연애하면 마음에 안 들면 오늘 헤어지고 내일 다시 자기하고 취향이 비슷한 유저를 찾아다니면 되기 때문에 결국 인터넷이 가지고 있는 기본적인 속성이 뭐냐면 현실세계에서 뒤따라 다니며 어떤 인간관계의 고통을 배제한 상태에서 쾌락만을 순수하게 추구하는 것이 가능한 그런 시스템을 제공한다는 것이죠. 그런 어떤 인터넷 안에서 커뮤니티가 만들어지는 기본 속성이 현실에서 인간관계에서 발생하는 동반될 수밖에 없는 어떤 각 인간이 가지고 있는 이른바 타자성이죠. 타자성의 어떤 불편함을 최소화 시킬 수 있다는 부분, 이러한 부분을 놓고 넷 우익의 부분을 같이 봐야지 넷 우익이 발신하고 유통시키고 있는 메시지만을 보고 판단하는 것은 그 후에 중요하겠습니다만 그런 어떤 시각의 문제를 저는 말씀드리고 싶고요.

그다음에 아까 제가 그 가교라든가 소설을 잠깐 언급을 했는데 이 소설은 내용이 이런 것입니다. 예를 들면 이런 것인데, 자기 아버지를 일본인에게, 아버지가 일본인에게 살해당한 조선 사람이랑 그 다음에 자기 아버지가 조선 사람의 밀고로 소련군에게 살해당한 일본인이 어떻게 화해할 수 있겠느냐? 를 묻고 있는 것입니다. 이게 현실적으로 가능할 것이라고 잘 생각 안 드시잖아요? 네 극단적인 사고실험을 하고 있는 것이 죠. 상대방 민족에게 자기 아버지를 잃은 두 청년이 어떻게 화해할 수 있을까 굉장히 어려운 문제를 이 소설이 다루고 있는데 그걸 가교라는 제목으로 쓴 것이죠. 과연 다리가 놓일 수 있느냐 근데 이제 그 소설은 다리가 놓일 수 있다. 이런 것을 명시적으로 이야기 하는 것은 아닌데요. 근데 이렇습니다. 두 사람이 결국 뭐했냐면 아까 조관자 선생님 글에 나온 것처럼 한국전쟁 때 공산당하고 재일조선인이 미군기지 공격하고 했잖아요? 이 두 사람이 각자 과거를 안고 있는 두 사람이 미군기지에 화염병을 던지는 임무를 수행하는 일에 같이 하게 되요. 그런데 이 조선인 청년은 자기 아버지가 그렇게 일본사람에게 죽었기 때문에 일본 사람을 안 믿습니다. 그러니깐 계속 차갑게 대한 것이죠. 그런데 일본인 청년이 자기가 왜 이것을 할 수 밖에 없는지를 계속 이야기 합니다. 그런데 이 사람은 어떻게 이야기 했냐면 자기는 알고 싶었다는 것이죠. 왜 우리 아버지가 조선사람의 밀고, 그런거죠 이북에 내려 와가지고 저 사람이 옛날에 뭐 했다고 가서 어떻게 된 것 같은데 왜 아버지가 그런 비극에 처할 수밖에 없는가를 자기는 알아야겠다고 생각을 해서 역사공부를 했더니 거기에 자기는 조선에서 살았는데 우리는 지배자였고, 지배자로서 조선에 가서 살았다는 그 사실을 역사로 공부해서 알았다는 것이죠. 그래서 그러고 보니깐 지금은 일본이 미국하고의 관계에서 이렇게 종속된 위치에 있기 때문에 그래서 재일조선인하고 같이 자긴 미군을 공격하겠다. 이런 생각을 하게 된 겁니다. 그러니깐 제가 말씀드리려는 것이 뭐냐면 결국은 쉽지 않잖아요? 자기 아버지를 죽인 민족의 사람하고 같이 어떤 일을 하는 것이 어려운 것인데 결국 그것을 했을 때 이 조선인 청년이 마지막에 우리는 화해가 가능하다고 이야기 하는 것이 아니고 미소를 띠면서 소설이 끝납니다. 그래서 여기서 이야기하고 있는 하나가 뭐냐면 어떻게 개인적인 비극을, 고통스러운 것이죠. 그리고 이 일본인의 엄마는 이 자기 아들이 자기 아버지의 원수인 조선인하고 같이 다니는 것을 싫어하죠. 근데 이 친구는 역사 공부를 해서 왜 아버지가 죽었는가를 역사적으로 이해를 한 다음에는 같이 할 수 있다고 생각을 한 것이죠. 고통스럽지만 거기에 조선인 청년은 결국은 미소로 화답을 한 것이니깐요. 거기서부터 이제 생각을 할 필요가 있는 것 같은데 그 메시지가 하나고, 또 하나는 이것으로 끝나는 것이 아니고 사실은 여기에 폭력이 계속 연쇄되고 있다는 것이 더 중요하다고 생각이 듭니다. 그러니깐 일본이 지배의 폭력을 행사했고, 거기에서 조선인 청년 아버지가 죽었고, 거기에 대한 복수로써 일본인 청년 아버지가 죽었고, 그 다음에 그것에 대한 또 복수로써 한국전쟁 때 미국에게 그 폭력을 행사하는 것이죠. 폭력이 계속 연쇄되고 있는 겁니다. 그리고 거기에서 희생이 나오는 것인데 그러니깐 결국은 이게 뭐냐면 한국과 일본이 과거에 비대칭적 관계, 지배와 피지배 관계에 있었던 역사적 인식을 갖는 것이 어떻게 보면 가교를 놓기위한 가장 시작이 되는 것이긴 한데 거기에 덧붙여 알아야 될 것은 결국은 그 역사 속에서 사람들은 누구나 폭력이라는 어떤 문제에 휘말리게 된다는 것이죠. 물론 거기에는 모든 폭력을 동일화 할 수 없죠. 그러니깐 통치를 위한 폭력도 있고, 저항에 대한 폭력이 있지만 또 저항을 위한 폭력성에 대해서는 그 저항의 이념을 정당화하기 위해서 다른 가치들을 묵살하는 또 다른 폭력이 발생되기도 하니깐요. 그러니깐 역사 속에서 인간은 한 치의 과오 없이 존재할 수 없다라는 어떠한 보편적인 메시지로 생각을 확장시키는 그런 것을 내고 있다고 생각이 드는데 제가 이 말씀을 왜 드리냐면 오늘 이노우에 선생님이 카네티 이야기를 하셨는데 결국 뭐냐면 죽음의 욕망이랑 권력에 대한 승복은, 승복이 인간의 본성이라면 사실은 그 본성은 지배자하고 피지배자를 가리지 않는다는 것이죠. 인간은 누구나 그와 유사한 조직 속에 들어가면 얼마든지 그런 식으로 변화되는 것은 피할 수가 없다는 것이고 사실은 카네티 이야기나 이노우에 선생님이 이야기 하신 것은 한나 아렌트가 예루살렘의 아이히만에서 악의 평범성이라는 것은 누구에게나 있을 수 있다라고 이야기 한 것과도 일맥상통하는 것이구요. 그러니깐 저는 우리가 한일관계를 이야기하면서 그니깐 한국과 일본의 감정에서만 보는 것이 아니고 이것을 어떻게 어떤 보편적인 사상적과제로 가져갈 것이냐? 그런 것을 장기적으로 논의할 필요가 있고 제가 봤을 때 조관자 선생님이 마지막에 상호반성 이런 문제제기 하신 것은 결국은 나는 죽어도 선이고 너는 악이고 라는 이런 식의 응징과 배타적인 자타인식에서는 사실은 보편적으로 나갈 수가 없는 것이거든요. 그러니깐 나와 타자가 역사적으로 어떤 비대칭성이 있느냐를 명확하게 한 것 위에서 그 위에서는 그 다음에 좀 더 보편적인 방향으로 논의를 끌어가야 저는 아직 공부가 짧습니다만 그런 방향으로 논의가 좀 개방될 필요가 있지 않느냐? 이렇게 이야기하면 조관자 선생님께서 말씀하시길 편하지 않을까 싶습니다. 이상입니다.

손승철 자연히 바톤 터치가 되네요.

조관자 아주 좋은 이야기를 해주셨는데요. 저는 그러면 사회자 선생
님께서 비대칭성 문제 제기하셨는데요. 그것부터 출발할게요.
비대칭성이라는 것은 이런 많은 인구가, 똑같은 얼굴이 없잖
아요. 심지어 자기 얼굴 안에서도 좌우대칭이 안 되거든요.
솔직히 따지면 그러니깐 우리는 어떤 전체의 통일이라든가
우리가 하나 되서 갈 길을 추구하지만 진짜 우리 모두가 비대
칭적 존재들이에요. 다 틀린 것인데, 그럼 이 차이를 서로 인
정하고 그리고 여기서 나온 갈등을 함께 극복하는 길을 제시
하는 건데 저는 그 중에서 가장 큰, 어떤 우리가 한일의 문제,
그 다음에 좌우의 문제 이런 건 다 집단적인 역사의 기억의
문제라고 생각이 듭니다. 그래서 이 집단의 기억을 어떻게 계
속 만들어가나, 재창조해 가느냐 문제인데, 저는 지금의 넷
우익, 젊은이들의 기억은 사실 기성세대가 만들어 놓은 토양
에서 놀고 있거든요. 그런데 기성세대는 삶을 살다보니깐 과
거에 20살 때 누렸던 신념하고 다른 현실을 알 고 있는데 새
로운 세대들은 기성세대들이 만들어놓은 정의의 축에서만 사
물을 바라보려고 하거든요. 그래서 나를 정의의 중심에 놓고
타자는 그 정의를 더럽히는 그런 인간부류로 놓고 맞서죠. 근
데 이게 사실은 식민지 지배를 받았던 한국의 기억도 그렇고
그리고 사실 일본의 젊은이들도 굉장히 윤리적 결벽성을 가
지고서 혐한의 논리를 펼치고 있는 것을 발견하게 됩니다. 글
을 읽다보면 그렇다면 여기서 저는 너무 우리들의 고민을 너
무 과장시킬 필요는 없다고 봐요. 왜냐하면 지금 젊은 세대들
도 나이가 들면 스스로 변할 것이라고 믿고 있고 근데 그럼

그냥 자연에 맞기면 되나면? 그건 아니라고 볼 때 그럼 우리
가 무엇을 할 수가 있냐? 저는 시대 마디마디 무엇이 변화하
였는 지를 기성세대가 먼저 제대로 자기 변화된 인식을 대중
적으로 제시할 필요가 있다고 보거든요. 저 아까 그 가교의
예로 들어가서 이야기를 하겠습니다. 그니깐 재일 조선인과
일본인이 과거에는 제국주의자와 피지배자로 만났는데 미국
이라는 큰 적을 전후에, 미국이라는 큰 적을 만나면서 화해할
수 있었다는 그런 역사적인 설정이거든요? 그리고 실제로 일
본인이 어떤 탈 제국에서 어떤 새로운 국민적 주체를 만들기
위해서 재개한 것이 바로 동아시아의 저항민족주의와 자기를
같이 동화시켜 나가는 그래서 합류해 가는 것을 새로운 주체
로 설정을 했습니다. 그래서 이러한 것이 사실은 80년대까지
유지가 됐는데 탈냉전 이후에 이게 흔들린 것이거든요 그랬
을 때 앞으로의 과제는 사실은 그동안의 좌우의 대립된 냉전
시대의 역사인식을 탈냉전시대에 어떻게 바꾸느냐가 저는 굉
장히 중요한 관건이라고 생각하고 저는 개인적으로 한일의
이면 역사적 과정에서 이러한 냉징시대의 어떤 반미적인 주
체로 설정했던 한계를 집어내고 새로운 어떠한 보편저인 주
체가 나아갈 길이 뭔지를 제시하는 것을 저의 임무로 생각하
고 그런 인물을 제가 알기 쉬운 언어로 써서 대중으로 전파할
수 있도록 저는 노력을 하고 싶습니다. 시간도 다 되었으니
이정도로 할까요?

손숭철 우리 저 이기원 선생님 오후 사회 보셨는데 한 말씀 부탁드리
겠습니다.

이기원 네 저기 무슨 말씀을 드려야할까? 저는 전근대 사상의 세계에서 놀다가 현대의 문제를 생각하니 그게 어려운데 맹자에 보면 이런 말이 있습니다. 무감이 왕도의 시작이다. 이런 말이 있습니다. 무감이라는 것은 유감이 없다라고 하는 것인데 유감을 해소하는 것이 왕도의 시작이다. 그때 맹자가 말하는 유감이라고 하는 것은 삶과 죽음의 모든 과정에서 나타나는 모든 유감적인 것들을 다 해소해야만, 결국 그래야만 왕도라는 것이 가능해진다는 것인데, 혹시 한일 관계에서도 나타나고 있는 그 유감이, 유감, 유감이라는 것은 저는 어떻게 이해하냐면 어떤 감정의 찌꺼기 같은 것이라고 생각을 하거든요. 그 감정의 찌꺼기가 지금까지 수백 년 동안 계속, 조선시대 때부터 계속 남아있는데 근데 그것을 해소를 해야 하는데 해소라고 하는 것은 완전히 없앨 수는 없다라는 것이죠. 인간이 가지고 있는 감정이라는 것은 늘 감정은 움직이고 운동하고 요동치는 것이기 때문에 그것을 완전히 해소 할 수는 없으니깐 결국은 조절을 해야 하는 것인데 어떻게 조절할 것이냐가 결국은 문제가 되는 것 같아요. 예를 들면 요즘에도 한국사회도 그렇지만 분노사회라고 하는 그런 책도 나오고 한국 사람들이 굉장히 분노를 많이 하는, 그런 분노라고 하는 게 자기 속에서 갑자기 생겨나는 것이 아니고 타자가 있기 때문에 타자에 의해서든가 지향성이 있다는 것이죠. 누구 때문에 분노를 하게 되는데, 그게 아까도 이노우에 선생님이 말씀하신 것처럼 경제적인 문제가 더 어려워지면 질수록 타자에 대한 분도가 더 커지고 그런 것이 지금 한국사회에 강하게 나타나고 있는, 일본도 마찬가지고요. 그래서 그걸 조절할 수 있는 어떠한 것들을 만들어 내는 것도 지금의 사상연구에서 하나의

방법이지 않는가 그래서 치유를 할 수 있는 프로그램을 만든
다는 것이 어떻게 해야 할 지는 잘 모르겠지만은 결국은 서로
만나서 어떤 식으로 치유의 프로그램들을 만들고 조절할 수
있는 것을 만들어 낼 것인가 이것은 조절한다는 것은 어떤 의
미로는 내가 섭섭한 것이 있어도 참을 수 있는 그런 견디는
힘이 또 필요한 것이거든요. 완전히 내 마음에 들게 할 수는
없는 거니깐 나도 참아야 되고 서로 참을 수 있는, 그런 견디
는 힘을 갖게 만들어 주는 그런 어떠한 것들을 만들어 낸다라
면 같이 즐길 수 있는 장이 만들어 질 것이다. 그래서 맹자가
말하는 것이 바로 동락하는 즐거움이거든요. 같이 즐길 수 있
는 장을 만든다라는 하는 것인데 과연 한일관계에서 지금까
지 같이 즐길 수 있는 장이 얼마나 만들어져 왔는가? 라고 하
는 것이고 서로 배타적인 것이 점점 강해지고 있다는 것이죠.
지금 한일관계의 문제를 보면 그리고 또 하나는 교육의 문제
에서 수업을 해보다 보면 일본, 전근대 일본에서 이루어졌던
그 많은 다양한 교육에 대해서 우리도 이해를 별로 못하고 있
다, 안하고 있다라는 것이 더 정확 할 수도 있습니다. 예를 들
어서 데라코야에서 이루어졌던 교육의 다양성 같은 것들의
대해서 그니깐 전혀 모르는 부분들이 너무나 많이 있다라고
하는 것이죠. 그렇게 생각해보면 일본에 대해서도 모르는 부
분이 굉장히 많이 있는데도 마치 그게 어느 특정한 문제에 다
수렴이 되버리다보니깐 다른 문제에 대해서는 관심을 줄 수
있는 만큼의 어떤 여유가 없어져버리고 좀 더 열어야 할 것들
도 많이 있는 것 같고요. 다양한 문제들에 대해서. 그리고 또
하나는 예를 들어서 그런 조절 프로그램들을 만든다고 할 때
도 개념에 관한 문제들인데 예를 들어서 관용의 관한 것들,

서로 어떻게 참을 것인가 똘레랑스에 관한 개념들, 평화에 관한 개념 같은 것들 서로 보는 입장들이 다르기 때문에 결국 어떤 우리가 생각하는 관용, 일본이 생각하는 관용, 서로 양보하자라는 이런 것에 관한 것도 개념이, 서로 공통될 수밖에 없는 개념이 없으면 서로 엇갈린 이야기만 계속 나오지 않겠느냐? 라는 생각이 듭니다. 오늘 발표를 쭉 들으면서 들었던 생각들이 이런 생각들입니다. 어떤 식으로 할 것인가에 대해서 그런 쪽으로 뭔가 더 할 수 있는 장이 더 있어야 되지 않겠냐? 라는 생각이 듭니다.

손승철 네. 그래서 지금부터 그 장을 만들어 보겠습니다. 시간이 30분 남았습니다. 저는 이제 우리 대 주제가 반일·배일 감정과 혐한입니다. 근데 왜 이런 단어를 썼을까? 그런 궁금증이 생겼어요. 그러니깐 반일이나 배일은 그냥 배척하고 반대한다. 이런데 혐한하니깐 조금 혐오감을 느끼게 된단 말이죠. 그래서 양국인이 서로 갖고 있는 감정의 온도차도 굉장히 다르구나 이런 생각을 했습니다. 근데 오늘 제목이, 우리 결론이 선린의 길입니다. 지금 여러 가지 이야기가 많이 나왔습니다만 지금부터는 제가 지명하지 않겠습니다. 돌아가면서 편하게 아주 구체적으로 예를 들어서 우리가 양국 정부의 정책을 이야기 할 수도 있고, 아니면 감정을 호전시키는 방법을 이야기 할 수도 있고, 그러니깐 추상적이고 관념적으로 이야기하지 말고 현실적으로 가능한 어떤 구체적인 방안이나 대안 혹시 이런 것이 있으면 한 가지씩 나는 이렇게 했으면 좋겠다. 저렇게 했으면 좋겠다. 한번 꼭 집어서 이렇게 이야기 하실 수는 없을지 그러면 이 학술회의가 그래도 뭔가 하나 구체적인 방안을 모색했다. 뭐 이렇게 이야기가 될 수 있지 않을까 그런 생각을 하면서 뭐 어느 선생님으로부터도 좋습니다만 구체적인 방안을 한 가지씩 제시해 주시면 어떨까 이런 생각을 좀 해봅니다. 뭐 어떻게 이노우에 선생님부터 한 번 부탁드립니다.

이노우에 아츠시 네. 좀 전에도 조금 말씀을 드렸는데요? 역시 국가의 리더가 서로 반발하고 서로 떨어져 나가려고 하는 지금 그러한 상황에서 이상우 이사장 님께서도 말씀을 하셨듯이 역시 우리 국가를 대표하지 않는 시민이나 사람들이 뭔가 서로에 대해서 어떠한 행동을 취해야만 생각을 하고 저는 오늘 이 심포지엄에서, 학술회의에서 갑작스럽게 참가하게 되었기 때문에 사실은 놀랐습니다. 일본에서 한일 국교정상화 50주년이라는 것들 때문에 조선사연구회라든가 이런 여러 학회에서 학술회의를 하고 있고요. 또 한국에서 이런 일을 하고 계신 것은 굉장히 뜻 깊은 일이라고 생각을 합니다. 그렇기 때문에 역시 젊은 사람들의 교류도 포함을 해서 우리들 연구자들이 좀 더 한중일 사이에서 뭔가 손을 잡고 공동연구를 하고 국가가 정부차원에서 떨어지려고 하는 그런 차원에 있는 상황에서 우리 연구자들이 좀 더 가까워지는 노력을 해야 할 것이라고 생각이 듭니다. 감사합니다.

손승철 가까워지려면 어떻게 해야 합니까? 혹시 구체적인 방안은?

이노우에 아츠시 네. 제가 다니는 대학의 중국의 대학과 교류를 하고 있는데요. 2010년에 중일 일본과 중국이 어떤 식으로 접근하면 좋겠는가라는 것들을 주제로 이야기 할 기회가 있었습니다. 공통된 것이 동아시아 공동체를 어떻게 할 것인가라는 이 야기가 있습니다. 그런데 대부분의 연구자들이 그건 힘들다 고 했고 와다 하루키 교수님께서 저희들 대학에 계시고 저희 연구에서 한 적도 있었는데요. 현실적이지 않다, 비현실적이 다 이런 이야기가 나왔었는데 저는 이 심포지엄에서 제 나름 의 전공이 유교가 전공인데요. 일본의 이토진사이하고 한국 의 이퇴계 그리고 중국의 오유매 세 명이 물론 옛날 이름이다 만 굉장히 가까운 관계를 맺지 않았겠냐라고 생각이 듭니다. 단순하게 말씀드리면 타자에 대한 접근 타자를 전력으로, 있 는 힘을 다해서 이해하려고 하는 힘을 이 세 명은 가지고 있 었다고 생각을 합니다. 라고 하는 그런 발표를 했습니다. 아 직 제가 떠오른 단상에 지나지 않았고요. 그래서 큰 어떤 정 리가 되지 않았지만 어떤 직감 같은 것이 있었고요. 역시 동 아시아 한국·중국·일본의 오랜 유교적 역사 속에서는 뭔가 비슷한 부분이 있지 않겠느냐라고 생각을 합니다. 그렇기 때 문에 저는 이러한 대립이 강화되어 있는 시기에서 그러한 부 분들을 모든 연구 물론 저의 연구와 가까운 부분에서 생각을 하는 부분인데요. 아마 그런 방법들도 있지 않겠느냐라고 생 각을 합니다. 이상입니다.

손숭철 네, 감사합니다.

연민수 네. 지난 6월에 동경에서 심포지엄이 있어서 거기서 나온 일 본 기자가 이야기를 해요. 한국은 이제 정치적으로도 그렇고 경제적으로도 그렇고 선진국 대열에 들어서 경제적으로도 세 계 톱 10에 들어갈 정도로 국민의식도 성장하고 그랬는데 민

족주의 의식은 좀 더 강해지고 있는 것이 아니냐 이런 지적을
해요. 그런데 그 말이 맞는 말 같으면서도 한국이 살아 온 한
국 민족이 살아 온 역사적인 경험에 비추어보면 제가 좀 그런
이야기를 했어요. 중국은 전근대에 주변국으로부터 조공을
받는 그런 대제국으로 군림을 한 적이 있고, 일본은 제국주의
로 동아시아를 침략을 한, 또 한국은 식민지 지배를 받았고
그런 가운데 한 민족, 한반도의 국가와 민족은 생존을 해 왔
습니다. 우리민족은 대외적으로 침략을 한 기록이 거의 없어
요. 기억에, 그래서 우리의 민족주의는 일본의 침략적 민족주
의와 달리 방어적인, 수세적인, 우리 민족의 생존을 위한 민
족주의였다. 같은 민족주의라도 그런 공격적인 민족주의와
방어적이고 수세적인 민족주의는 차이가 있지 않느냐? 너희
들은 남의 나라를 침략하기 위한 그런 민족주의고 우리는 우
리의 생존을 위한 민족주의, 민족주의가 한민족을 지탱하는
하나의 정신적인 기반이고 원류로서 생각할 수 있고 그것은
우리의 앞으로도 국제화시대에서도 그건 상당히 필요한 한국
국민에게 있어서 주변 강대국 속에 어떻게 살아남을 수 있을
까? 라는 그런 민족주의 자체가 해체가 되면 상당히 생존의
굉장히 중요한 영향을 미치는 것이 아니냐? 이런 이야기를 했
더니 한편으로 또 공감을 하더라고요. 민족주의가 다 나쁜 것
이 아니다. 뭐 이런 식으로 이야기를 하는데 아무튼 국제사회
라는 것이 민간교류는 얼마든지 할 수가 있어요. 그런데 국가
가 존립하려면 당연히 국가 간 정체성을 지키기 위해서 민족
주의는 당연히 필요로 하고 그러나 편협한 민족주의는 당연
히 안 되겠죠. 민족의 생존을 위한 그런 전략으로서의 민족주
의가 필요하고 그 자체가 교육, 국정교과서 문제 등 요즘의

제기 되고 있습니다만 저는 국정교과서 자체가 적극적으로 찬성하는 것은 아닙니다만 상당히 필요해요. 국가에 의한 국가관, 일본의 근대에 성공한 이유도 교육과 역사교육입니다. 천황이나 천황이데올로기를 통해서 국민적인 에너지를 하나로 뭉칠 수 있는 굉장히 중요한 요인으로 작용을 했거든요? 그래서 그러한 교육을 통해서 역사교육을 통해서 하나로 결집하게, 뭐 왜곡되고 배타적으로 되면 안 되겠죠. 근데 한 민족을 지키기 위한 하나의 수단으로서는 상당히 난 필요하다고 봐요. 그래서 특히 우리가 침략을 많이 받은 주변에 강한 나라 속에서 생존을 위한 그런 민족주의는 필요하지 않나 그런데 물론 우리 것만 강조하다 보면 여러 가지 부딪치는 문제도 많고 그래서 개인 교류는 활발히 해야겠지만 국가가 등장하는 국가의 정체성을 지키기 위한 그러한 노력은 상당히 필요하다고 봅니다. 이건 한국 뿐 만 아니라 일본도 마찬가지이고 국제정세 상황에 따라서 변할 수 있는 것이지만 자본 쪽에 자부심을 느끼는 서구열강도 마찬가지입니다. 서구, 미국도 마찬가지이고 그래서 그런 것은 어느 정도 필요하지 않느냐? 물론 국제적인 감각을 갖고 민족주의를 향하는 그런 감각도 필요하지만 암튼 민족주의 자체는 우리한테는 굉장히 필요한 요소로 앞으로도 작용할 것이라고 봅니다.

김관자 저도 이노우에 선생님 말씀하실 때 시민 민간교류만이 아니라 국가 간의 교류가 지금 교착상태이잖아요. 이것을 개선하는 것이 굉장히 중요한 사안이라고 생각을 합니다. 왜냐하면 지금의 혐한 반일 감정은 사실 국가교류가 막히면서 더 심화된 것이라고 생각합니다. 그래서 그니깐 반일감정과 혐한 감

정은 어느 정도 잠재된 있는 것이거든요. 옆의 나라에서 살다
보면, 이웃이 가장 갈등도 심한 존재이기 때문에 이웃 간의
이러한 갈등은 저는 기본적으로 서로 인정하고 넘어갈 수 있
는 문제인데 왜 이렇게 지금 심각하냐면 지금은 국가가 서로
의 어떤 교류에서 서로의 갈 길을 잃고 있기 때문에 문제라고
생각이 듭니다. 그런데 잃고 있는 이 상황은 제가 아까 발표
에서 말씀드렸듯이 2005년도에 역사문제 선 해결원칙을 제시
한 이 패러다임을 계속 유지하고 있기 때문이거든요. 그렇다
면은 왜 일본이 이것에 응대하지 않는 것은 그러면 일본이 식
민지주의를 계속 고집하는 나쁜 나라, 악의 원천이기 때문에
그런가? 그건 아니라고 봅니다. 지금 김 선생님이신가요? 좀
전에 말씀하신 것처럼 국가는 저는 국가자체에 생존논리가
있다고 보거든요. 그니깐 국가는 굉장히 대외적인 존재이기
이전에 대내적인 국민 주권의 논리로 유지하고 있는 그런 존
재라고 봅니다. 아까 손승철 선생님 발표에서 근세, 근대 이
전시대에는 어떤 주자학의 중화의 이념이라든가 왕이 통치하
는 이 시대에는 왕이 기준이었던 것이 지금은 국민 수권이 기
준이 돼서 국가교류를 주도하고 있는 기본 패러다임인데 너
무 역사문제를 모든 국민의 문제로 갖고 가는 것 특히 한국이
피해자의 문제를 국민 전체의 책임을 국가 대죄하느냐 법적
으로 책임지지 않으면 우리는 움직이지 않겠다. 이런 반응으
로 가거든요. 그런데 이 패러다임을 그대로 한국에다가 적용
시키면 한국이 베트남에 대한 어떤, 베트남 국민들에게 자행
했던 전쟁 폭력의 문제를 일본에게 요구한 조건에 똑같이 적
용하면 한국이 과연 응당할 수 있느냐고 하면 전 그건 아니라
고 보거든요. 그니깐 같은 차원으로 일본 국가와 교류하기 위

해서 일본 국가를 어디까지 인정하고 어디까지 요구할 것인가 이 문제가 중요한 문제라고 사실 생각이 듭니다. 이 이야기를 왜냐하면 집단 안보의 문제, 이것이 하나의 불확실이라고 할까요. 조준하고 있는 상태이잖아요. 이게 어디에서 어떻게 터질지 이것 정말 중요한 문제인데 아까 일본에서의 반미내셔널리즘, 반미민족주의가 일본이 굉장히 큰 나라라고 보거든요. 사실은 한국에서는 반미민족주의를 유지하는 나라가 북한입니다. 그리고 동아시아에서 반미민족주의를 계속 유지할, 논리를 재생산 할 나라는 북한하고 일본이 아닐까? 그래서 아까 오구야기조 선생님이 북한을 방문하고 나서 북한을 긍정적으로 평가한다. 이 이야기 아까 말씀하셨는데 저는 일본이 이 전후체제를 바꿔갈 때 지금 미일동맹을 중심으로 한 그리고 평화헌법, 이러한 것들을 다 바꿔 나가려면 사실은 지금은 사실은 미국하고 아베정권이 같은 배를 타고 동조의 방침을 취하지만 언젠가는 이런 미국이 만들어 논 전후체제를 부정하는 반미내셔널리즘을 더 발휘를 할 것이라고 보거든요. 그렇다면 이것을 민족주의 문제로만 이해하면은 되게 편협한 것이죠. 그런데 이것을, 반미내셔널리즘을 그럼 왜 주장하느냐? 저는 결국은 일본만이 평화헌법으로 인해서 자기 국방의 자의력을 갖고 있지 않은 일본 국가체제의 그런 결손의 문제라고 할까요? 그니깐 보통국가가 못 된 이 문제라고 봅니다. 그니깐 이 문제를 해결하기 위해서 가장 이상적인 방식은 동아시아 공동체를 만드는 것이죠. 그렇지만 와다 선생님도 그것이 불가능하다고 말씀하셨다고 하지 않았습니까? 실제로 제가 볼 때 가장 국가의 현실적인 생존의 논리로써는 저는 일본이 어느 정도 방위력의 문제 좀 안심할 수 있는 구조로 나아가고자 한다고 봅니다. 그럴 때 집단적 방위권이 어디까지가 현상유지에서 필요한 것이고, 어느 선부터 위험한 것인지 그건 좀 더 논의해 볼 필요가 있겠지만은 앞으로의 한일 관계에서 국가 관계를 계선해 나갈 때 일본의 국가가 어떤 존립하기 위해서 이 탈냉전 이후의 어떤 방향으로 자기를 치료해 내가고 있느냐 이러한 문제를 너무 한국의 위기의식만 가지고 판단하는 그런 여론의 형성을 어떻게 극복하느냐도 앞으로의 과제인 것 같습니다. 저는 아베정권을 우익정권이라고 이야기하는 논리보다는 아베정권이 자기 국가의 논리에서 왜 이런 문제를 제기하느냐 이런 것들을 좀 더 한국사회에서 허심탄회하게 논의하는 그런 자리가 식자들 사이에서, 연구자들 사이에서도 만들어지고 언론에서도 만들어가야지만 앞으로 대립을 피할 수 있지 않을까 저는 합니다. 조심스럽게 예 이상입니다. 제가 말이 좀 길어졌네요.

손승철 다른 분 또 의견 있으신 분.

나가하라 나리카츠 네, 저는 다른 각도에서 말씀드리도록 하겠습니다. 저는 언어 쪽을 하다 보니깐 일단 이렇게 생각을 해봤습니다. 만약에 주어가 있고 술어가 있을 때에 일본은 무엇무엇이다. 또는 한국은 무엇무엇이다 라고 생각해볼 때 예를 들어서 한국은 일본은 나쁜 나라이다. 한국은 좋은 나라이다 이런 것은 얼마든지 바뀔 수가 있는데 일본은 나쁜 나라다 라고 하는 인식을 가지게 될 때는 반드시 어떤 태어났을 때부터 그런 인식을 가지는 것은 절대 아니지 않습니까? 그래서 어릴 때부터 정보와 경험을 통해서 뇌 속에 박히게 되는 것이죠. 그것을

갖다가 술어로 표현하게 되는데 그런 관점에서 볼 때에 중요
한 것이 뭐냐면 좋은 라든 나쁜 나라든가는 일단은 아까 제가
정보라고 말씀드렸는데 이런 것이 있습니다. 저의 경우에는
일본에서 25년 살았고 한국에서 25년 살았습니다. 반반씩 생
활을 했습니다. 근데 항상 일본의 정보 한국의 정보, 다양한
정보를 인터넷을 통해서 정보를 취하고 검색하곤 하는데요?
항상 생각하는 것이 한국만 그렇다라든가 일본만 그렇다라든
가 그런 것이 아니라 항상 생각하는 것이 정보라는 것 특히나
정보가 여러 가지 많이 있는데 다양한 신문, 뉴스, 보도, 잡지,
출판 그러한 부분에서 작은 것으로부터 다양한 정보들을 얻
고 그것으로부터 어떤 국가에 대한 의식이 형성이 되는 것이
라고 생각이 듭니다. 어렸을 때부터 그렇게 해서 그건 일본도
마찬가지고 한국도 마찬가지인데요. 한 가지 예를 들면 어릴
적에 일본의 아버지, 어머니가 한국은 이런 나라이다. 라든가
그런 것을 어릴 때부터 계속 이야기를 한다고 한다면 그 어린
이는 역시 한국에 대한 좋은 이미지를 가질 수 없게 되는 것
이죠. 그것은 부모 뿐 만이 아니라 예를 들면 우리가 대학에
서 교육을 하고 있는데 교육자라든가 부모, 아까 말씀드렸던
잡지, 출판물 하여튼 어떠한 매체들, 그러한 것에 대해서 책
임을 가지고 있는 자들 말이라는 것이 어떤 표현을 할 것인가
같은 것에 대해서 플러스 적인 표현을 쓸 것인지 부정적인 표
현을 쓸 것인지 그것은 물론 개개인의 문제이긴 합니다만 분
명하게 서로의 나라를 위해서 부정적인 정보보다는 긍정적인
정보를 발신해야 하지 않겠나 생각을 합니다. 예를 들면 옛날
에 있던 사건인데요. 사건이 아니고요. 대구의 살고 있었을
때에 최근에는 다문화 가정이라고 해서 국제결혼을 하는 사

람이 많은데요. 그 중에서 어머니가 일본인이고 아버지가 한
국인이었습니다. 그리고 아들이 있었는데 초등학교를 다니고
있었습니다. 역시 초등학교에 다닐 때에 역사문제가 나오게
되었고요. 결국은 선생님께서 역사의 사실만 이야기하면 되
는데 역시 개인의 일본에 관한 감정이라든가 그런 것들을 학
교 내 학생들에게 이야기를 했고 그 결론이 어떻게 났느냐하
면 일본인은 나쁜 민족이다. 이런 결론을 내버리게 되었고요.
그 아이가 들었을 때에 어머니가 일본인이기 때문에 굉장히
충격을 많이 받았고. 울면서 집에 왔다. 라는 그런 일이 있었
습니다.

그렇기 때문에 역사의 사실을 알려주는 것은 굉장히 중요한
일이라고 생각을 합니다. 위의 있는 사람들 어린이들보다도
위의 있는 사람들은 역시 자신의 감정을 듣고 있는 어린아이
들에게 그 사실을 전달할 때는 조금 더 생각을 많이 하고 전
달을 해야 하지 않겠느냐? 라고 생각합니다. 이것은 물론 일
본 어린이들도 마찬가지입니다. 예를 들면 제가 어렸을 적에
중학교 1학년 때까지 오사카에 살았는데 중학교 1학년 이후
에는 지금 사이타마에 집이 있는데 1학년 이후에 사이타마로
갔습니다. 그런데 오사카에 살고 있었을 때 어리지만 뭔가 한
국에 대한 이미지가 왠지 좀 안 좋았습니다. 왜? 나도 모르는
사이에 나쁜 감정을 가지게 되었는가? 결국은 생각해 보면 정
부라든가 선생님이라든가 주변의 많은 사람들 소문이나 이런
데부터 시작이 된 것이 아닌가 생각이 듭니다. 그러한 것들을
어릴 때부터 듣게 되면 역시 자연스럽게 한국에 대한 이미지
가 나빠질 것이라고 생각이 듭니다. 그래서 이것을 개선하기
위해서 어떻게 하면은 좋겠는가라는 것들을 생각을 해보면

이것은 제가 예전에 유튜브에서 봤는데요. 어떤 영어권 사람이 일본 사람들을 대상으로 인터뷰 했는데 그 인터뷰 내용이 일본과 한국의 한일관계를 어떻게 하면 한국의 대한 이미지 그리고 어떻게 하면 한일관계가 어떻게 하면 좋아지겠는가? 라는 질문을 그냥 길거리에서 인터뷰를 한 그런 내용이 있었습니다. 그런데 그 중에서 초등학생이 말하는 내용, 중학생이 말하는 내용, 대학생이 말하는 내용이 다 조금씩 내용이 달랐는데요. 우선은 예를 들면 대학생이 가지고 있는 이미지, 첫 번째는 한국을 알기 전에는 뭔가 무서운 이미지가 있었다. 하지만 자기가 다니는 대학에 유학생이 있고 한국 사람들하고 같이 일상적으로 접하고 나서부터 그 이미지가 정반대로 완전히 바뀌었다라고 이야기를 한다거나 혹은 그러면 어떻게 하면 한일관계가 좋아지겠습니까? 라고 질문을 했을 때 결국 처음부터 정치적인 문제라든가 국가 간의 교류라든가 이런 이야기는 아예 애초에 포기하고 있는 상태에서 국가와 국가 간의 사이에서는 어쩔 수 없는 부분이기 때문에 그렇기 때문에 결국은 우리가 결론적으로 이야기 할 수 있는 것은 문화교류라든가 보다 일본 사람들도, 일본인이 많이 한국에 가고 한국 사람들도 또 많이 일본으로 가고 그런 식의 어떤 하나하나의 교류로부터 시작되지 않겠는가라는 사람들도 있었고요. 중학생이나 초등학생은 아직까지 깊은 생각은 하지 못하기 때문에 좀 더 낮은 차원에서의 음악교류라든가 k-pop이나 j-pop관련된 이야기를 했습니다. 역시 절대적인 대안이라는 것은 어려운 부분이라고 생각을 합니다. 예를 들면 이런 것도 생각을 할 수 있을 것 같습니다. 친구들이 싸우고, 형제끼리 싸웠을 때 싸운 상태에서 아무것도 안 하면은 화해를 할 수가 없습니다. 이것은 굉장한 간단한 논리입니다. 그렇지만 더 이제 서로간의 교류를 더 늘려가고 서로간의 대화를 나누고 제일 좋은 것은 정부차원에서 하면 좋겠습니다만 그것이 어렵다면 민간차원에서의 그런 대화의 기회를 늘려나가는 것이 가장 중요한 것이 않겠느냐 라고 생각을 합니다.

손승철 네, 끝나셨습니까? 고맙습니다. 혹시 다른 분 더 하실 말씀 없으신가요? 네, 우리가 아침 10시에 시작해서 지금 거의 7시가 8시간째 접어들고 있습니다. 그래서 오늘 이 학술회의를 처음부터 기획을 하시고 또 오늘 시작할 때부터 기조강연을 해주신 이상우 이사장님께서 마무리 형식으로 말씀을 듣고 제가 총 결론을 내리도록 하겠습니다.

이상우 우선 이 회의를 준비했던 사람으로서 여러분께 감사드립니다. 손 선생님 말씀하신 것처럼 하루 종일 바쁜 시간을 내어 가지고 이 자리에 와서 진지하게 토론해주셔서 정말 고맙습니다. 저 개인적으로는 많은 것을 배웠습니다. 저렇게 생각할 수도 있구나, 이런 문제도 있었구나 많이 배웠습니다. 많이 배우게 되면 좀 이해가 달라집니다. 오늘 여러분들이 다 논의했습니다만 어디서 한일 간의 관계에서 제일 문제가 되냐 하냐면 계속 전체를 집단화하고 일반화하기 때문에 문제가 생기지 않나 생각을 합니다. 좀 전에 조관자 선생님도 말씀하셨습니다만 일본사람 1억 몇 천만 하나가 아닙니다. 한국 5천만 전부가 한 사람이 아닙니다. 그 안에는 다양한 사람들이 있습니다. 서로끼리 다른 사람에 있어서 여러분들도 아마 느꼈을 겁니다. 저도 일본에 가서 많은 사람들을 만나고 지냈습니다만 아주 한국을 이해 잘하시는 분도 있고 한국을 근본적으로 싫어하는 사람들도 있고 다양한 사람들이 있습니다. 이것을 일반화 하니깐 문제가 생기는 것입니다. 일본 사람들 가운데서도 상당 숫자는 한국에 대해서 깊은 이해를 가지고 있고 한국과의 관계를 잘해보려고 노력을 하고 있습니다. 저는 그동안에 일본관의 관계에서 한 30년 동안 여러 가지를 관계했습니다만 오늘 이번 영역이 아니고 제 전공과 관련되어서 군사 안보문제, 외교문제에 관해서 많은 회의를 참석했고 많은 사람들을 만났습니다. 이해하기가 아주 쉽습니다. 아주 간단합니다. 특히 군사문제에 있어서는 거의 서로 준비할 것도 없고 가서 책임자를 만나가지고 커피 한잔 마시는 동안에 제일 중요한 것 다 가지고 올 수 있습니다. 설명 안 해도 압니다. 서로끼리 뭐가 필요한 지도 알고 우리가 무슨 생각하는지도 알고 그러나 그렇지 않은 영역에서는 부딪치는 데가 많거든요. 제가 중국하고도 양국 관계의 회의에 제가 상당히 오래 관여했습니다. 결국 중국에서도 그런 이야기를 합니다. 요새 시진핑 주석이 자꾸 강조합니다만 구동존이라고 합니다. 같은 것을 구하고 서로 다른 것을 존한다. 그냥 지킨다는 이야기인데 저는 그것을 존자를 바꿔서 존경한다는 존자로 바꾸려고 합니다. 제가 중국 사람들에게 그렇게 제안했습니다만 구동존입니다. 만나보면 다른 점도 많지만 또 같은 점도 많거든요 그러니깐 다른 점은 서로 이해해주시고 저 사람은 저래서 다르구나라는 것을 서로끼리 이해하면 한결 낫습니다. 그 안에서 같은 것이 무엇인가를 찾아나간다면 관계가 좋아질 수가 있습니다. 우리가 오늘 문화이야기를 많이 했는데 저는 문화를 생활양식의 총화라고 정의하고 싶습니다. 생활양식, 여러 가지로 우리가 살아가는데 있어서의 그 생활양식을 전부 모아둔 그 총화가 문화입니다. 일본과 우리가 문화가 다르다라는 것만 서로 알고 미리 대하면 한결 관계가 좋아집니다. 상대방도 우리와 똑같은 패러다임과 똑같은 틀 속에서 이 문제를 본다고 착각을 하기 때문에 거기서 오해가 생깁니다. 그래서 저는 서로끼리 그것을 이해하자는 의미에서 다르다라는 것을 서로 이해시키는 것이 제일 선행되어야 할 것이 아닌가 생각을 합니다. 2년 전에 제가 홋카이도를 가야지고 강연을 한 적이 있습니다. 대상은 주로 의사들을 포함해가지고 상당 수준의 지식인들이었습니다. 그 때 거기서 논의를 하다가 그랬습니다. 질문을 제가 질문을 받았는데 일본은 지금까지 여러 가지로 사과를 하고 그랬었는데도 불구하고 한국은 그 사과를 안 받아 주느냐 라는 겁니다. 그래서 제가 그 예를 들었습니다. 임진왜란 이후 100년 뒤에 아까 우리 손 선생님 잘 알고계십니다만 우리 통신사 갈 때 그 때 제술관으로 갔던 신유한씨가 칸미노모리 효시하고 만나가지고 한 대담 중에 이런 대담이 나옵니다. 칸미노모리 효시가 뭐라고 그랬냐면 일본은 그 동안의 세이, 성실하다 성자입니다. 세이를 다해서 사과도 했고 포로도 교환해줬고 이만하면 됐지 않았냐라고 합니다. 그랬더니 신유환씨가 대답했는데 우리 조선 사람들은 그것을 사과로 받아들이지 않는다라고 그랬습니다. 왜 그러냐? 하면은 당신들의 사과에는 게이, 존경하다의 경, 경이 빠져있기 때문에 그렇다고 했어요. 조선 사람들은 겉에 나타나 있는 표현이 문제가 아니고 그 마음 속에 심어져 있는 게이가 묻어 있어야 그것을 진심으로 받아들이지 외형으로 모든 것을 갖춘 세이만 가지고는 우리는 하지 않는다라는 것입니다. 지금도 마찬가지입니다. 일본사람들은 정말 얼마큼 정확하게 규칙을 지킵니까? 법을 지키고 약속 지키고 그건 한국 사람들 다 인정하고 놀랍니다. 그러나 그것이 일본사람들의 혼네냐 아니거든요. 거기서 차이가 나는데 예를 들면 일본에서는 혼네하고 다데마에를 구분하는 것이 예의라고 생각합니다. 상당부분에서는 한국에서는 욕입니다. 겉과 속이 다른 놈 하면 이건 최악의 욕입니다. 이런데서 자꾸 문제가 생기는데 제가 그래서 그때 그런 이야기를 했습니다. 이건 문화적인 차이지 사람들의 차이가 아니다. 일본사람들은 당연히 그렇게 할 수 밖에 없고 우리는 당연히 그렇게 할 수 밖에 없지 않냐? 그러니깐 서로가 다르다는 것을 서로 인정하자 상대방의 사고방식은 이런 것이고 상대 문화는 이런거다 라는 것을 인정해주면 아 그래서 그랬구나 라고 하면 훨씬 낫다. 이런 톤으로 대답도 했고 논했습니다. 호텔에 돌아왔더니 카운터에 누가 글을 남겨두고 갔어요. 청중 중에 어떤 의사라는 분인데 A4에다가 3장 써놨어요. 자기는 한국하고 관계를 잘해보려고 한국 학생들을 민박도 시키고 자기 나름대로 30년 노력했는데 안 된다! 이거에요. 이제와 오늘 선생님 이야기 들어보니깐 왜 안됐는지 알겠다. 이거에요. 자기는 섭섭했는데 섭섭할 것이 없다. 그 다르다 라는 것만 내가 알았더라도 처음에 한국하고 일본이, 그랬더라면 충분히 이해하고 수용할 수 있었을 텐데 뭐 그런 것을 지적해 주서서 고맙습니다라는 이런 내용이었습니다. 그래서 다시 이야기로 돌아가자면 오늘 이 주제를 정한 것이 제가 그 동안의 정책관계로서 일본관계에서 많이 참여 했었는데 정책을 하더라도, 정부 간의 관계에 요새에는 우리가 일본하고 우리가 민주국가기 때문에 국민정서가 그것을 뒷받침 하지 않으면 나갈 수가 없습니다. 정부가 그래서 제가 방향을 바꿔서 소위 서로 사람들끼리 만나서 국민정서, 국민들끼리, 시민들끼리 만나가지고 여기서 이야기 좀 해보면 이것이 국가 간의 정부 간의 협의의 도움이 되지 않을까 그런 뜻을 가지고 제가 이걸 기획을 했고 그래서 오늘 이런 제목의 회의를 한 것입니다. 오늘 회의를 제가 그런 생각 중심적으로 했는데 마침 여러분들께서 정말 좋은 말씀 많이 해주시고 많은 것을 저한테 깨우쳐 주셨기 때문에 저 개인으로는 아주 감사드리고 또 우리 기관으로 한일문화교류기금이 추구해왔던 일에 상당히 부합하는 그런 회의가 되었다고 저는 자평을 하면서 여러분들에게 다시 한 번 감사드립니다. 고맙습니다.

손승철 네, 감사합니다. 오늘 우리 대 주제가 한일 양국인의 상호인식과 선린의 길입니다. 하루 종일 같이 발표도 하고 토론도 하고 대화를 나눠 보니깐 지금 현재 문제가 되고 있는 배일, 반일, 그리고 혐한 그것의 뿌리가 어디 있는지를 대략 발견을 했습니다. 아까도 여러 차례 나왔습니다만 일본의 경우 삼한정벌론부터 시작해서 조선멸시론, 정한론 그리고 혐한론에 이르는 것이 아닌가 이렇게 파악이 되었고요. 또 한국 쪽에서 일본에 대한 인식은 일본이적관, 또 일본비하관, 그리고 전쟁에 대한 피해인식, 결국 그것이 지금의 반일감정으로 나타나는 것이 아닌가 이렇게 파악이 됐습니다. 그런데 이제 문제는 지금부터 우리가 이것을 어떻게 극복을 해서 선린의 길을 갈 것이냐? 하고 아까 제가 라운드 테이블에 토론 사항으로 3개를 질문을 했습니다. 그런데 진행을 하다보니깐 답은, 우리가 찾는 답은 질문에 있지 않았나 그렇게 생각이 되네요. 그래서 첫 번째가 양국정부의 상호정책입니다. 이 정책을 만들어 가는 사람들 거기에 있지 않나 하는 것이고, 두 번째는 왜 여론이 악화되나? 여러 가지 이야기가 나왔습니다만 결국 여론을 주도해가는, 형성해가는 언론의 문제가 있지 않나 또 이런 생각을 하게 되었고요. 그리고 이 상호감정을 어떻게 호전시켜서 선린우호로 길을 모색할 것인가 할 때 역시 가장 바람직한 정답은 우리 기조강연에서도 말씀하셨습니다만 시민사회가 정책을 선도해가는 다시 말해서 오늘과 같은 이런 학술회의가 무언가 새로운 길을 제시해 가는 어떤 그것이 가장 바람직한 방법이 아닌가 이렇게 결론을 내리고 나니간 오늘 학술회의는 대단히 성공적이었다. 이렇게 자평을 해보게 됩니다. 그러나 어쨌거나 제일 중요한 것은 선린의 길은 역시 한일관계에 그 동안의, 2000년의 역사인식, 역사를 같이 인식을 공유하고 그리고 여러 차례 이사장님께서 강조했습니다만 서로 다름을 인정하고 그리고 너도 나쁘지만 나도 나쁘다. 이런 기본적인 화해의 마인드를 가질 때 한일관계의 미래가 밝아지지 않겠나 이런 생각을 해보면서 오늘 학술회의를 마치도록 해보겠습니다. 그리고 한 가지 부탁말씀은 저희 매년 한차례씩 한일문화교류기금에서는 한일국제학술회의를 하고 있습니다. 우리끼리 여기 소수가 모여서 발표를 하고 토론을 하지만 그냥 일회성 행사로 이렇게 끝나는 것이 아니라 이걸 다 정리해서 단행본으로 출간을 합니다. 그래야 여러 사람이 공유를 할 수 있을 것 같아요. 그래서 오늘 발표하신 선생님들께서는 한 달 정도 시간을 드릴 테니간 혹시 수정사항이 있으시면 다시 보내주시면 내년 3월 쯤 에는 오늘 한 이야기들이 전부 수렴이 돼서 단행본으로 출간이 될 수 있게끔 그렇게 하겠습니다. 그리고 제가 사실은 오늘 사회를 봅니다만 한일문화교류기금의 운영위원입니다. 그래서 운영위원의 한 사람으로서 계속 해마다 어떤 테마를 가지고 학술회의를 할 것인가를 고민하고 있습니다. 근데 작년, 재작년부터는 한일 양국인이 왜 서로 다를까? 그 다름에 뿌리는 어디 있나? 이런 것을 가지고 접근하고 있습니다. 그래서 지난번에는 한일 양국인의 삶과 죽음의 인식의 어떤 차이 이런 것도 한 번 해봤습니다. 그리고 이제 오늘은 현재 한일 양국에서 문제가 되고 있는 반일, 배일 인식과 혐한인식 그것에 대해서 오늘 다뤄봤습니다. 내년에는 그 연장선상에서 여러 가지 계획을 하고 있습니다만 그동안 한일 양국에서 양국인들이 서로 상대를 어떻게 기록했나? 그 기록을 통해서 한번 한일관계 2000년을 또 훑어보는 것도 어떻겠냐? 또 이런 제안도 나와 있습니다. 혹시 더 좋은 테마가 있으시면 이따가 이거 끝나면 아주 성대한 만찬이 준비되어 있습니다만 그런 제안을 해주시면 감사하겠습니다. 이것으로써 한일 양국인의 상호인식과 선린의 길 학술회의를 모두 마치도록 하겠습니다. 감사합니다.

필자소개(집필순)

발표

이상우(한일문화교류기금, 이사장)

손승철(강원대)

세키슈이치(關周一, 宮崎大)

이노우에 아츠시(井上厚史, 島根縣立大)

조관자(서울대)

토론

세키네히데유키(關根英行, 가천대)

김문자(상명대)

서동주(이화여대)

연민수(동북아역사재단)

이기원(강원대)

가나즈 히데미(金津日出美, 고려대)

나가하라 나리카츠(長原成功, 강원대)

사회

손승철(강원대학교)

한일 상호인식과 善隣의 길

초판 인쇄 : 2016년 4월 14일
초판 발행 : 2016년 4월 22일

편 　자 : 한일문화교류기금
펴낸이 : 한정희
펴낸곳 : 경인문화사
주 　소 : 파주시 회동길 445-1 경인빌딩 B동 4층
전 　화 : 031-955-9300
팩 　스 : 031-955-9310
이메일 : kyunginp@chol.com
홈페이지 : http://kyungin.mkstudy.com

값 23,000원
ISBN 978-89-499-4201-8　93910
ⓒ 2016, Kyung-in Publishing Co, Printed in Korea
* 파본 및 훼손된 책은 교환해 드립니다